帝国日本のアジア認識

統治下台湾における調査と人材育成

横井香織 [著]
Kaori Yokoi

岩田書院

目 次

はじめに……………………………………………………………………… 5

第1章 台湾総督府の南方関与とアジア調査 …………………………… 13

第1節 台湾総督府の南方関与………………………………………… 15
第2節 台湾総督官房調査課のアジア調査…………………………… 20

第2章 台湾島内の機関・団体のアジア調査 …………………………… 53

第1節 台湾銀行調査課………………………………………………… 55
第2節 南洋協会台湾支部……………………………………………… 78
第3節 台北高等商業学校……………………………………………… 90
第4節 台湾総督官房調査課と諸機関・団体との相関関係………… 109
【資料】台湾銀行総務部調査課編「調査書類目録」……………… 119

第3章 南進のための人材育成事業 ……………………………………… 127

第1節 高等商業学校における人材育成……………………………… 129
第2節 南洋協会による人材育成……………………………………… 162
第3節 教育の南方進出………………………………………………… 184

おわりに……………………………………………………………………… 207
謝　辞………………………………………………………………………… 213

はじめに

　本研究は、近代日本最初の植民地である台湾におけるアジア調査と、南進のための人材育成事業の、実態や特質を解明することを通して、植民地支配の様相を、調査と教育という視点から描き直すという試みである。このような課題を設定した理由を、二つの観点から述べておきたい。

　近代日本が植民地統治を遂行していく過程で、植民地や支配地域の実態調査と、植民地における実務的なエキスパートの育成は、日本にとって不可欠の事業であった。その植民地調査や人材育成事業は、日清戦争以前から中国を舞台に行われ、その潮流は台湾や朝鮮、南方地域へと広がりを見せた。本研究の出発点となる問題意識の一つは、アジアを「調査する」ということである。ある地域を調査するとき、その調査は何を目的としているのか、その目的に即してどの分野に関して情報を収集し、いかなる視点で分析し考察するのかなどが、明確でなければならない。調査報告書は、収集したデータの中で、何を選択し何を選択しなかったのかという取捨選択の結果であり、そこに働いた機関や組織の、意図や目的が反映されているのである。実際、近代日本においては、外務省や満鉄調査部をはじめ、銀行、商社、大学、高等商業学校など種々の機関や団体が、アジア地域に関わる調査研究を行った。調査は、それぞれ中央政府の対外政策遂行や、銀行、商社の事業拡大などを目的として進められ、多数の報告書が作成された。

　戦後の植民地研究では、その調査報告書を、当時の東アジア及び東南アジア地域の経済事情や政治情勢を確認する情報源として活用されてきた。しかし調査を取り巻く状況や調査方法などを検討したうえで、その報告書の内容を扱った研究や、調査そのものを主題として植民地支配を論ずるといった研究は、満鉄調査部に関する研究を除けば[1]、台湾や朝鮮などについては少なくとも15年ほど前までほとんど見られなかった。唯一、植民地台湾を論ずるとき、台湾総督府、特に官房調査課の調査に着目すべきであることを指摘したのは、1970年代から1980年代にかけて発表された中村孝志氏の研究であった[2]。中村氏は、「大正南進期」の台湾で、南進の準備のために官庁機構の

整備(調査課、実業学校)や南進要員の養成、財政面の援助などが行われ、人的物的資材が蓄積されたと述べている。この中村氏の研究をふまえて、台湾史の領域では官房調査課で中心的役割を果たした原口竹次郎や鹽谷(以下、塩谷と表記)巌三など、調査を支えた人物に焦点を当てた研究や[3]、台湾総督府の南進政策に関する研究が、日本だけでなく台湾でも発表された[4]。ただし植民地研究の領域全体では、依然として調査の実態とそれを支えた組織に着目した研究には、光があたらなかった。

2006年に刊行された『岩波講座「帝国」日本の学知』に、「地域研究としてのアジア」と題する、戦後のアジア研究・フィールド調査の源流を戦前期に生産された「学知」[5]に求めて検討するという研究が発表された。ここには「帝国日本」が行ってきた旧慣調査や市場・経済事情調査、華僑・華人調査などの調査について、調査の目的と動機、調査方法、調査研究の成果、調査を通じて得た知識の体系を、具体的に検討している。また、2006年は南満洲鉄道株式会社創立100年にあたり、満鉄に関する研究を見直し、新たな視点や論点が示された。その中で、満鉄調査部の歩みを考察し、日本の国内政治との連繋から実態にせまるという研究も発表された[6]。こうして、ようやく調査を取り巻く環境や調査の方法、組織を対象とする研究が、植民地研究の一領域として認知されるにいたったのである。

以上述べてきたような研究の経緯からすると、本研究で、台湾総督官房調査課や台湾銀行、台北高等商業学校の、調査機関としての機能や歴史的意義を検討することには、「他者理解としての学知」を解明する上で、意義あるものであると考えられる。第1章、第2章では、台湾総督官房調査課及び台湾銀行、南洋協会台湾支部、台北高等商業学校の調査活動の実態を考察し、人的物的ネットワークを解明して、台湾島内のアジア調査の論理を述べたい。

まず第1章では、台湾総督官房調査課が行ったアジア調査の特質を明らかにする。近年の先行研究[7]として、官房調査課の設立過程を明らかにしたものや、調査報告書の刊行を中心として官房調査課の事業を詳述したものなどがある。これらの諸研究は、調査をめぐる状況や調査の目的、方針、成果には言及していない。官房調査課は、調査の成果を定期刊行物『内外情報』と不定期刊行物『南支那及南洋調査』に掲載し発刊していた。報告書には、官

房調査課の調査の目的や方法、分析や考察の結果などは全く掲載されていない。「南支南洋」地域で入手した情報を取捨選択し、官房調査課の調査目的に沿った情報を、ほとんど加工しないまま報告書に掲載している。従って、すべての報告書1点1点にあたり、調査内容や対象地域を総合的に分析することで、官房調査課の調査の特質を明らかにすることを試みた。

　第2章では、台湾総督官房調査課の調査に関わりのある台湾銀行調査課、南洋協会台湾支部、台北高等商業学校を取り上げる。植民地台湾に関する研究の中で、台湾の三大国策会社の1つとして、台湾経営に影響力をもっていた台湾銀行の研究は必ずしも多いとは言えない。これまでの研究は、日本経済との関連や、台湾島内における活動が部分的に取り上げられるだけであった。台湾銀行自体を研究テーマとしたもの、特に調査機関としての台湾銀行について考察した研究は、全く見られない。それは台湾銀行に関わる資料の散逸という、研究にとって深刻な問題を内包しているからである。本研究をすすめるにあたり、これまで存在を知られていなかった『調査書類目録大正4年11月』(台湾銀行調査課)を入手し、目録に掲載されている資料を可能な限り閲覧したことにより、調査機関としての台湾銀行について少なくとも2代頭取柳生一義の時代においては、その実態を解明できたのではないかと考えている。南洋協会、台北高等商業学校に関しても、調査報告書や卒業論文など、新たに入手、閲覧した資料をもとに、調査の手法や成果、台湾総督官房調査課との関係を論じる。

　もう一つの問題意識は、「人材を育成する」ということである。ここでいう「人材」とは、日本の植民地や支配地域で、植民地行政などに携わる実務的なエキスパートをいう。1880年代から1890年代にかけて、中国、朝鮮に関する調査研究や人材の育成を目的とした民間団体が、相次いで成立した[8]。その中で東亜同文会は、日中提携に必要な人材を育成する日本人の現地教育機関として、上海に東亜同文書院を設けた[9]。東亜同文書院の学科目は、高等商業学校及び高等学校と同程度の授業を目指しており、中国語や中国関係の学科目が多いところに特色があった。また、カリキュラムに中国調査旅行を加え、フィールド調査による中国理解を目指した[10]。このような外国語、現地事情とフィールド調査を重点とした人材育成は、植民地台湾や朝鮮では高

等商業学校で具現化された。また南方方面では、南洋協会が設置した学生会館や南洋商業実習生制度がそれにあたる。

従来の日本統治期の植民地における教育史研究は、台湾、朝鮮、南洋など地域別に日本語教育、教育政策・教育思想、教科教育各論など細分化されたものが多数を占めている。しかし地域別かつ学校種別の研究では、地域間の人的物的交流やその影響などが見えにくい。たとえば、本研究で取り上げる台北高等商業学校の場合、専門学校令をはじめとする法的規制の下で教育活動が行われていた。従ってカリキュラムや課外活動の原型は、「内地」の高等商業学校とほぼ同じものと考えられる。それが実際には、台湾総督府の植民政策や教育政策の直接的影響はもちろん、東亜同文書院や京城高等商業学校、「内地」の高等商業学校などとの人的交流の影響も、台北高等商業学校のカリキュラムに変容をもたらしたと見なければならない。また、学校史を詳述するといった研究だけでは、井上雅二を典型とする台湾や朝鮮、南洋をわたり歩いた人物の教育や事業への関与の実態を紐解くことが難しい。そこで本研究では、植民地の実務的なエキスパートを育成する使命を担っていた「外地」の高等商業学校を取り上げ、各校教育課程や各種事業の比較検討を通して、特色や成果を明らかにする。また、南方地域に関しては、台湾総督府や台湾の実業界に、少なからず影響力のあった井上雅二の構想した人材育成事業を取り上げる。

第3章第1節では、日本の「外地」である台湾、朝鮮、関東州に開校した高等商業学校の教育活動を考察する。高等商業学校に関する研究は、近年、アジア調査研究機関という観点からのアプローチがなされ、注目すべき研究成果が数多く報告されている。それは旧彦根高等商業学校の所蔵文献・資料の研究や、山口高等商業学校の中国調査・研究に関する研究である[11]。しかし本研究で取り上げる「外地」の高等商業学校に関しては、資料の制約もあってそれほど進展していない[12]。そこで、台北高等商業学校だけでなく京城高等商業学校、大連高等商業学校をあわせて比較検討することで、「外地」の高等商業教育の共通点や地域性を明らかにすることを試みた。

第2節では、南洋協会の運営者の一人である井上雅二を中心に、南洋協会の人材育成事業の形成過程を見ていく。南洋協会の人材育成事業についての

研究は、「新嘉坡(シンガポール)学生会館」を扱った研究[13]や「南洋商業実習生制度」を中心に南洋協会と外務省との関わりを論じた研究[14]などがある。河西晃祐氏は昭和期に入って導入された「南洋商業実習生制度」を、外務省の南進政策の代理事業であると捉え、南洋協会の人材育成事業としての検討を行っていない。本研究では、河西氏の論に学びつつ、南洋協会が企画した人材育成事業である「新嘉坡学生会館」「新嘉坡商品陳列館商業実習生」「南洋商業実習生」を網羅的に捉えて、植民地におけるエキスパートを育成する事業の意義を検証する。

第3節では、1935(昭和10)年に開催された熱帯産業調査会の答申を受けて新設された、高雄商業学校を取り上げる。従来の研究では、高雄商業学校が南進要員育成を目的として掲げた商業学校であることを論じられることはなかった。ここでは、南進教育最前線の学校が、台湾南部の港湾都市高雄に設置された意義や、初代校長に任命された河合譲の教育観などを論じ、高雄商業学校の実像にせまりたい。

最後に、使用する資料について触れておく。日本統治期の台湾に関する資料は、国内では国立国会図書館の他、旧帝国大学や旧高等商業学校を前身とする国立大学経済学部、台湾では台湾大学総合図書館、台湾大学法学院附属図書館、中央研究院、国立中央図書館台湾分館などに所蔵されている。台湾総督府関係の出版物は比較的所蔵状態が良好である。ただしすべての出版物を一括して所蔵している図書館は台湾にも日本にもなく、閲覧不可の資料や散逸してしまった資料も若干ある。台北高等商業学校の資料は、後身である台湾大学法学院附属図書館に、ほぼ完全に所蔵されていることが確認できた。資料の保存状態が悪く、すべての資料を確認できなかったのは、台湾銀行及び朝鮮銀行の調査報告書である。台湾銀行についてはすでに述べたとおりである。文献資料の他、井上雅二の遺族である井上陽一氏の証言や、台北高等商業学校同窓会の方々の証言も、本研究には重要な資料である。

註

(1) 満鉄調査部に関する先行研究は、小林英夫『満鉄調査部の軌跡 1907-1945』(藤原書店、2006年)に整理されているので、それを参照されたい。

(2) 中村孝志「台湾総督府の南支・南洋施設費について」(『南方文化』6、天理南方文化研究会、1979年)、「「大正南進期」と台湾」(『南方文化』8、天理南方文化研究会、1981年)、「台湾と「南支・南洋」」同編『日本の南方関与と台湾』天理教道友社、1988年)他。なお、東南アジア研究を専門分野としていた矢野暢氏も、次の著作の中で台湾総督官房調査課及び外事課が、日本の南方関与の上で果たした役割が大きいことを指摘し、大正期から昭和10年代にかけて刊行された一連の調査報告書を高く評価している。ただし、両者とも調査報告書の分析などには踏み込んでいない。矢野暢『『南進』の系譜』(中央公論社、1975年)、「大正期「南進論」の特質」(『東南アジア研究』16-1、京都大学東南アジア軒研究センター、1978年)、『日本の南洋史観』(中央公論社、1979年)。

(3) 後藤乾一『原口竹次郎の生涯―南方調査の先駆』(早稲田大学出版部、1987年)、塩谷巖三(後藤乾一編)『わが青春のバタヴィア―若き調査マンの戦前期インドネシア留学日記』(龍溪書舎、1987年)。

(4) 台湾総督府の南進政策に関する一連の研究の中からいくつか列挙する。金子文夫「井出季和太と日本の南進政策」(『台湾近現代史研究』2、龍溪書舎、1979年)、長岡新治郎「熱帯産業調査会開催と台湾総督府外事部の設置」(『東南アジア研究』18-3、京都大学東南アジア研究センター、1980年)、同「南方施策と台湾総督府外事部」(箭内健次編『鎖国日本と国際交流』下巻、吉川弘文館、1988年)、清水元編『両大戦間期日本・東南アジア関係の諸相』(アジア経済研究所、1986年)、後藤乾一「台湾と南洋」(『岩波講座 近代日本と植民地2』岩波書店、1992年)、近藤正巳『総力戦と台湾』(刀水書房、1996年)、鍾淑敏「臺灣總督府「南支南洋」政策之研究―以情報體系為中心」(『中国海洋發展史論文集』7、中央研究院中山人文社会科学研究所、1993年)、同「臺灣總督府的「南支南洋」政策―以事業補助為中心」(『台大学報』34、臺灣大学歴史系、2004年)他。

(5) 「学知」という語句を、ここでは他者理解を通じた日本社会の理解もしくは自己理解の試みと読み替えている。また、講座の編者の一人である山室信一氏は、他者理解は一方的なものではなく、アジア地域レベルにおける知識人・思想家の間の「知の回廊」あるいは、「アジアにおける思想連鎖」と捉えている(「他者理解としてのフィールド調査」『岩波講座「帝国」日本の学知6 地域研究としてのアジア』岩波書店、2006年)。

(6) 小林英夫前掲註(1)書。

(7) 陳文添「臺灣總督府官房調査課設立經過」(『臺灣文獻』123、1998年)、王麒銘「臺灣總督府官房調査課及其事業之研究」(国立台湾師範大学歴史系修士論文、2004

年)。
(8) 振亜社や興亜会(のちの亜細亜協会)、東邦協会、海外教育協会、同文会などがそれにあたる。
(9) 東亜同文会及び東亜同文書院に関する記述は、霞山会編『東亜同文会史　昭和編』(霞山会、2003年)、大森史子「東亜同文会と東亜同文書院」(『アジア経済』19-6、アジア経済研究所、1978年)を参照した。
　東亜同文書院は1901(明治34)年に「在支那関係事業ニ従事スル人材ヲ養成ス」ることを目的として開校し、1939(昭和14)年の大学昇格までの38年間、専門学校として3200余名の卒業生を輩出した。学科は当初、政治科商務科で修業年限は3年であった。
(10) 東亜同文書院のカリキュラムに中国調査旅行を加えたのは、初代校長根津一である。彼は、真の中国を知るためには机上の学問だけではなく、自らの足で中国各地を歩き、中国を実感することが必要であると考えた。同文書院の調査旅行をモデルとして、「内地」「外地」の高等商業学校では、大規模な調査旅行を企画した。
(11) 滋賀大学経済経営研究所阿部安成氏を中心とする旧制高等商業学校における旧植民地関係コレクションに関する共同研究は、これまで日本台湾学会学術大会や国際シンポジウム「中国東北と日本—資料の現状と課題」など、多くの学会や学会誌にその成果が報告されている。そのうち旧彦根高等商業学校の旧植民地関係コレクションについては、『彦根論叢』(滋賀大学経済学部)に複数の報告がある。
　山口高等商業学校については、松重充浩「戦前・戦中期高等商業学校のアジア調査—中国調査を中心に」(『岩波講座「帝国」日本の学知6 地域研究としてのアジア』岩波書店、2006年)、阿部安成「大陸に興奮する修学旅行—山口高等商業学校がゆく「満韓支」「鮮満支」—」(『中国21』29、愛知大学現代中国学会、2008年)。
(12) 台北高等商業学校については、陳俐甫「臺北高等商業學校沿革」(『台北文献』95、1991年)、同「臺灣與日本之學術〈南進〉」(『臺灣風物』47-3、1997年)、黒崎淳一「臺北高等商業學校與南支南洋研究」(台湾師範大学歴史系修士論文、2002年)、藤井康子「1920年代における台湾台南高等商業学校設立運動」(『日本の教育史学』48、2005年)。
(13) 鈴木健一「南洋協会の設立と新嘉坡学生会館」(『近畿大学教育論叢』7-1、1995年)。

(14) 河西晃祐「外務省と南洋協会の連携にみる1930年代南方進出政策の一断面」（『アジア経済』44-2、アジア経済研究所、2003年）。

第 1 章

台湾総督府の南方関与とアジア調査

日本最初の植民地台湾において、調査の必要性を説き、調査組織を設立して調査活動の基礎を築いたのは、第4代児玉源太郎台湾総督時代の民政局長（のちに民政長官）後藤新平である。後藤新平は、植民地経営は科学的であるべきとして、調査活動を重視し、調査に基づいた植民地経営を主張した。まず後藤が手がけたのは、台湾の旧慣調査である[1]。これは植民地の人々の慣習を理解しなければ行政の基盤が成り立たないという、行政実務遂行にともなう要請であった。後藤が台湾を離れ、満鉄初代総裁に就任したのち、第一次世界大戦を契機とする「大正南進期」のブームの中で、南進拠点という使命を担った台湾では、南方地域への進出を志向した調査や人材の養成が積極的に行われた。

　そこで、本章では、台湾総督府の南方関与、南方進出の実態と調査の特質、意義について考察する。第1節では、台湾総督府が南方地域に対して、どのような事業をもって関与したのかを明らかにする。台湾では領台初期から南方進出すなわち南進という、日本と南方地域を結びつける考え方が存在し、植民地支配の終焉まで受け継がれていった。南方地域との関与は、第一次世界大戦のような外的要因や日本の中央政府の政策など内的要因に影響され、「南洋」概念も時代とともに変化していった。ここではいわゆる「大正南進期」[2]を中心に、台湾総督府の南進をめぐる事業と、「南洋」概念について言及する。

　第2節では、南方進出の前提として蓄積されたアジア調査について、その実態や特質を解明する。特に後藤新平の人的ネットワークで台湾に渡った人々が主導して、精力的な調査活動を展開した台湾総督官房調査課における調査を取り上げる。官房調査課の出版物で最も注目すべきは、不定期ながら27年間に271編を刊行した、『南支那及南洋調査』と題する調査報告書である。この報告書を読み込んで分析し、官房調査課の調査の主体や調査方法、人的ネットワーク、蓄積された情報の特色などを考察する。

第1節　台湾総督府の南方関与

1. 台湾総督府の南方への関心

　台湾総督府の為政者である台湾総督と民政長官の考える台湾の役割には、「南洋」と「対岸」[3]つまり中国南部への発展が含まれていた。第2代総督桂太郎（1896年6月～10月）は、伊藤博文に送った意見書の中で、こう述べている。

　　戦後ノ今日時勢一変、所謂北守南進ノ策ヲ執リ、日本海ノ区域ハ遠ク支那
　　海ノ区域ニ進メ、其沿岸各地ニ向テ進取ノ計画ヲ立テント欲スルニ在リ[4]

　この提言は、第4代総督児玉源太郎（1898年2月～1906年4月）及び民政長官後藤新平により、具体的な政策として示された。それは、1899（明治32）年に発表された「台湾統治ノ既往及将来ニ関スル覚書」[5]に見ることができる。児玉は、「南進ノ政策ヲ完ウスルニハ、内統治ヲ励シ、外善隣ヲ努メ、可成国際上ノ事端ヲ生スルヲ避ケ、対岸清国並ニ南洋ノ通商上ニ優越ヲ占ムルノ策ヲ構スル事」が必要であると考えた。また民政長官内田嘉吉は、『台湾日日新報』紙上に、次のような台湾論を発表している。

　　近年内地の製造品が陸続として台湾に輸入しつつあること是なり。而して
　　之を階段として南清一帯及び南洋諸島に向ひ此等物品の販路を媒介しある
　　こと多大なり。南清並に南洋に輸出せらるる日本の製品は、必ずしも悉く
　　台湾を経過するものにあらず、然れども雑多の製品が台湾に輸入せらるる
　　と共に隣接せる此等の地方に販路を開くは明々疑を容れざる所なり[6]。

　しかし、台湾総督府は台湾領有当初、台湾人の抗日運動や財政問題のような台湾経営上の様々な問題に直面し、これ以上に「南洋」に関わりをもつことはできなかった。とはいえ、この時期に、台湾＝南進拠点というロジックが形成されたことは確かである。

大正期、とりわけ第一次世界大戦末期は、日本の南方への関心が著しく高まった時期である(7)。対外的には、第一次世界大戦の勃発にともない、ドイツ保護領である南洋群島を日本が占領し、また、いわゆる「大戦景気」により、日本の貿易が飛躍的な伸びをみせ、南方諸地域が新たな貿易市場として浮上した。台湾経営においても、第5代総督佐久間左馬太(1906年4月〜1915年5月)の理蕃5か年計画が一応完了し、治安状態も概ね良好であった。このような内外の好条件が重なり、台湾における南方進出熱はいっきに高まった。台湾の南進政策の推進者は、安東貞美、明石元二郎総督(第6代、第7代)、そして民政長官内田嘉吉とその後任である下村宏であった。まず安東総督時代に、総督府認可による大阪商船の南洋航路が開設された。航路は1916(大正5)年に基隆・ジャワ線が開始され、続いて1919(大正8)年にスマトラ線、ジャワ・バンコク線が、そしてその後、ジャワ・サイゴン線、フィリピン線、南洋自由線などが次々に開設された。台湾総督府はこれに対し、南洋航路補助金を支出し、航路開設を奨励した。また、内田嘉吉の努力により、「南洋」の宣伝のために台湾勧業共進会が開催され、下村宏の計画で南洋観光団の派遣も企画された。この点に関しては、中村孝志氏の研究ですでに詳細が明らかになっているが(9)、大正期の台湾と「南洋」を考える上では重要な問題であるので、その概要を『台湾時報(東洋協会)』(10)に掲載された彙報や記事から確認しておきたい。

　台湾総督府は、台湾領有20年を区切りに、1916(大正5)年4月10日から5月9日までの1か月間、台北で台湾勧業共進会を開催すると発表した。「台湾勧業共進会趣旨」(11)によると、その意義は、台湾経営20年の成果を内外に示すとともに、これを機に「南支南洋」方面の研究を奨励しようというものであった。ことに「南洋」に関しては、「趣旨」の中で何度となく台湾が「南方発展の根拠地たるべき」であることや、「事実上帝国本土と南方各地との間に於ける交通貿易の策源地若くは根拠地」であることが、強調されている。このことは、その後の台湾総督府の発展する方向を言明した、と捉えることができる。この「趣旨」に基づき共進会組織が作られ、共進会会長下村民政長官のもとで、出品の勧誘や観客招致が行われた。実際の出品は予想以上に多く6万余点、観覧者は80数万名と報じられた(12)。「南支南洋」方面の物品は、

総数の10分の1にも満たなかった。しかし、サンフランシスコ博覧会に出品したフィリピンの物産すべてを陳列するなど、インド、ジャワ、スマトラなどからの出品も多く、注目を集めた。

　勧業共進会の開催と南洋航路開設を機に、大阪商船会社は、「南支南洋」観光団を組織した。表向きは大阪商船の主催であるが、実質は下村民政長官の計画である。「南支南洋視察団募集の趣旨」(13)によれば、「南支南洋の主要港を巡遊」して「汎く此等地方の事情研究者の便に資せん」ため視察団を募集するとあり、「百聞は一見に如かず有識先覚の各位翼くは奮て此挙に加はられんことを」と呼びかけている。これに応じて政治家、実業家、新聞記者など各界から応募があり、61名の参加が決定した。そして、団長に台湾総督府研究所長であり医学博士である高木友枝を、顧問に新渡戸稲造、浮田郷次、島津久賢（貴族院議員）を迎え、1916（大正5）年4月26日、打狗（高雄）から45日間の旅に出港した。視察の順序は、フィリピン―ボルネオ―セレベス―ジャワ―シンガポール―サイゴン―香港―汕頭―厦門であった。

　この視察団の特色は、ただ単に南方各地を視察するだけでなく、船中で「南洋」事情に関する講演会を開催したことである。「南洋」事情に明るい新渡戸稲造や、前バタビア領事としての経験を持つ浮田郷次、動物学者で真珠の研究者である藤田等が連日行った講演は、テーマ数にして29にもなった。これらの講義を聴き、その直後に視察するというスタイルは、45日という限られた期日の視察を最も有効に活用し、成果をあげる方法であった。視察団参加者たちは、帰台後、各地で講演会や報告会を開き、「南洋」各地をアピールした。下村民政長官は、こうして一方で「南洋」の実地見聞をしながら、もう一方で「南支南洋」調査を実施するという、南進のための確実なステップを踏むことを考えた。

　このように、「南支南洋」観光団を組織したことは、台湾勧業共進会同様、台湾が「南洋」の拠点であることを宣伝し、台湾総督府が「南洋」調査の中心となるきっかけになったのである。そしてそれは1918（大正7）年、台湾総督官房内に、台湾独自の調査活動を組織化するべきであるという意見の高まりにつながり、調査課が発足するという形で実現するのである。

2. 台湾総督府の「南洋」概念

「南洋」という言葉は中国語に由来するといわれている。しかし、この言葉の起源は明らかではない。この問題に関しては、清水元氏の研究で明らかにされているので(14)、ここでは詳しく論じない。ただし、明治から昭和初期にかけて行われた「南洋」調査との関わりについてだけは触れておきたい。

明治期の「南洋」は、南西太平洋諸島、島嶼部東南アジアを中心とする、海洋地域を指すことが一般的であった。つまり、今日の東南アジアを、一まとまりの地域と捉える考え方はなかったといってよい。従って、台湾領有初期、台湾総督府が目指していた南方進出も、これら南洋群島を念頭においたものだった。それは、1916 (大正5)年に派遣された南洋観光団が、フィリピンやオランダ領東インドを中心に視察したことや、内田民政長官が「南洋殖民地所感」(15)の中で、「南洋」を太平洋の一部で、具体的にはジャワ、スマトラ、セレベス、ボルネオ、フィリピン等、と捉えていることから確認できる。

このような「南洋」概念は、第一次世界大戦を契機に変容を見せた。それは、世界大戦で日本がドイツ領南洋群島を事実上領有したことにより、南進の対象として現在の東南アジア地域への関心が高まったからである。この時点から、大陸部・島嶼部を合わせた「南洋」という地域概念が、主張されるようになった。ただし、日本の事実上の領土である南洋群島は、「内南洋」または「裏南洋」と呼ばれ、それ以外の東南アジア地域である「外南洋」「表南洋」と区別した。これはすなわち、「外南洋」が近い将来進出する目標であることを、明確にしたということにもなる。台湾総督府も、こうした日本「内地」の「南洋」に対する新しい地域概念を受けとめ、調査地域を拡大している。大正期の「南洋」調査結果の集大成である『南洋年鑑　昭和4年版』には、「南洋」をどう規定するのかについて、一つの明確な答が示されている。

　一　地理学的に南洋といふのは、西はマダガスカルから東は南亜米利加の西岸に迄及んでいる。例へば、米国で出版された書物などに South Sea Islands とあれば、其れは多く南米の西の方に横はつているポリネシアの一部を指している。而して、仮りにインドネシア種族の棲める区域を南洋といふことが出来るとすれば、マダガスカーも南洋といふことが出来

るかも知れない。
一　我日本では欧州大戦後、日本の占領地たるミクロネシアの一部を南洋と呼称している向もある。
一　斯の如く、一概に南洋と言っても、各人の頭の中にある南洋の概念は決して同じでない。
一　本書に所謂南洋といふのは、広い意味の南洋ではなく、欧州大戦当時より貿易企業等の関係で、我日本と特に密接なる経済的関係を有するに至れる、馬来群島を中心とせる比律賓、英領北ボルネオ、サワラク、蘭領印度、英領馬来、暹羅、仏領印度支那等を指しているのである。
一　台湾総督官房調査課に於ては、既に久しき以前より、此狭義の南洋に関する一般的知識を普及することを目的とする書物の編纂を希望して居られたのであるが、常務に妨げられて所志を達せなかったが、先般来之が編述に着手し漸くにして業を了り、『南洋年鑑』と称し、本会をして之が出版をなすことを許可せらるることになった。

　ここに示されているように、いわゆる狭義の「南洋」地域概念がベースとなり、これ以後の台湾総督府の南進政策や、「南洋」調査が進められていったことがわかる。ついで台湾総督府の「南洋」概念は、昭和期に入りさらに拡大した。『南洋年鑑　第2回版』(1932年)では、「更に詳しく言へば」ブルネイ、ポルトガル領ティモールも「南洋」に含まれ、「所謂東洋と云ふ言葉に依って云ひ表はされる地域の中から、日本・印度・支那・露領一帯及ニウギネアの一部を除いた残りの地域に当る」と記されている。また、1943(昭和18)年に刊行された『南洋年鑑　第4回版』になると、「緬甸」、「印度」、及びニューギニア、「濠州」、「新西蘭」、太平洋諸島嶼等の諸地域をも包含する大南洋を指すことになっている。このような地域概念の微妙な変化は、「南洋」という言葉の中に、南進政策や戦局と不可分な日本の帝国主義のイデオロギーを内包しているといえるのである。

第2節　台湾総督官房調査課のアジア調査

1. 調査課設置前後の状況

　台湾総督府の官房内に調査課が新設されたのは、1918（大正7）年6月のことである。それまでは、官房調査課の前身である統計課が、統計業務や資料収集を担当していた。また、殖産局や財務局、警察本署など各部局単位で、台湾島内や「対岸」「南洋」各地の情報を収集し、報告書を作成していた。

　この時期、つまり明治後期から大正初期における台湾総督府の「南支南洋」との関わりは、海外視察と啓蒙活動に重点があった。台湾総督府技師や事務官の海外視察は、1900年代初めから活発に行われた。「南支南洋」方面への視察先は香港、シンガポール、ジャワ、フィリピン、オランダ領東インドなどが多く、島嶼部への関心が高かったことがうかがえる。視察者のリストの中には、後に官房調査課の課長を歴任した片山秀太郎、鎌田正威、東郷實などがいた(16)。彼らは視察を終え帰国後に復命書を提出し、講演会で視察報告をする者や、東洋協会台湾支部の機関誌『台湾時報』に「南支南洋」事情や海外通信を掲載する者もあった。海外視察に加え、すでに述べたように1916（大正5）年に開催された台湾勧業共進会や南洋観光団の実施は、南進拠点台湾の存在をアピールする上で一定の成果をもたらしたといえる。

　次に、台湾総督官房調査課の新設について述べる。

　調査課新設を手がけたのは、台湾総督府参事官片山秀太郎であった。片山は参事官の立場で、1915（大正4）年から調査課設置の準備を進めていた。1917（大正6）年には、自らオランダ領東インドへ視察に出かけている。彼が起案した文書によれば(17)、調査課の任務は、「南支南洋其ノ他海外ニ於ケル制度及經濟」を調査することにあった。調査範囲は「本島ト密接ノ關係ヲ有スル南支那、濠洲、南阿、南米、海峡植民地、印度及南洋諸島其他ノ殖民地ニ於ケル政治、經濟、産業、宗教其他ノ制度」で、これらの調査の目的は「本島統治ノ資料」にするとともに「海外發展ノ機運ヲ促進シ以テ南方經營ノ連鎖タル本島ノ任務ヲ盡ス」ことにあると規定されていた。そのためには、「重キヲ實地調査ニ置キ必要ニ應シテ人ヲ各地ニ派シ實査ヲ遂ケ」ることが不可欠

であると、調査方法を示している。ではなぜ調査課の新設が求められたのか。片山は、従来の各部局における調査は部分的で目的を達成できないため、調査を専門とする特別の機関の設置が必要であると述べている。そして各部局の部分的調査は継続しつつも、調査の統一を計り調査の重複を避けるための調整も調査課が担うと主張した[18]。こうして1918（大正7）年6月、官房内に統計課に替わって調査課が設置されたのである。

初代課長は調査課設置準備の中心にいた片山秀太郎で、1919（大正8）年7月の段階で事務官、統計官、翻訳官、技師、雇員など57名で構成されていたことが確認できる[19]。この年に来台した原口竹次郎[20]は、のちに嘱託から統計官となり、1936（昭和11）年に離台するまで、官房調査課で中心的役割を果たしていった。また、外国語が堪能でアジア各国事情に明るい人材、例えば東京外国語学校フランス語科卒業後、海軍でフランス語を教授し、植民地調査も担当していた板倉貞男のような人物を嘱託として招聘し、広範囲にわたる調査・研究業務の質的向上を図った。さらに1920年代に入ると、台北高等商業学校で調査の基礎を学んだ学生が調査課に就職し、原口統計官の指導のもとで文献整理や調査書の作成を担当するなど、調査課のスタッフは少しずつ充実していった。

その後、官房調査課のアジア調査は、1935（昭和10）年に設置された外事課に引き継がれた[21]。その外事課は、1938（昭和13）年に外事部と改称され、台湾総督官房から独立した。外事課に移行してからのアジア調査は、官房調査課時代とは異なり資源調査や家計調査に重点が置かれるようになった。

つまり、官房調査課の調査活動は、1918（大正7）年から1935（昭和10）年までの17年間で、この期間こそが片山秀太郎が考案した官房調査課の方針で、実地調査や資料収集が行えた全盛期であったといえる[22]。

2. 官房調査課の出版物と特色

(1) 官房調査課の出版物

官房調査課では、アジア調査の成果を次々に刊行した。主な調査報告書に、『外事週報』、『統計週報』、『内外情報』、『南支那及南洋調査』、『海外的刊行物重要記事目録』などがあり、これ以外に調査報告書の集大成として『南洋年

鑑』を発行した。

『内外情報』は、1920(大正9)年1月創刊の『外事週報』(創刊時には『外調週報』)と、同年10月創刊の『統計週報』が、1921(大正10)年6月より合併して『内外情報』となったものである。内容は、「南支南洋」諸地域の情報と各種統計で、月3回刊行された。1926(大正15)年1月からは、『支那及南洋情報』と改題して『台湾時報』の附録に掲載され、1931(昭和6)年には『台湾時報』から独立し、『南支那及南洋情報』として1938(昭和13)年3月まで発行された。これを引き継ぐ形で、同年4月からは月刊誌『南支南洋』が刊行され、1940(昭和15)年からは台湾南方協会が編集・発刊を担当し、1941(昭和16)年9月に195号をもって終刊となった。『南支那及南洋調査』は、「南支南洋」諸地域を対象に、官房調査課が独自の方針で実地調査した調査報告や、台湾総督府技師、民間企業、実業家に調査依頼した報告書及び植民地政府刊行物や現地の出版物の翻訳である。不定期の刊行物で、1914(大正3)年から1939(昭和14)年までに240輯と別巻3冊が発行された。いずれも一般頒布用ではなく、関係諸機関だけに配布された。

(2) 官房調査課による調査の特色

まず、定期刊行物であった『内外情報』の内容を検討する。

官房調査課では、アジア諸国で発行された英語、中国語、オランダ語、フランス語、ドイツ語などの新聞雑誌や、日本国内発行の政府刊行物、政治、経済、法律、財政関係の専門誌、領事報告、満鉄調査部、朝鮮総督府発行の調査報告や雑誌など100種以上を収集し、目録を作成していた。それには外国語の技能が不可欠であったから、例えばオランダ領東インドの日本領事館に勤務し、オランダ語に堪能な山岸祐一を、調査課嘱託に招聘するなどしてスタッフをそろえていった。そして収集した資料から、「支那」全域及び「南洋」各地における政治・経済の動向を摘録し、『内外情報』を編集した。

図1-1、1-2は、1921(大正10)年6月11日発行第1号から1925(大正14)年11・12月合併号(第157号)と、『支那及南洋情報』と改題し『台湾時報』の附録として掲載された1926(大正15)年1月から1931(昭和6)年10月までの記事を分類、グラフ化したものである。図1-1は、『内外情報』及び『支那及南洋

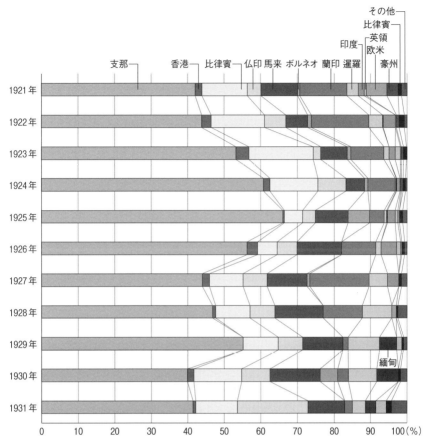

図1-1 『内外情報』『支那及南洋情報』記事掲載地域別割合
（『内外情報』1〜156号及び『支那及南洋情報』1〜71号）

情報』の記事3484件を、地域別に集計したデータをもとに作成している。グラフに示したように、地域別では「支那」関係情報が5割を占めており、「比律賓」「英領馬来」「蘭領東印度」「仏領印度支那」がそれに続いている。一方、「ボルネオ」や「緬甸」「豪州」の情報は少ないことが確認できる。次に、記事内容を分野別に集計してグラフ化した図1-2を見ると、政治・軍事関係情報が4割程度、農林水産業及び鉱工業と、貿易・交通情報がほぼ毎年2割前後を占めていることがわかる。

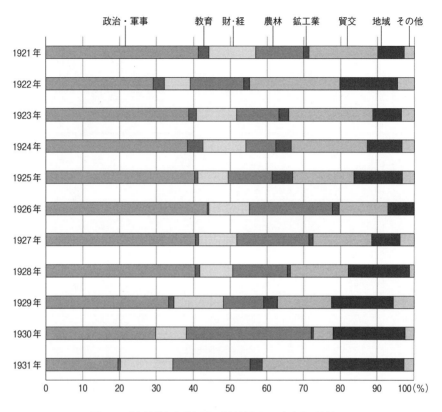

図1-2 『内外情報』『支那及南洋情報』記事内容別割合

　さらにグラフ化した2つのデータを注意深く読み込むと、次の点がみとめられる。それは、官房調査課の情報提供の志向性である。雑誌に掲載した記事の半数は中国関係の情報であり、その9割は政治・軍事関係の分野に限定されていた。第一次世界大戦以降、日中関係は政治的緊張状態にあり、中国国内の政治動向や軍の動きに加え、「対岸」である福建や広東の情勢を把握することは、台湾総督府にとって重要性が高かった。そこで「申報」や「湖南通信」「大阪市役所商工課調査報告」など国内外の新聞、雑誌、報告書から大量の情報を収集し、緊急性かつ重要性のある政治・軍事情報を、雑誌の中心に置いた構成をとったのだと推察できる。また、中国国内の経済、産業情報

については、すでに台湾銀行が「対岸」を中心に支店を開設し、調査報告を刊行していたことから、すでに必要な情報の蓄積がなされていたのであろう。財政、金融、経済関係の情報は、政治・軍事関係だけでなく、農林水産業や貿易・交通関係の情報と比較しても、かなり少なかった。

一方で、「南洋」各地については、大正期から昭和初期の段階では、日中関係のような緊張状態にはなかった。また、政治的軍事的関係より経済的進出先として、「南洋」を捉えていた時期である。したがって「南洋」各地の記事では、政治・軍事関係の情報はきわめて少なく、日本の栽培企業や商取引に直接関わりのある第一次産業や、貿易・交通情報が多かった。ただ、ひとたび「南洋」の一地域で変動があれば、かなり多くの生の情報を提供していた。一例を示すならば、1931（昭和6）年の「仏領印度支那」関係記事にそれがみとめられる。この年の「仏領印度支那」関係記事は27件で、記事総数140件の約20％にあたる。前年までは全体の6％程度であったから、急激に増加したことになる。記事内容は、「印度支那米の販路拡張と籾輸出税の撤廃」[23]、「印度支那護謨輸出奨励規定」[24]、「印度支那関税問題に関する日仏交渉の再開」[25]など貿易問題に集中していた。というのも、1929（昭和4）年から1932（昭和7）年にかけて、フランス領インドシナ政府は関税法を改正し、日本もその影響を少なからず受けることになったからである。官房調査課では、「仏領印度支那」政庁図書係が受け入れた印刷物で、「仏領印度支那」において発刊された『印度支那経済雑誌』や『海防新聞』など、定期刊行物74種と不定期刊行物111種[26]を把握していたので、そこから有益な情報を選択して掲載したのである。

こうして官房調査課は、膨大な情報から意図的に、そしてある種の効果をねらった構成にするため、「支那」については政治・軍事的情報に重点を置き、「南洋」では産業・貿易情報に重点を置いて各地の情報を伝えるべく、『内外情報』及び『支那及南洋情報』を編集していたのである。

次に、調査課の報告書として不定期に発行された『南支那及南洋調査』について検討する。表1-1は、『南支那及南洋調査』240巻別巻3を調査方法、調査項目、調査対象地域別に分類したものである。また、図1-3、1-4は、表1-1のデータをグラフ化したものである。まず調査報告書は、240巻別巻3とな

っているが、1冊の調査報告書に2種類以上の報告書が合本になっているものがあり、表1-1ではこれらを別の調査書として扱っている。したがって報告書の総数は271となる。このうち大正期に146点、昭和期に125点発行されていて、中でも1920(大正9)年から1932(昭和7)年頃までに集中していることがわかる。

調査方法や内容項目について考察すると、次の点を指摘できる。

第一に、1918(大正7)年6月まで(報告書では22巻まで)は、外部からの持ち込み調査報告書である。その22巻36点中、翻訳本2点以外は、すべて実地調査に基づく報告書である。内容は、台湾総督府が「南洋」に派遣した視察者の復命書、台湾銀行による金融事情報告、警察本署による「南支」移民及び産業調査などである。つまり、官房調査課が作成した『南支那及南洋調査目録』には、1巻から240巻まで同種の調査書として収録されているが、22巻までは官房調査課設置以前のもので、官房調査課が収集、調査、編集した報告書は23巻以降である。

第二に、調査方法別に見ると、実地調査が全体の47％、文献資料の編集が16％、翻訳が37％にあたる。ただし官房調査課新設後は、実地調査と翻訳がほぼ3割ずつで、1926(大正15)年までは翻訳資料が実地調査報告を若干上回っている。大正期の実地調査報告の大多数は、明治末から大正初期の視察に基づいたものであり、本格的な実地調査の域には達していない。この時期、官房調査課としては、「南支南洋」各地で収集した文献の翻訳や編集の方が充実しており、調査課設置当初に実地調査を重視すると規定したものの、まだ限定的であったと見るのが妥当であろう。

第三に、調査内容項目別に見ると、農業、鉱業、水産業、林業など第一次産業関連の調査報告が最も多いことがわかる。特に農業では、パイナップル、マンゴ、バナナなど熱帯性果物や米の調査、麻や綿花、ゴムなど日本人の栽培企業関係の報告が目立つ。一方、政治・行政の項目は、その多くが中国の政治情勢や「南洋」各地の植民政策に関わるもので、植民地政府の刊行物の翻訳である。このような内容項目別の傾向は、『内外情報』記事に近いといえる。

第四に、対象地域別の調査報告書数では、中国関係が最も多く、「南洋」地域では「蘭領東印度」「比律賓」「英領馬来」などのオランダ領・イギリス領

植民地が目立つ。日本人企業家の進出先として認知され、また将来性のある地域に対し、集中的かつ継続的な調査や資料収集を行ったことのあらわれであろう。

　第五に、1935(昭和10)年以降の調査報告書には、顕著な変化が見られる。それは「台湾と南支南洋」や「南支南洋貿易概観」のような「南洋」全般を対象とした総括的な報告書や、「南洋に対する日本の経済的進出」のように南進を強く意識した報告書が増加したことにある。1935(昭和10)年は外事課が復活した年で、調査業務も外事課の担当になったことが影響していると考えられる。つまり、官房調査課の調査活動は、1935(昭和10)年9月までであり、『南支那及南洋調査』225巻までである。

　第六に、他の機関・団体との関わりを見る。まず金融関係の調査報告は、台湾銀行や華南銀行の調査書を、そのまま台湾総督府あるいは官房調査課名で発行している。同様に、熱帯性植物などに関する調査書や翻訳の一部は、南洋協会台湾支部刊行の『南洋叢書』と同タイトル同内容で発行している。つまり台湾総督官房調査課は、台湾銀行や華南銀行、南洋協会台湾支部の調査報告書を蓄積しつつ、官房調査課として必要性のある報告書を選択し、官房調査課の調査報告書として刊行していたのである。

　さらに官房調査課は、定期刊行物である『内外情報』や、不定期刊行物『南支那及南洋調査』編集のために収集した資料を整理し、地域別に構成したものを、『南洋年鑑』として南洋協会台湾支部から刊行した。昭和4年版では、対象地域は「比律賓」「仏領印度支那」「暹羅」「英領馬来」「英領北ボルネオ」「蘭領印度」の6地域で、2回版以降、「サラワク」が追加された。『内外情報』や『南支那及南洋調査』は、関係各機関に配布しただけで一般向けには非売品という形をとったが、『南洋年鑑』は一般向けに販売した。

　このように官房調査課は、アジア、特に「南支南洋」地域の政治制度や経済、産業などについて、台湾銀行や南洋協会台湾支部などと、資料提供や共同の翻訳作業、出版などの連携をして調査を推進していたのである。では、官房調査課と台湾銀行や南洋協会台湾支部との調査の連携は、どのようになされていたのか、次章では各機関・団体の調査活動を考察し、官房調査課との関わりを具体的に示すことにする。

表1-1 『南支那及南洋調査』一覧

号数	書名	著者・訳者・編者	刊行年月	実地	文献	翻訳	地理	歴史	風俗	政治	教育	財政	金融
1	南洋諸島視察復命書(サラワク)	松岡正男(総督府嘱託)	1913年10月	○			*	*		*	*		
	同(対南洋貿易に就て)	同		○									
	同(南洋に於ける支那人)	同		○									
	同(比律賓群島)	同		○							*		
	同(南洋海上交通)	同		○									
2	南洋視察復命書(比律賓の林業)	金平亮三	1913年10月	○									
	同(英領北ボルネオの林業)	金平亮三		○									
	同(爪哇の規那栽培法)	金平亮三		○									
	同(南洋諸島巡航記)	金平亮三		○			*						
3	爪哇視察復命書	川上瀧彌	1913年11月	○			*						
4	爪哇に於ける本邦取引状況	台湾銀行編	1916年3月	○									*
	香港上海銀行の支那に於ける活動	同		○									*
5	香港事情概要	台湾銀行編	1916年3月	○			*			*			*
6	佛領印度支那事情	台湾銀行編	1916年3月	○			*		*	*		*	*
7	スラバヤ金融事情	台湾銀行編	1916年3月	○									*
	香港之金融機関	台湾銀行編	1916年3月	○									*
	広東之金融事情	台湾銀行編	1916年3月	○									*
8	臺灣、南支那、香港及海峡植民地に於ける欧洲戦乱の影響	台湾銀行編	1916年3月	○									*
9	蘭領東印度事情	小森徳治訳	1916年9月		○	*					*		
10	南支那、南洋調査復命書	菊池武芳	1917年7月	○									

産業	農業	鉱業	水産	林業	工業	商業	貿易	交通	移民	邦人	その他	中南支	香港	南洋全般	蘭領印度	英領印度	馬来他	比律賓	英領其他	暹羅	仏印	南洋群島	その他	他機関・団体の調査報告書
＊							＊		＊	＊									＊					
	＊						＊								＊									
											＊				＊									
																		＊						
								＊							＊									
								＊								＊								「南洋視察談」台湾時報49号 1913.10
								＊											＊					
＊													＊											
																						＊		
								＊						＊										「南洋視察談(上)(下)」台湾時報34、35号 1912.6-7
								＊	＊					＊										「爪哇ニ於ケル本邦品取引状況」台銀報告書1915.2
													＊											「香上銀行ノ支那ニ於ケル活動」台銀報告書1914.1
								＊					＊											「香港事情概況」台銀報告書1914.11
＊	＊	＊	＊	＊	＊	＊	＊														＊			「佛領印度支那事情」台銀報告書1915.5
								＊							＊									「スラバヤ金融事情」台銀報告書1915.2
													＊											「香港ノ金融機関」台銀報告書1915.1
								＊				＊												「広東の金融事情」1915.1
								＊					＊	＊			＊							「南支南洋香港及海峡植民地ニ於ケル欧州戦乱ノ影響」台銀報告書1915.10
＊	＊	＊				＊	＊	＊											＊					
＊							＊					＊												「南支那雑観」台湾時報94-97号 1917

号数	書名	著者・訳者・編者	刊行年月	実地	文献	翻訳	地理	歴史	風俗	政治	教育	財政	金融
	英領北ボルネオ竝に馬来半島調査報告書	南国公司編	1917年10月	○									
11	汕頭貿易事情	台湾銀行汕頭支店編	1917年10月	○									
	南支南洋の通貨	台湾銀行調査課編	1917年10月	○									＊
12	馬来半島護謨栽培事業調査報告	南洋協会編	1917年10月	○									
13	福建広東両省に於ける外国人の勢力扶植的施設	警察本署編	1917年12月	○						＊	＊		
13	菲律賓概覧・菲律賓に於ける椰子栽培計算	警察本署編	1917年12月	○			＊						
14	南洋に於ける福建広東両省移民の活況	警察本署編	1918年3月	○									
15	南洋に於ける福建広東両省移民の活況	警察本署編	1918年3月	○									
16	福建広東両省に於ける各種産業の実況	警察本署編	1918年1月	○									
16	南洋に於ける邦人の企業	殖産局商工課編	1917年12月		○								
17	福建広東両省に於ける金融の実況	警察本署編	1918年1月	○									＊
18	南支那方面に於ける玻璃及陶磁器に関する調査	殖産局商工課編	1918年2月	○									
19	支那の棉花	木村増太郎	1918年3月	○									
20	比律賓視察所感	鎌田正威	1918年3月	○									
21	對岸鉄道予定線路踏査報告	鉄道部編	1918年4月	○									
22	菲律賓群島に於けるマゲー及アパカ	殖産局商工課編	1918年3月		○								
23	支那最近之貿易	官房調査課編	1918年8月		○								
23	東洋に於ける地方信用組合制度	官房調査課編	1918年8月		○								＊
24	最近の印度	官房調査課編	1918年8月		○					＊			＊
25	菲律賓に於ける教育の現況	官房調査課編	1918年10月	○							＊		
26	南洋調査復命書	片山秀太郎	1918年12月	○			＊						
27	支那の牧羊と羊毛	官房調査課編	1919年1月		○								
28	スマトラ東海岸州事情	瀬川亀	1919年2月	○		＊							＊
29	南支視察報告書	湯地幸平	1919年4月	○						＊			

第2節 台湾総督官房調査課のアジア調査

産業	農業	鉱業	水産	林業	工業	商業	貿易	交通	移民	邦人	その他	中南支	香港	南洋全般	蘭領印度	英領印度	馬来他	比律賓	英領其他	暹羅	仏印	南洋群島	その他	他機関・団体の調査報告書
*	*												*					*						
							*					*												
												*	*		*			*						「南支南洋ノ通貨」台銀報告書1915.6
*																		*						
												*												
	*						*	*									*							
									*			*												
									*			*												
*												*												
*										*			*				*	*	*	*	*			
												*												
*												*												
	*						*					*												
	*							*										*						「南洋視察談」台湾時報101号 1919.1
							*					*												
	*																	*						
							*					*												
												*						*						
	*	*		*			*	*								*								
																	*							
														*										「爪哇の産業及貿易に就て」台湾時報102号1918.3
*												*												
*							*	*						*										
												*												

号数	書名	著者・訳者・編者	刊行年月	実地	文献	翻訳	地理	歴史	風俗	政治	教育	財政	金融
30	南洋植民地に於ける行政組織及警察消防	梅谷光貞	1919年5月	○						*			
31	広東概況	川副龍雄	1919年6月	○			*		*				*
32	南閩事情	谷了悟	1919年6月	○			*		*	*	*	*	*
33	戦後南支に於ける列国貿易の消長及其趨勢	奥秋雅則	1919年8月	○									
33	支那に於ける電気機械商及南支に於ける電気会社	奥秋雅則	1919年8月	○									
33	広東に於ける倉庫業及南支に於ける土着的経営	奥秋雅則	1919年8月	○									
34	馬来聯邦・附海峡植民地	官房調査課訳	1919年9月			○	*	*	*	*	*	*	*
35	佛領印度支那事情第一編 佛領印度支那の行政	官房調査課訳	1919年9月			○	*			*			
36	佛領印度支那事情第二編 佛領印度支那の産業及交通	官房調査課訳	1919年11月			○							
37	蘭領東印度の鉱産	官房調査課訳	1920年1月			○							
38	菲律賓に於ける蕃地行政	官房調査課訳	1920年2月			○				*			
39	南洋に於ける日本船舶の概況	平賀亮三	1920年3月	○									
40	蘭領東印度の土地法	官房調査課訳	1920年3月			○				*			
41	中華民国民律草案訳文	官房調査課訳	1920年3月			○				*			
42	変通自在なる中華民国司法制度	官房調査課編	1920年3月	○						*			
43	南洋の水産	殖産局商工課編	1920年3月	○									
44	支那貴州の林業	官房調査課訳	1920年10月			○							
44	爪哇に於ける支那品の商況	官房調査課訳	1920年10月			○							
45	比律賓地方行政法典	官房調査課訳	1920年10月			○				*			
46	セレベス事情	永野光・柱本瑞俊	1921年1月	○			*		*	*	*		
47	椰子の栽培及其の利用	官房調査課編	1921年1月	○									
48	南支那の水産業	殖産局商工課編	1921年3月	○									
49	厦門事情	鈴木連三編	1921年5月	○			*		*		*		*
50	佛領印度支那大観	横山正修訳	1921年6月			○	*			*		*	*
51	海南島事情其二	官房調査課訳	1921年9月			○		*	*				
52	蘭領東印度地方制度	官房調査課編	1921年11月		○								
53	北部福建事情	鈴木連三編	1921年10月	○			*	*					*
54	中華民国民律草案理由書訳文	官房調査課訳	1922年3月			○				*			

第 2 節　台湾総督官房調査課のアジア調査　33

産業	農業	鉱業	水産	林業	工業	商業	貿易	交通	移民	邦人	その他	中南支	香港	南洋全般	蘭領印度	英領印度	馬来他	比律賓	英領其他	暹羅	仏印	南洋群島	その他	他機関・団体の調査報告書
														*	*				*					「南洋の覇者」台湾時報105号1918.6 「南洋雑感」台湾時報109号1918.10
*						*						*												
	*	*	*	*	*	*	*					*												
							*					*	*											「南支那に於ける列国の商業的勢力の比較」台湾時報9号1920.3
									*	*		*												
											*	*												
*	*		*			*	*												*					
																					*			
*	*	*	*				*	*											*					
	*													*										
																		*						
								*						*	*				*					「南洋に於ける日本船舶の概況」台湾時報8号1920.2
														*										
												*												
												*												
		*																*	*					
			*									*												
									*	*		*												
														*										
	*	*					*							*										
	*														*									
			*									*												
*						*	*					*												
	*			*	*		*	*				*										*		
	*	*						*				*												
														*										
	*	*	*				*	*			*	*												
												*												

号数	書名	著者・訳者・編者	刊行年月	実地	文献	翻訳	地理	歴史	風俗	政治	教育	財政	金融
55	香港要覧	官房調査課編	1922年3月	○			*	*	*	*	*	*	*
56	蘭領東印度鉱業法	官房調査課訳	1922年3月			○				*			
57	支那商業事情	官房調査課編	1922年3月	○									*
58	英領北ボルネオ事情	官房調査課訳	1922年5月			○				*	*	*	
59	汕頭領事館管内事情	打田庄六編	1922年7月	○									
60	錫蘭、英領印度及爪哇の林業	金平亮三	1922年9月	○									
61	支那産業の現況第一巻	官房調査課訳	1922年9月			○							
62	蘭領東印度胡椒の生産と市場	芳賀鍬五郎	1922年9月			○							
63	香港の港勢と貿易	井出季和太	1922年12月	○						*			
64	南支那重要港の港勢	井出季和太	1922年11月	○						*			
65	新西蘭の産業	官房調査課訳	1922年11月			○	*					*	*
66	海南島事情其三海南語初歩	村上勝太	1922年12月	○			*	*	*			*	*
67	蘭領ニューギニアの研究	官房調査課訳	1923年3月			○	*	*	*				
68	支那産業の現況第二巻	官房調査課訳	1923年3月			○							
69	蘭領東印度に於ける規那の栽培	官房調査課訳	1923年6月			○							
70	英領ニューギニアの研究	官房調査課訳	1923年3月			○				*	*	*	
71	比律賓統計要覧1921年	官房調査課訳	1923年3月			○							
72	和蘭東印度会社の行政	官房調査課訳	1923年3月			○				*			
73	南支那佛領印度支那之水産業	総督府水産試験船	1923年3月	○									
74	比島の現状に関する米国特派委員の報告	官房調査課訳	1923年4月			○				*			
75	江蘇省浙江省水産業調査報告	殖産局農務課編	1922年7月	○									
76	蘭領東印度諸島に関する人種学的研究の沿革	官房調査課訳	1923年9月			○			*				
77	蘭領東印度諸島人種分布図	官房調査課編	1923年9月	○					*				
78	蘭領東印度会社の司法	官房調査課訳	1923年10月			○				*			
79	比律賓総督施政報告1922年	官房調査課訳	1923年11月			○				*			
80	豪洲の産業	官房調査課訳	1924年1月			○	*					*	*
81	上海を中心とする石油販売業及組織	馬場鍬太郎	1923年11月	○									
82	蘭領東印度に於ける椰子の栽培	官房調査課訳	1924年2月			○							
83	蘭領東印度に於ける繊維材料	官房調査課訳	1925年3月			○							
84	蘭領東印度に於ける煙草栽培法	官房調査課訳	1924年2月			○							

第2節　台湾総督官房調査課のアジア調査　35

産業	農業	鉱業	水産	林業	工業	商業	貿易	交通	移民	邦人	その他	中南支	香港	南洋全般	蘭領印度	英領印度	馬来他	比律賓	英領其他	暹羅	仏印	南洋群島	その他	他機関・団体の調査報告書
					*	*	*	*					*											
		*													*									
							*					*												
	*							*										*						
								*	*															
			*													*	*							
*	*	*	*	*								*												
*					*	*						*												
							*	*					*											
							*	*				*												
*	*		*				*	*															*	
*	*	*						*				*												
*	*							*				*												
*	*	*	*									*												
*												*												
						*		*													*			
										*						*								
														*										
		*										*	*					*						
																	*							
		*										*												
														*										
														*										
														*										
																*								
*	*		*				*															*		
	*			*								*												
*														*										
*														*										
*														*										

号数	書名	著者・訳者・編者	刊行年月	実地	文献	翻訳	地理	歴史	風俗	政治	教育	財政	金融
85	支那産業の現況第三巻	官房調査課訳	1924年2月		○								
86	蘭領東印度諸島に関する地質学的研究の沿革	官房調査課訳	1924年4月		○								
87	蘭領東印度諸島西半分に関する地質学的研究	官房調査課訳	1924年3月		○								
88	雲南省事情其一	糟谷謙二	1924年9月	○			*	*	*				
89	雲南省事情其二	糟谷謙二	1924年11月	○									
90	雲南省事情其三	糟谷謙二	1924年1月	○									*
91	英領印度原稿統治組織：附南洋各植民地立法制度	官房調査課訳	1924年11月			○				*			
92	世界に於けるカカオ	芳賀鍬五郎	1925年2月	○									
93	蘭領東印度に於けるカカオの栽培	官房調査課訳	1925年4月			○							
94	支那の漁業	官房調査課訳	1925年3月			○							
95	蘭領東印度の茶業	田邊一郎(殖産局)	1925年3月	○									
96	英帝国領土内に於けるバナナの生産状況	官房調査課訳	1925年5月			○							
97	比律賓統計要覧1923年	官房調査課訳	1925年9月			○							
98	西貢米の調査	高橋惇	1925年10月	○									
99	パインアップル	櫻井芳次郎	1925年10月			○							
100	馬来半島土侯州と英政府の条約	官房調査課訳	1925年11月			○				*			
101	支那地質調査報告類集第一巻	官房調査課訳	1925年12月			○							
102	支那関税改正問題	井出季和太	1925年12月		○								
103	南洋各地人口地図	官房調査課編	1926年1月		○								
104	布哇大学に於けるパインアップルに関する諸講演(1924年)	安藤信成訳	1925年12月			○							
105	英帝国領土内に於ける落花生の生産状況	官房調査課訳	1926年1月			○							
106	熱帯有用植物誌	金平亮三	1926年2月	○			*						
107	比島の現状に関する米国特派委員の報告に対する比島独立主義者の駁論	官房調査課訳	1926年2月			○				*			

第2節　台湾総督官房調査課のアジア調査　37

産業	農業	鉱業	水産	林業	工業	商業	貿易	交通	移民	邦人	その他	中南支	香港	南洋全般	蘭領印度	英領印度	馬来他	比律賓	英領其他	暹羅	仏印	南洋群島	その他	他機関・団体の調査報告書
	*	*	*	*	*							*												
		*													*									
		*													*									
							*	*				*												
	*			*								*												
*								*		*		*												
																*								「南洋各植民地立法制度」南洋協会台湾支部南洋叢書38号1924.9
	*				*	*									*	*							*	
	*														*									
			*									*												
	*														*									
	*																				*			「同」南洋協会台湾支部南洋叢書40号1925.5
														*				*						
	*																				*			「かんぼちゃ気分(西貢より)」台湾時報50号1923.11 ほか
	*																						*	
																	*							
		*										*												
						*						*												
								*						*										
	*														*									
	*																	*	*					
	*			*								*			*	*	*	*	*			*		「台湾の植物界と其の分布上に於ける地位」台湾時報59号1924.8
																					*			

号数	書名	著者・訳者・編者	刊行年月	実地	文献	翻訳	地理	歴史	風俗	政治	教育	財政	金融
108	比律賓ダバオの邦人事業	海南産業株式会社編	1926年2月	○			*						
109	布哇大学に於けるパインアップル事業に関する諸講演（1923年）	安藤信成訳	1926年3月			○							
110	支那重要貿易品解説第一篇	鮫島清訳	1926年3月			○							
111	英領北ボルネオ要覧	官房調査課訳	1926年5月			○	*	*	*	*			
112	フロリダ州に於けるパインアップルの栽培	官房調査課訳	1926年5月			○							
113	第一回海外学事視察団復命書	学事視察団一行	1926年7月	○							*		
114	蘭領東印度立法行政法	官房調査課訳	1926年5月			○				*			
115	マンゴー	田中秀雄訳	1926年4月			○							
116	支那地質調査報告類集第二巻	官房調査課訳	1926年6月			○							
117	比律賓に於けるカポック事業	長崎常訳	1926年6月			○							
118	南洋に於ける邦人の事業	色部米作	1926年6月	○									
119	印度の幣制改革問題	官房調査課編	1926年8月		○								*
120	パラセル群島燐鉱調査報告	高橋春吉他2名	1926年9月	○			*						
121	南洋各地邦人栽培企業地図	官房調査課編	1926年8月		○								
122	蘭領東印度に於ける各種会社利益配当率一覧	官房調査課編	1926年8月		○								*
123	南洋各地栽培企業可能性比較一覧	官房調査課編	1926年8月		○								
124	英領馬来に於ける各種会社利益配当率一覧	官房調査課編	1926年8月		○								*
125	南支那佛領印度支那漁業試験報告	総督府水産試験船	1926年10月	○									
126	英領馬来の漁業	木村友吉訳	1926年11月		○								
127	暹羅に於ける各種会社利益配当率一覧	官房調査課編	1926年11月		○								*
128	蘭領東印度に於ける外国人の投資	官房調査課訳	1926年11月			○							*

産業	農業	鉱業	水産	林業	工業	商業	貿易	交通	移民	邦人	その他	中南支	香港	南洋全般	蘭領印度	英領印度	馬来他	比律賓	英領其他	暹羅	仏印	南洋群島	その他	他機関・団体の調査報告書
*						*				*								*						
*																							*	
						*								*										
*	*			*															*					「同」南洋協会台湾支部南洋叢書43号 1926.5
*																							*	
															*	*			*					「第一回海外学事視察団復命書」南洋協会台湾支部
*																*			*					「同」南洋協会台湾支部南洋叢書42号 1926.3
		*										*												
*																			*					
*										*		*	*	*		*	*	*	*		*			
													*											
		*																			*			
*										*					*									
																*								
*										*					*									
																	*							
		*										*									*			
		*													*									
																				*				
								*	*					*										「同」南洋協会台湾支部南洋叢書45号 1926.11

号数	書名	著者・訳者・編者	刊行年月	実地	文献	翻訳	地理	歴史	風俗	政治	教育	財政	金融
129	比律賓の農業教育	井上徳彌	1927年1月	○							*		
130	英領北ボルネオ・タワオ地方に於ける椰子栽培業	鶴仲寿美	1927年2月	○									
131	支那地質調査報告類集	官房調査課訳	1927年3月			○							
132	暹羅研究第一篇	官房調査課訳	1927年3月			○	*		*				
133	内外情報記事總索引	官房調査課編	1927年2月		○								
134	支那関税特別会議の経過	井出季和太	1927年3月		○								
135	比律賓に於けるコプラ及ココ椰子油の取引	長崎常訳	1927年3月			○							
136	新汕頭	内田五郎	1927年4月	○			*	*	*	*			*
137	比律賓の米	長崎常訳	1927年5月			○							
138	南支那及南洋の園芸	櫻井芳次郎	1927年5月	○									
139	英領馬来事情	官房調査課訳	1927年4月			○	*		*	*	*	*	*
140	英領北ボルネオ米領フィリピン邦人企業要覧	官房調査課編	1927年6月	○									
141	比律賓に於ける肉製品需給の状況	飯田吉英	1927年12月	○									
142	南支那に於ける養豚業と豚肉加工品受給の状況	飯田吉英	1927年12月	○									
143	支那の時局と支那貿易の消長	井出季和太	1927年12月	○							*		
144	新嘉坡阿片、印度阿片	鎌田正威	1928年1月	○									
145	南支南洋鳳梨事業	櫻井芳次郎	1928年3月	○									
146	比律賓、ボルネオ竝にセレベス近海に於ける漁業試験報告	総督府水産試験船	1928年3月	○									
147	爪哇の糖業政策及糖業機関	土井季太郎	1928年3月	○									
148	波斯阿片、土耳古阿片	鎌田正威	1928年5月	○									
149	支那の国民革命と国民政府	井出季和太	1928年5月	○							*		
150	サラワク王国邦人企業一覧	官房調査課編		○									
151	サラワク王国在留邦人の状況	松本辰蔵	1928年7月	○									
152	支那の国民革命と国民政府第二編	井出季和太	1928年8月	○							*		
153	印度支那の甘蔗	吉田碩造訳	1928年8月			○							
154	蘭領印度モロッカス群島近海の鰹漁業竝に同地方沖縄県漁民の状況	江川俊治	1928年9月	○									

第2節　台湾総督官房調査課のアジア調査

産業	農業	鉱業	水産	林業	工業	商業	貿易	交通	移民	邦人	その他	中南支	香港	南洋全般	蘭領印度	英領印度	馬来他	比律賓	英領其他	暹羅	仏印	南洋群島	その他	他機関・団体の調査報告書
	*																	*						「同」南洋協会台湾支部南洋叢書44号 1927.1
	*																		*					
		*										*												
																	*							
											*											*		
						*						*												
	*																		*					「同」南洋協会台湾支部南洋叢書48号 1928.3
*					*	*	*	*				*												
	*																		*					
												*	*		*									南洋協会台湾支部主催講演会
	*	*	*		*	*	*							*										
													*					*	*					
						*													*					
						*								*										
						*								*										
	*													*			*	*						
	*			*		*						*	*		*		*	*		*				
		*												*			*							
*														*										
	*																					*		
														*										
									*								*							
									*								*							
												*												
	*																				*			
		*												*										

号数	書名	著者・訳者・編者	刊行年月	実地	文献	翻訳	地理	歴史	風俗	政治	教育	財政	金融
155	蘭領印度立法行政法竝選挙法（附：蘭領印度の政党）	官房調査課訳	1928年9月			○				*			
156	ココ椰子	松岡静雄訳	1929年3月			○							
157	海南島に於ける農産業調査	平間惣三郎	1929年3月	○									
158	支那内国関税制度其一	井出季和太	1929年2月		○								
159	国策としての南洋移民問題	隈川八郎	1929年1月		○								
160	比律賓ダバオ州に於ける邦人産業調査報告	隈川八郎	1929年1月	○									
161	南洋に於ける養蠶業	官房調査課編	1929年1月		○								
161	比律賓ダバオ蚕業調査報告	官房調査課編	1929年1月		○								
161	セレベス島ミナハサ地方に於ける養蚕業	瀬川幸麿	1929年1月	○									
161	南洋高地養蚕業に就て	中島総領事	1929年1月	○									
162	仏領印度支那金融事情	田名瀬勝吉	1929年3月										*
163	支那最近の工業竝に財政	官房調査課訳	1929年2月			○						*	
164	比律賓群島の水産資源	官房調査課訳	1929年3月			○							
165	新嘉坡に於ける漁業状況	永福虎	1929年3月	○									
166	馬来半島とスマトラ栽培企業比較	増淵佐平	1929年4月	○									
167	南洋各地物産、交通、人口地図	官房調査課編	1929年4月		○								
168	南洋各地邦人栽培企業要覧	官房調査課編	1929年4月		○								
169	支那に於ける列強の利権運動	官房調査課訳	1929年5月			○				*			
170	支那最近の時局と貿易関係	井出季和太	1929年5月			○				*			
171	緬甸米	華南銀行蘭貢支店	1929年5月	○									
172	熱帯地に於ける煙草の栽培法	増淵佐平	1929年7月										
173	英領印度、馬来半島及爪哇に於けるマラリヤ特に其防遏作業及組織竝に研究機関	森下薫	1929年8月	○									
174	南支那漁業試験報告	総督府水産試験船	1929年8月	○									

産業	農業	鉱業	水産	林業	工業	商業	貿易	交通	移民	邦人	その他	中南支	香港	南洋全般	蘭領印度	英領印度	馬来他	比律賓	英領其他	暹羅	仏印	南洋群島	その他	他機関・団体の調査報告書
														*										
	*			*																			*	
*	*											*												
							*					*												
									*			*												
											*				*									
	*									*	*				*		*							
	*					*	*								*									
	*																	*						
	*											*												
																					*			「同」南洋協会台湾支部南洋叢書50号 1929.3
					*							*												
		*																*						「同」南洋協会台湾支部南洋叢書49号 1929.3
		*																	*					
	*																		*					
*									*					*										
*									*					*										
													*											
						*							*											
	*																				*			
	*					*										*								「同」南洋協会台湾支部南洋叢書51号 1929.7
										*						*	*	*						
			*									*												

44 第1章 台湾総督府の南方関与とアジア調査

号数	書名	著者・訳者・編者	刊行年月	実地	文献	翻訳	地理	歴史	風俗	政治	教育	財政	金融
175	仏領印度支那国情調査第一巻仏領印度支那統治要覧	官房調査課訳	1929年10月			○				*			
176	支那内国関税制度其ニ	井出季和太	1929年10月		○								
177	蘭領印度の鐵鑛	官房調査課訳	1929年12月			○							
178	サラワク労働法	官房調査課訳	1930年1月			○				*			
179	蘭領東印度群島地質論	丹桂之助訳	1930年3月			○							
180	支那農民の経済状態	官房調査課訳	1930年2月			○							
181	蘭領印度関税率法及関係法規	官房調査課訳	1930年3月			○				*			
182	爪哇紅茶の製法	官房調査課訳	1930年7月			○							
183	蘭領印度の政治並に其批評	官房調査課訳	1930年5月			○				*			
184	南支那の開港場第一篇	井出季和太	1930年5月	○									*
185	日本・台湾対南洋貿易統計	官房調査課編	1930年9月		○								
186	英領北ボルネオ事情	華南銀行編	1930年11月	○									*
187	英領北ボルネオに於ける邦人栽培事業調査	華南銀行編	1930年9月	○									
188	マニラ事情	華南銀行編	1930年9月	○									*
189	ダバオ事情	華南銀行編	1930年9月	○									*
190	馬来半島に於ける邦人経済事情	華南銀行編	1930年11月	○									
191	比律賓群島に於ける鳳梨事業	岡崎仁平	1930年10月	○									
192	支那重要貿易品解説第二編	鮫島清訳	1931年3月			○							
193	南洋及印度に於ける養豚業と豚肉加工品需要状況	飯田吉英	1931年2月	○									
194	蘭領印度行政関係法規及選挙法	官房調査課訳	1931年3月			○				*			
195	中華民国茶業史	官房調査課訳	1931年3月			○		*					
196	暹羅の森林	官房調査課編	1931年3月		○								
197	仏領植民地の関税政策	官房調査課訳	1931年3月			○							
198	南支那の開港場第二編	井出季和太	1931年3月	○									*
199	比律賓の現状	渡邊薫	1931年3月	○			*	*	*	*	*	*	*
200	蘭領東印度に於ける土人ゴム栽培	官房調査課訳	1931年4月			○							
201	サラワク、ブルネイ、ラブアン事情	華南銀行編	1931年4月	○				*				*	*
202	爪哇に於ける邦人事業調査	華南銀行編	1931年6月	○									*

第2節　台湾総督官房調査課のアジア調査

産業	農業	鉱業	水産	林業	工業	商業	貿易	交通	移民	邦人	その他	中南支	香港	南洋全般	蘭領印度	英領印度	馬来他	比律賓	英領其他	暹羅	仏印	南洋群島	その他	他機関・団体の調査報告書
																					*			
							*					*												
		*													*									
																	*							
		*													*									
*												*												
							*								*									
*															*									
															*									
	*						*	*				*	*											
							*							*										
*	*		*				*	*									*							華銀調書第8号
*									*								*							華銀調書第2号
												*							*					華銀調書第3号
												*							*					
*					*			*									*							華銀調書第9号
*																	*							
	*						*					*												
*					*										*	*			*					
															*									
*												*												
			*															*						
						*															*			
						*	*					*												
*	*	*	*	*		*	*										*							
*														*										
*	*	*	*	*		*	*		*										*					華銀調書第21号
					*				*					*										華銀調書第14、22号

号数	書名	著者・訳者・編者	刊行年月	実地	文献	翻訳	地理	歴史	風俗	政治	教育	財政	金融
203	蘭領印度に於ける金融状況	台湾銀行バタビア支店	1931年6月	○									*
	英領北ボルネオ金融状況	台湾銀行バタビア支店	1931年6月	○									*
204	南支那の開港場第三篇	井出季和太	1931年6月	○						*			*
205	南洋諸島に於けるエステート・ゴム及土人ゴム	官房調査課訳	1931年10月			○							
206	新嘉坡に於ける邦人水産業	華南銀行編	1932年6月	○									
207	比律賓に於ける邦人事業調査	華南銀行編	1932年7月	○									*
208	支那内国関税制度其三	井出季和太			○								*
209	マラッカ、モア、バトパハ、スレムバン、ネグリスミラン各地在留邦人現況	華南銀行編	1932年11月	○									
210	ガッタパーチャ・バラタ・チックル及その他の護謨	官房調査課訳	1933年2月			○							
211	蘭領印度に於ける欧人農鑛企業	官房調査課編	1933年2月		○								
212	世界に於ける蓖麻産業	田中秀雄訳	1933年3月			○							
213	蘭領印度主要租税関係法規	官房調査課訳	1933年7月			○						*	
214	支那関税制度の由来	井出季和太	1934年3月	○				*					
215	支那内国関税制度其四	井出季和太	1934年3月	○									
216	支那重要貿易品解説第三篇	鮫島清訳	1934年3月			○							
217	シサル繊維	官房調査課訳	1934年3月			○							
218	英領馬来に於けるタピオカ産業	官房調査課訳	1934年6月			○							
219	カッサバ栽培に関する研究	官房調査課訳	1934年6月			○							
220	海南島奥地旅行報告	官房調査課訳	1934年7月			○	*		*				
221	カサバの栽培及カサバ粉の製造法	官房調査課訳	1934年11月			○							
222	南支那及南洋調査書目録	官房調査課編	1935年8月		○								
223	南洋事情講演集	官房調査課編	1935年10月										
	比律賓事情	池田卓一	1935年10月	○				*					
	仏領印度支那事情	中山義信	1935年10月	○				*					
	暹羅事情	河井為海	1935年10月	○			*	*					
	英領馬来事情	稲場長左	1935年10月	○				*					
	蘭領印度事情	長谷川貞成	1935年10月	○						*			
	英領ボルネオ事情	原口竹次郎	1935年10月	○			*			*		*	

第２節　台湾総督官房調査課のアジア調査　47

産業	農業	鉱業	水産	林業	工業	商業	貿易	交通	移民	邦人	その他	中南支	香港	南洋全般	蘭領印度	英領印度	馬来他	比律賓	英領其他	暹羅	仏印	南洋群島	その他	他機関・団体の調査報告書
							*							*										
																			*					
							*	*						*										
*														*	*	*		*						南洋叢書
		*															*							華銀調書第31号
*		*	*	*	*					*							*							華銀調書第19、24号
							*					*												
							*					*					*							華銀調書第32号
*																	*							
*	*											*												
*					*											*					*	*		
													*											
								*				*												
								*				*												
*								*				*												
*															*	*	*	*				*		
*																	*							
*												*												
*	*											*												
*												*												
											*												*	
	*	*		*		*	*									*								
	*							*													*			
	*					*											*			*				
	*	*	*			*				*					*									
	*					*				*				*										
	*		*							*									*					

号数	書名	著者・訳者・編者	刊行年月	実地	文献	翻訳	地理	歴史	風俗	政治	教育	財政	金融
224	南洋各地企業須知	官房調査課編	1935年8月	○									
225	台湾と南支南洋	官房調査課編	1935年8月	○			*			*			
226	南洋各地統治組織及土民運動	官房外事課編	1935年10月	○				*		*			
227	南洋各地邦人栽培企業要覧	官房外事課編	1935年10月	○									
227	南洋邦人林鉱水産業要覧	官房外事課編	1935年10月	○									
228	南支南洋貿易概観	官房外事課編	1935年10月	○									
229	南洋に対する日本の経済的進出	広岡信三郎	1935年11月	○									
230	織物市場としての蘭領印度第一巻	官房外事課編	1935年	○									
231	織物市場としての蘭領印度第二巻	官房外事課編	1936年	○									
232	比律賓鉱業の現況	吉原重威	1937年	○									
233	香港経済委員会報告書	官房外事課訳	1937年		○								*
234	最近の海南島事情	官房外事課訳	1937年	○			*	*	*		*	*	*
235	最近に於ける日本経済の動向	高橋亀吉	1937年8月	○								*	
236	台湾と南支那	官房外事課編	1937年11月	○						*			
237	南洋経済地図	官房外事課編	1937年	○									
238	南洋各地邦人企業要覧	官房外事課編	1937年	○									
239	汕頭の一般概況	堤正敏訳	1939年			○	*	*	*				*
240	南支那及南洋調査目録	官房外事課編	1939年	○									
別巻	南洋華僑事情	高屋為雄	1938年11月	○									
別巻	広東省概説	官房外務部編	1938年	○			*				*	*	*
別巻	雲南省農村調査	平山勲訳	1939年			○	*			*	*	*	

注1) 台湾総督官房調査課編「南支那及南洋調査書目録」及び各調査書より作成した。
注2) 内容項目と地域区分は、台湾総督官房調査課編『南洋年鑑』を参考に設定した。

第2節　台湾総督官房調査課のアジア調査　49

産業	農業	鉱業	水産	林業	工業	商業	貿易	交通	移民	邦人	その他	中南支	香港	南洋全般	蘭領印度	英領印度	馬来他	比律賓	英領其他	暹羅	仏印	南洋群島	その他	他機関・団体の調査報告書
	*	*	*	*										*			*	*	*	*				
	*					*	*		*	*		*		*										
														*				*	*	*	*			
	*										*			*	*		*	*	*	*				
		*	*	*								*												
							*					*		*	*		*	*	*	*				
	*			*			*		*	*		*												
*							*							*										
*							*							*										
		*																			*			
							*						*											
	*	*					*	*													*			熱帯産業調査会叢書第4号
					*									*										
						*	*		*			*	*											
										*			*											
	*								*			*	*		*	*	*	*						
	*				*	*	*					*												
								*					*										*	
	*	*	*	*		*		*				*												
	*											*												

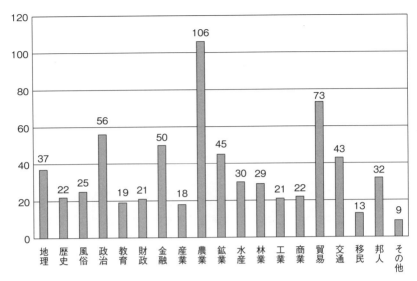

図1-3 『南支那及南洋調査』内容項目別掲載件数（出典：『南支那及南洋調査』1〜240巻別巻3）

注）表1-1にあるように1点の調査報告書中に複数の項目に関する記述があるため、掲載件数の合計が調査報告書の冊数とは一致しない。

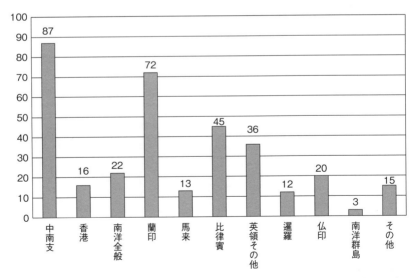

図1-4 『南支那及南洋調査』地域別掲載件数（出典：『南支那及南洋調査』1〜240巻別巻3）

註

(1) 台湾の旧慣調査に関しては、春山明哲「台湾旧慣調査と立法構想―岡松参太郎による調査と立案を中心に」(『台湾近現代史研究』6、1988年)に詳しい。また、西英昭氏が『『臺灣私法』の成立過程―テキストの層位学的分析を中心に―』(九州大学出版会、2009年)の「第1章『臺灣私法』に関する基礎情報」で、旧慣調査の経緯や意義を論じている。

(2) 「大正南進期」の台湾総督府を取り上げ、南進のための具体的政策とその政策の意義を明らかにしたのは中村孝志氏である。中村氏は、台湾において大正期に進められた南進のためのさまざまな施策が人的物的資材の蓄積を生み、昭和の太平洋戦争準備期に動員されたとして、「大正南進期」の重要性を指摘した(中村孝志「「大正南進期」と台湾」『南方文化』8、天理南方文化研究会、1981年)。

(3) 具体的には福建、広東あたりをさす。台湾総督府は、これら中国南部を「対岸」と呼称した。

(4) 後藤新平文書7-1「桂総督の南進論」(国会図書館憲政資料室蔵)。

(5) 後藤新平文書7-8「台湾統治ノ既往及将来ニ関スル覚書」(国会図書館憲政資料室蔵)。

(6) 「内田長官の台湾論」(『台湾日日新報』)。

(7) この点に関しては、以下の論文に詳しい。
矢野暢「大正期「南進論」の特質」(『東南アジア研究』16-1、京都大学東南アジア研究センター、1978年)中村孝志前掲註(2)論文「『大正南進期』と台湾」。

(8) 神田外茂夫編『大阪商船株式会社五十年史』(大阪商船株式会社、1934年)p.281～p.292。

(9) 中村孝志前掲註(2)論文「『大正南進期』と台湾」。

(10) 『台湾時報』には、東洋協会発行のものと台湾総督府時報発行所発行のものがある。東洋協会発行の『台湾時報』を総督府が事実上継承したと見てよい。

(11) 『台湾時報』72、(東洋協会、1915年)。

(12) 野呂寧「台湾勧業共進会に就て」(『台湾時報』78、東洋協会、1916年)。

(13) 「彙報 南支南洋視察団」(『台湾時報』79、東洋協会、1916年)。

(14) 清水元「近代日本における『東南アジア』地域概念の成立(Ⅰ)(Ⅱ)」(『アジア経済』18-6・7、アジア経済研究所、1987年)。

(15) 内田嘉吉「南洋殖民地所感」(『台湾時報』34、東洋協会、1912年)。

(16) 『南支那及南洋調査16 南洋ニ於ケル邦人ノ事業』(台湾総督府、1917年)による

と、南方地域への最初の視察は、1897(明治30)年12月で渡航先は「香港」、「新嘉坡」、「英領印度」であった。

(17) 大正七年臺灣總督府公文類纂第二巻ノ二「訓令第九十六号」。
(18) 大正七年臺灣總督府公文類纂第二巻ノ二「調査課設置ノ件」。
(19) 台湾総督府編『臺灣總督府職員録』(台湾総督府、1925年)。
(20) 原口竹次郎は後藤新平、下村宏と交流のあった永井柳太郎の紹介で、調査課嘱託に着任した。当時彼は早稲田大学の紛争で職を失っていた。英語、ドイツ語、フランス語など外国語に堪能でアジア調査には適任であった(後藤乾一『原口竹次郎の生涯―南方調査の先駆』早稲田大学出版部、1987年)。
(21) 官房外事課は、1924(大正13)年に廃止されていたが、この年に再び設置されることになった。その経緯については長岡新治郎氏の研究を参照されたい。長岡新治郎「熱帯産業調査会開催と台湾総督府外事部の設置」(『東南アジア研究』18-3、京都大学東南アジア研究センター、1980年)、「南方施策と台湾総督府外事部」(箭内健次編『鎖国日本と国際交流』下巻、吉川弘文館、1988年)。長岡氏の研究によると、総督府に外事課が復活し、その課長に外務省から出向した坂本が着任しているのは、台湾総督府と中央官庁特に外務省との間に軋轢が生じたことのあらわれであり、これ以後、中央からの規制が厳しくなっていった。
(22) なお、官房調査課から官房外事課、外事部が収集した資料や報告書は、1941(昭和16)年に設立された南方資料館に移され保管されることになった。
(23) 台湾時報発行所「支那及南洋情報」62(『台湾時報』付録、1931年)。
(24) 同上。
(25) 台湾時報発行所「支那及南洋情報」71(『台湾時報』付録、1931年)。
(26) 「佛領印度支那に於ける刊行物」(臺灣總督官房調査課編『内外情報』92、1923年)。

第 2 章

台湾島内の機関・団体のアジア調査

第2章では、「南支南洋」地域への経済的進出を目的に、台湾総督官房調査課と連携して調査を進めていた台湾島内の機関・団体について、調査の特色や成果、台湾総督府との関係を考察する。台湾総督官房調査課設置以前から、台湾島内においてアジア調査を手がけていた機関は複数存在した。例えば、明治期に発足した台湾協会（後に東洋協会と改称）[1]や、台湾教育会[2]、台湾農友会[3]などがそれにあたる。しかしここではそれらの諸団体には言及せず、総督官房調査課に資料を提供するなど、物的交流が直接的かつ意図的だった機関・団体である台湾銀行、南洋協会台湾支部と、人的交流が活発だった台北高等商業学校に限定し、調査の特色や官房調査課との連携の実態を考察しようと思う。

　第1節では台湾銀行調査課を取り上げる。台湾銀行では、明治後期から大正初期、第2代柳生一義頭取の時代に、集中的に調査が行われ、質量ともに充実したアジア調査の報告書が台湾総督府にもたらされた。従って、この柳生頭取時代に焦点を絞り、その調査の特質を、朝鮮銀行の調査と比較検討して明らかにする。また、調査の成果をもとに、「対岸」や南方地域をどう認識して営業拡大策を図ったか、調査と在外支店・出張所開設との関係を解明する。

　第2節では、南洋協会台湾支部を取り上げる。南洋協会は、1915（大正4）年に、南洋に関する文化機関として発足した[4]。南洋協会の事業では、第一に南洋事情調査が位置づけられており、東京本部だけでなく、台湾支部をはじめ南洋各地に設置された支部や商品陳列館で、現地日本人や企業の動向、経済情報などを収集、蓄積した。中でも台湾支部は、本部や他の支部に先駆けて講習会や講演会を実施し、台湾支部単独で調査報告書を刊行した。そこで台湾支部の事業内容を明らかにし、台湾総督府との関係を考察する。

　第3節では、台北高等商業学校を取り上げる。台北高等商業学校は、「南支南洋」方面で活躍する人材を育成することを目的に、1919（大正8）年に設立された。1929（昭和4）年に台南高等商業学校を吸収合併した後は、台湾で唯一の高等商業機関として教育活動を展開した。ここでは教育活動全体を論じるのではなく、学生や教官のアジア調査・研究に着目し、調査機関としての機能について、「内地」に設立された高等商業学校の調査・研究と比較検討す

ることを通して、台北高等商業学校の調査の特色を解明する(5)。当時、日本の「内地」及び「外地」に設置された高等商業学校の多くは、海外特にアジア諸国への調査旅行を実施し、学生に日本の植民地や支配地域の実地調査をさせた(6)。中でも台北高等商業学校の海外調査旅行は、22年間48回に及ぶ大規模かつ継続的で、他の高等商業学校には例を見ない。そこで海外調査旅行の成果や研究の実態を明らかにすることに主眼を置き、その基盤となる教育活動については次章で詳しく述べることにする。

第4節では台湾銀行調査課、南洋協会台湾支部、台北高等商業学校と台湾総督官房調査課との関係及び各機関・団体相互の関係を考察する。

第1節　台湾銀行調査課

1. 第2代柳生頭取時代のアジア調査
(1) 台湾銀行の開業と台湾総督府

1895(明治28)年6月、台北に台湾総督府が置かれるのと同時に、日本中立銀行は台北で出張所設置の準備に着手し、同年7月に開設した。ここでは当面、国庫金の出納や銀紙の交換事務を行うにとどまり、植民地経営のための金融機関とするのには不十分であった。

台湾に植民地中央銀行設置の必要性を強く主張したのは、第4代台湾総督児玉源太郎と民政長官後藤新平であった。後藤は、台湾銀行開設を急務とする理由として、①本島貨幣が錯雑していて本島と対岸との貿易に支障があること、②紙幣や兌換券の使用に慣れた在台湾日本人の不便を解消すること、③在台湾日本人商工業者の事業を伸張するために金融機関の設置が不可欠であることなど6項目にまとめて、総督名で添田大蔵次官宛に提出した(7)。また、自ら大蔵次官に宛てた書簡の中で、「本島ノ開発経営上金融機関ノ設備ハ極メテ必要ナルノミナラス本島ト対岸各港殊ニ厦門香港ト従来通商取引上ノ関係ヨリ見ルモ将又東洋及南洋貿易市場ニ於テ将来ニ占メント企画セル本島ノ地位ヨリ推算スルモ本島ニ有力ナル金融機関開設極メテ急務」(8)であると強調した。1899(明治32)年には、後藤自らが創立委員に加わり、台湾銀行設立の機運を盛り上げた(9)。

かくして台湾銀行は、資本金500万円で、1899（明治32）年9月26日に開業した。設立の理由書に、「台湾の富源を開発し経済上の発達を計りなお進みて営業の範囲を南清地方及び南洋諸島に拡張しこれら諸国の商業貿易の機関となりもって金融を調和するをもって目的とす」とあるように、台湾銀行は台湾を拠点とする対外発展を、設立以来の使命の一つとしたのである。

(2) 調査組織と調査員

開業当初、台湾銀行の組織は6部1課（営業部、出納部、計算部、銀券部、国庫部、庶務部、秘書課）で構成されていた。ここには調査を専門とする部署はなく、計算部計算課で調査や統計資料の収集が行われていた。しかし、調査そのものは開業時から実施され、頭取の命を受けた行員が調査に携わった。調査が本格的になったのは、第2代頭取柳生一義が元蔵相阪谷芳郎の渡欧団に参加し、欧米視察から帰国した1909（明治42）年以後のことだった。1912（明治45）年、店舗拡大のため諸般の調査が必要であるとして、総務部に調査課が新設され、「本行業務竝一般経済ニ関スル調査及統計」と「本行諸規定契約其ノ他ニ関スル調査」、「図書ノ保管竝翻訳」を業務内容とすると規定された[10]。明治末から柳生頭取が退任する大正初期までが、台湾銀行において集中的に調査研究が行われた時期である。

調査方法や内容に入る前に、調査を担った行員について、触れておきたい。台湾銀行の行員の制度は、助役、助役補、技師、書記、技手、見習、嘱託、雇の8級に分かれ、成績と年功により順次昇給することになっていた。開業当初は、主として日本銀行台湾出張所所員の中から採用し、その後は帝国大学、高等商業学校、私立大学など学校卒業者、及び甲種商業学校卒業者で成績優秀者を書記として採用し、それ以外は見習、雇となった。開業年度末における行員は、助役補5名、書記117名、見習14名、雇5名、計141名であった。業務の拡張と共に人員は増加し、開業から10年後の1909（明治42）年には、助役6名、助役補11名、書記181名、見習19名、雇36名、計253名となった。台湾銀行は行員の養成に熱心で、1900（明治33）年9月には、台北本店内に行友語学研究会を組織し、中国語と台湾語の講習を実施した。これは台湾に設置した植民地中央銀行という性質上、台湾人や中国人との接触が不可欠であ

るため、語学の習得が課せられたのである。1908(明治41)年に設けた語学講習規程によると、中国語の講習は２年、台湾語は１年半で、試験があり成績優秀者には賞与があった。第１回講習修了者は中国語６名、台湾語４名であった。その後、行員の転任が頻繁で修了者が減少したため、修業年限を短縮した結果、1918(大正７)年12月までに中国語講習会は12回開催され、42名の行員が修了証書を手にした。台湾語も16回の講習会が実施され、60名が修了した。この他年少の見習や給仕には、修業前１時間を講習にあて、英語、漢文、法制、経済などの講習会が、行内の書記を講師として開催された[11]。このように、台湾銀行は行員を教育しながら、銀行業務に従事させていったのである。

　調査課の最初の業務は、明治期に台湾銀行で実施した調査や統計、収集した資料の整理作業だった。これを目録に収録して関係各機関に配布し、要請に応じて資料を提供するという体制を整えた。その上で柳生頭取は、「対岸」や南方地域を対象とした本格的な調査を行員に命じた。柳生頭取は、どの行員にどのテーマで調査させるか、すべて頭取自身が選択し命令した。調査員と調査地域との関係には、二つの類型が見られる。1903(明治36)年、神戸支店に見習として入行した江崎真澄は、同年９月に台湾に渡り、台北本店勤務となった。まもなく台南、高雄へ出張となり、1906(明治39)年には汕頭支店開設の命を受け、「対岸」に渡った。翌年、汕頭出張所を開設すると、次の候補地広東へ移った。1907(明治40)年には上海に赴任し、上海出張所支配人に就任した。上海出張所開設の翌年、今度はシンガポールへの転勤を命ぜられた[12]。このように江崎は、在外支店開設の準備のため各地を転々としながら、銀行業務と並行して調査研究にも携わった。「対岸」に渡ったのちに江崎が提出した調査報告書は、「墨國貨幣並銀行制度」「大清銀行」「印度支那銀行條例及定款」「廣東流通貨幣」の４種である。いずれも赴任先で調査し収集した資料に基づいて作成した報告書で、単なる視察報告とは異なる質の高いものであった。つまり江崎の役割は、在外支店開設と在外支店を拠点とする情報収集にあったといえる。

　江崎と同様に、柳生頭取から在外支店勤務と調査の命を受けた行員は少なくなかった。汕頭支店勤務の水野泰四郎は、1915(大正４)年には爪哇支店設

置の命を受けてジャワに渡航した。柳生頭取からは、「今回輸出奨励為替問題に關し本行の執らんとする貿易助長策は、銀行普通の見地よりすれば梢積極的に失するやの感あり。されど眠れる国民を覚醒せしめ、率先して我商工業を誘導する事刻下の急務なり」(13)と爪哇支店開設の意義を示され、ジャワ関連の調査を依頼された。その結果水野は、報告書「スラバヤ金融事情」「爪哇ニ於ケル本邦品取引状況」「蘭領東印度関税率調」「一九一三年爪哇國別輸出高表」「蘭領東印度日本間輸出入表」を次々に提出した。香港支店長を命ぜられた黒葛原兼温は、赴任先で調査した結果を「香港ノ通貨」「時局ト香港貿易」という2種の報告書として提出した(14)。また1915(大正4)年に汕頭支店長として赴任した三巻俊夫は、柳生頭取から23か条の注意事項を示された。その中には「欧州戦役後に於ける政治、経済、貿易(殊に日本対台湾南支南洋)の趨勢に注意の事」「日支銀行華僑銀行所見及有力者の意向報告の事」など、調査の方向性を命じたものがあり、三巻は、個人名で「対岸各地ニ於ケル圓銀視察報告」を、支店名で「汕頭貿易事情」「新聞紙ニ關スル調査」と題する報告書を作成し、頭取に報告した(15)。このように在外支店の開設準備や、開設後の銀行業務と並行して調査活動を行うというのが一つのタイプである。

　これに対し、調査課勤務の行員は、台北本店や東京出張所を拠点として調査研究に重点的に携わった。これが二つ目の調査のタイプで、その一人が清水孫秉である。清水は、柳生頭取から中国及び南方地域の諸問題について指導を受け、調査研究活動を行った(16)。清水が担当した調査研究には、大別して2種類の方法があった。一つの方法は、台北に滞在して資料を収集し、それらの資料を分析検討して結論を導き出すというもので、1911(明治44)年に報告した「我國貿易ノ大勢竝南清南洋貿易事情」や1913(大正2)年報告の「砂糖米茶ニ關スル調査書」がそれにあたる。「我國貿易ノ大勢竝南清南洋貿易事情」は、外務省通商局や大蔵省、台湾総督府をはじめ、中国の「海關報告書」や香港の通商調査報告など多種の資料を活用して、中国各地に開業している外国銀行の実態を解明し、台湾銀行の今後の指針を示している。「砂糖米茶ニ關スル調査書」は、台湾の基幹産業である製糖業、米作、製茶業の現況を報告するとともに、金融上の問題点を指摘している。

もう一つは、「対岸」や南方地域に出張し、現地で情報収集した資料をもとに出張復命書として調査報告書をまとめたものである。清水は1912（明治45）年、九江に出張して江崎真澄上海出張所支配人と合流し、九江の金融産業調査をすすめた。調査結果は、九江の金融及び産業部分を清水が担当し、結論部分は江崎が担当して、調査課名でそれぞれ別の調査報告書として刊行された。また、大正初期に清水は南方地域への出張を命ぜられ、1914（大正3）年に「南洋調査報告書」が提出されている。この調査報告書は5編から構成され、「対岸」「海峡植民地」「爪哇」「馬来半島」における貿易、綿布綿製品、ゴム栽培業、金融機関、海運業、製茶業に関する現況及び将来性を考察したものである。おそらくこれも、在外支店の行員との共同調査に相違なく、現地で収集した統計資料を活用し、現地情報を詳述した報告書となっている。清水は、このような質量ともに充実した調査報告書を、1911（明治44）年から1915（大正4）年までの4年間に22編提出しており[17]、調査課の中心として活躍した行員であったといえよう。

　開業当初入行し、後に書記から助役補に昇格した川北幸寿も調査研究に尽力し、多くの調査報告書を作成した行員である。川北は計算課員のときから調査に携わり、上海の通貨や金融機関を担当した。実地調査は行わず、外務省通産局や東亜同文会などの調査報告書を活用した研究の成果を報告したものであった。調査課へ移籍したのちは、台湾の基幹産業である製糖業や米に関する調査研究を手がけた。これらは、島内支店や在外支店からの報告書や、各当業者への調査結果を総合して検討したものである[18]。

　柳生頭取は、行員による調査にとどまらず、外部機関や個人に調査を依頼した。その一人が、台湾日日新報記者益子逞輔であった。益子は記者としての取材と台湾銀行から依頼された調査を兼ねて、「北方支那」や「南支那」へ出向いた。「南支那」には37日間滞在し、台湾銀行、三井物産、大阪商船の各支店出張所で資料を収集し、独自の取材による情報も盛り込んだ報告書を作成した。その多くは、台湾日日新報紙上にも掲載された[19]。さらに、東京銀行や横浜正金銀行、在外帝国領事館、三井物産、関東都督府など官民諸機関から、台湾銀行に必要な情報や調査報告書を集めた。これらの資料は行内の調査報告書とは別に分類整理され、目録に掲載された。

柳生が調査研究に熱心で厳しかったことは、当時から知られていた。行員の回想によると、柳生は、調査項目だけでなく具体的な調査方法を指示し、調査報告を受けるとその内容を検討して、再調査や報告書の書き直しを命じることもあったようである。調査報告書の作成にあたっては、翻訳や統計資料の羅列ではなく、台湾銀行独自の見解が要求された。従って行員は、国内はもちろん現地に赴いて資料を収集するだけでなく、資料を分析して営業拡大プランを念頭に置いた報告書を書き上げなければならなかった。報告書の半数以上が行員単独の調査で署名入りであったから、その分析や結論の責任の所在が明白であった。以上述べてきたように、柳生頭取時代には頭取の強力なリーダーシップのもとで、集中的な資料収集や調査研究活動が行われていたのである。

(3) アジア調査の特色

アジア、特に「南支南洋」を対象とした経済産業調査は、台湾銀行だけでなく他の銀行や企業でも行われていた。日本政府の中央銀行である日本銀行はもちろんのこと、貿易金融機関である横浜正金銀行や、植民地中央銀行として第一銀行を引き継いだ朝鮮銀行でも、経済産業調査が進められていた。ここでは、台湾銀行のアジア調査の特質をより明確にするために、台湾銀行同様植民地中央銀行としての役割を担っていた朝鮮銀行の調査を検討する。

朝鮮銀行は、1909(明治42)年11月に第一銀行の業務を継承する形で韓国銀行として創設された。行員は、第一銀行員220名すべてを引き継いだ。日韓併合後の1911(明治44)年、朝鮮銀行と改称され、植民地中央銀行として36年間にわたって活動した。朝鮮銀行には開業当初から調査室が設置され、調査役と検査役数名で、一般経済・取引状況調査、内部執務検査及び取引先信用調査を担当した[20]。1916(大正5)年には、調査室は調査局に昇格し、翌年、調査局内を二課体制とした。このように朝鮮銀行は、まず組織上から見て調査業務を重視していたことがうかがえる。調査の拡充強化を図ったのは、2代総裁勝田主計であった。勝田は寺内正毅朝鮮総督の懇請により、1915(大正4)年12月、大蔵次官の現職から朝鮮銀行総裁に就任した。勝田総裁の在任はわずか10か月ほどであったが、調査室を調査局に格上げし、広く各方面から

人材を抜擢して調査研究、企画、立案にあたらせるなど、朝鮮銀行の調査研究活動を本格化させた。調査室に課せられた最初の任務は、日韓併合がもたらした事態に対処すべき中枢金融機関としてのあり方を、資料の分析と実地踏査によって解明することであった[21]。調査室は1910(明治43)年5月より「朝鮮銀行月報」を発刊し、附録として調査報告書を出していた。1911(明治44)年より英文営業報告を年2回、1913(大正2)年4月からは月2回、「概況摘記」を刊行するようになった。また、調査研究の成果を「月報」臨時増刊として刊行した。この調査報告は明治期に1編、1918(大正7)年までに136編が出版された[22]。

表2-1は、調査報告書の内容別分類である。調査室では、明治後期から大正初期にかけて、つまり調査室時代の調査活動を、第一期調査と位置付けている[23]。この時期の主要調査事項は、外国銀行に関する調査であった。「独逸帝國銀行」や「佛蘭西銀行」をはじめとするヨーロッパ諸国の本国における実況調査と、「佛國殖民銀行」や「香港上海銀行」「印度支那銀行」などの欧米諸国海外銀行の為替決済、銀行制度の概要、諸規則などを調査したものである。調査室から調査局に昇格したのを機に、調査活動は第二期に入った。第二期の調査の重点項目は、「朝鮮及満洲ノ外國貿易ヲ發達セシムル方法及外國ト爲替及資金聯絡ニ關スル事項」であった。このように、勝田総裁就任を契機として、朝鮮銀行の調査研究活動は強化され、大正期を通して「月報」のほかに多数の調査報告書が作成された。調査対象は、大正期においてはもっぱら朝鮮と満洲であった。こうした調査をもとに、朝鮮銀行券の満洲内流通の促進を目的とする支店出張所の増設を計り、輸出為替の取り入れを企図していたからである。朝鮮銀行は、1913(大正2)年に大連、奉天、長春に出張所を開設すると、大正から昭和期にかけてシベリア、中国関内へと営業を拡大していったのである。

さて、では台湾銀行の調査研究活動は、朝鮮銀行と比較してどのような特質が見られるのだろうか。柳生頭取時代の調査課では、3回にわたり調査資料の目録を発行している。最初の目録は、1912(明治45)年4月10日現在で収録した「版ニ附シタル調査書類一覧」である。これは、明治期の行内各部各課において作成した調査報告や、統計及び外部機関の調査報告書で、調査課

が所蔵していた資料150編を掲載している。同名の目録が1915(大正4)年3月31日現在で再刊され、377編の資料が掲載されている。これらの資料を、行内の調査及び外部に依頼した調査と、台湾銀行以外の機関による調査とに分類整理した「調査書類目録」が、1915(大正4)年11月に作成された。この目録によると、行内の調査報告と外部への依頼調査の報告が315編、台湾銀行以外の諸機関の調査報告が71編、合計386編の調査報告が刊行されていたことになる(24)。

　315編の内訳は、表2-2に示した通りである。まず年代別に見ると、1912(明治45・大正元)年から1915(大正4)年までに、315編の80％が刊行されていることがわかる。特に1914(大正3)年には全体の35％にあたる112編が刊行され、単独の銀行でこれだけの集中的な調査書刊行は他に例がない。ちょうどこの時期、台湾銀行は厦門、福州、香港、汕頭、広東などの「対岸」に出張所を開設した直後で、さらに上海やシンガポール、そして南方方面に営業を拡大しようと計画していた時期であった。柳生頭取は、新設した「対岸」支店・出張所の営業が軌道にのり、調査報告書を整理して刊行したのであろう。1915(大正4)年に2回の調査報告書目録を作成している点から見ても、大正期に入り、調査課の調査報告書を分類、整理したと推察できる。

　調査項目の点からは、銀行、金融、通貨、銀などに関する金融情勢調査が全体の28％、台湾の基幹産業である米、糖業、茶業及びそれらの貿易に関わる報告が全体の18％で、銀行の調査としては一般的な傾向である。台湾銀行ならではの報告は、「支那」「南洋」に限定した地域調査にあった。調査報告書には、「南支南洋」方面の主要都市の商取引習慣、貿易、主要産業、在留日本人の事業、中国系移民など広範囲にわたる情報が掲載されている。特に南方地域に関しては、「セレベスノ住民」や「爪哇ノ住民」など、生活習慣に至るまで細部に及ぶ実地調査を行った。また、多くの報告書には、現地で入手した統計資料や情報をただ単に掲載するのではなく、データを分析して現状をどう捉えるか、問題の所在はどこにあるのか、台湾銀行の営業拡大に必要な条件は何かなど、具体的方策や見解が盛り込まれていた。この点で台湾銀行の調査の中には、視察報告などの域を超えた研究の領域に近い報告書も少なくなかった。

表2-1 朝鮮銀行調査報告書分類一覧

	銀行	金融	通貨	銀	支那	満洲	朝鮮	ロシア	産業	貿易	統計	本行	その他	合計
1909	1													1
1912	7	4			3		4		2		1		2	23
1913	6	2					6	2	3	1	1		1	22
1914	1				1				2	2			2	8
1915	3				3	2	3	1				1		13
1916		1			1		2	1	1			1		7
1917	3	2			7	4	1	4	5		1		6	34
1918	4		1	3			2	3	6	4	1	1	2	27
合計	25	9	1	3	15	6	18	13	19	5	4	4	13	135

(出典：朝鮮銀行調査局編『第一次朝鮮銀行年鑑』1918年)

表2-2 台湾銀行調査報告書分類一覧

発行年	銀行	金融	通貨	銀	支那	南洋	糖業	茶	米	貿易	本行	統計	その他	合計
1902											2			2
1903											2			2
1904											1			1
1905											1			1
1906											1			1
1907	1										1			2
1908											1			1
1909	1	1									4			6
1910							1				6			7
1911	3	3	5	4	1		1	2	1	3	4			27
1912	6	5		5	8	2	2	1			3	5	3	41
1913	4	4	6	4	7	1	5		1		9	5		47
1914	5	11	1		13	15	5	3		11	17	27	2	112
1915	1	11	2		2	6	5		1	10		7	4	50
不明	3			1							11			15
合計	24	35	14	16	31	24	19	6	4	28	65	40	9	315

(出典：台湾銀行調査課編『調査書類目録』1915年11月)

　以上述べてきたことを踏まえて、台湾銀行のアジア調査の特質は、次の3点にまとめることができる。第一に、柳生一義頭取の下、調査課だけでなく多くの行員が調査を担当し、可能な限り実地調査を行った。第二に、調査書の刊行は1914年前後に集中しているが、開業時から支店開設のための調査が行われたことや、調査、報告書作成、報告書刊行という時間的経過を考慮すると、第一次世界大戦を契機としたいわゆる「南進ブーム」に乗った調査で

はなく、明治期から南方への営業拡大を企図していたことを裏付けている。第三に、調査対象はアジア特に「南支南洋」で、金融及び経済産業領域の調査が中心であったが、現地の生活習慣や社会事情に関する報告も少なくない。この点は朝鮮銀行に比較して、台湾銀行の調査報告に顕著に見られる。また、多くの報告書に分析結果や結論が記載されている点も、台湾銀行調査の特質といえる。

明治後期から大正初期にかけて台湾銀行で行われた調査活動は、調査対象をアジア地域、特に「南支南洋」という限定した地域で見ると、質量ともに高い水準であったといえよう。では台湾銀行は、これらの調査報告から「対岸」や南方地域をどう捉え、いかなる営業拡大策を企図したのか、次項で見ていくことにする。

2. アジア調査と営業拡大
（1）開業時の支店・出張所拡張計画

台湾銀行にとって経済的対外発展には営業拡大、つまり在外支店開設が不可欠であった。ところが、営業拡大に関しては内外に相当な異論があり、ことに外部における反対の声は大きかった。中央政府当局は当初、特殊銀行に関して一業一行を原則とし、台湾銀行は植民地中央銀行として台湾島内における金融業務を担当するのであり、外国為替に関与するのは職分外としていた[25]。これに対して柳生頭取は、開業時から「南清地方」、すなわち「対岸」への営業拡大を視野に入れていた。それは児玉源太郎台湾総督や後藤新平民政長官の台湾経営に影響を受けたからである。1899（明治32）年、柳生一義が副頭取として渡台した翌日の6月24日、彼は児玉総督と出会っている。その日の柳生の日記には、「厦門支店に重きを置くべき事。銀貨吸収の見込みあり。対岸の反照を以て本島統治を為すを上策とす。香上銀行は二十年にして今日の盛況」とメモが残っている[26]。柳生は、副頭取着任早々から児玉総督や後藤民政長官と接触し、台湾銀行の使命や業務に関する指示を受けていたと見てよいだろう。

台湾銀行では台北本店開業の5日後、行員2名を「対岸」に派遣し、「対岸」における支店・出張所開設候補地を調査した。厦門支店の開設はすでに

決定していたので、それに続く支店・出張所をどこに置くかが課題であった。調査の結果、福州、汕頭、広東そしてシンガポールに支店・出張所を新設する計画を立案した(27)。そして翌1900(明治33)年、あらためて福州、汕頭地方に2、3名ずつ行員を派遣し、地方情勢や経済事情を調査することを決めた。

　本項では、台湾銀行開業直後の調査で新設予定地であった支店・出張所に関する台湾銀行の意向と、支店・出張所開設後の調査で支店設置地域の金融事情をどう捉えていたのかについて述べる。

①厦門支店

　厦門支店は、台北本店開業の翌年、1900(明治33)年に開設された。そのとき本店は、まだ仮事務所での営業で、新社屋は落成していなかった(28)。それだけ厦門支店開設を急いだのは、台湾銀行にとって最重要課題だったからである。後藤新平は「此支店タルヤ名ハ臺灣銀行ノ支店タリト雖其資金ト労力トヲ用フルコト臺灣銀行本店ヨリモ大ナランコトヲ要スル」(29)と認め、その意義をこう述べている。

　　該支店設置ノ事タル唯臺湾經營上ノ金融機關トシテ其効用ヲ完フスルノミナラス帝國將來ノ南洋商略ニ就テ一大効益ヲ起スヘキハ固ヨリ明ナリトス故ニ帝國南進ノ前驅トシテ第一着手ニ決行スヘキハ厦門ニ於ケル臺湾銀行支店設置ノコトヲ措テ他ニ良策ナカルヘシ(30)

　つまり、厦門に支店を開設することは、台湾と「対岸」が歴史的に密接な経済関係にあるというだけでなく、香港、上海をはじめ南洋各地と厦門間の為替業務の開始が、通商貿易上有効であるという後藤民政長官の判断を示しているのである。後藤新平は、当初から台湾を「ステーション・コロニー」(31)と位置づけ、日本の南方進出にとって、台湾銀行の営業拡大が重要であると認識していた。このような台湾総督府の強い意向を受けて、厦門支店は設置された。

　台湾銀行では厦門支店開設後、さらに金融事情の詳細を調査した。その報告書によると、厦門の金融機関として南洋信局(南洋華僑の金融機関)の代理

店が70数軒、厦門に本店のある信局が2軒で、銀行は香港上海銀行と台湾銀行のみで、他は代理店であった。南洋から厦門への送金は香港経由50％、上海経由11％、厦門直接送金39％で、直接送金のうち外国銀行取扱割合は、香港上海銀行67％、外国商会23％で、台湾銀行は10％にとどまっていた。調査員は、福建、広東から南洋への移民は毎年30万名前後に及び、中国華南地方と南洋との密接な関係の上に経済的調和が保たれているので、これを考慮し南洋華僑との関係を結ばなければ発展の見込みはない、と結論している[32]。

②福州出張所

　厦門支店開業の月、添田頭取と川崎寛美理事、土岐償理事の3名が、厦門だけでなく福州及び汕頭に出張して実情視察を行った結果、福州と汕頭にも店舗を設置する必要のあることを確認した[33]。福州は福建省の省都で、南京条約により開港して以来、年々貿易額が増加していた。調査員はここに支店を開設する意義を、台湾総督府に対し次のように報告している[34]。第一に福州は、台湾人に供給する女性用装飾品、紙、薬品や木材の輸出地であること、第二に福州には銭荘が少なく、発行する番票[35]の信用は確実でないため台湾銀行の銀券を流通させる見込みがあること、第三に当地の外国銀行は香港上海銀行支店だけで、中国商人に評判が悪い。関税や政府の公金を扱う中国系銀行は不十分であるので、本行が支店を開設すれば公金を扱うことが可能であると福州や厦門領事からの進言もある。実現すれば、福建省の金融市場に勢力を伸ばす可能性がある。この調査報告の結果1905（明治38）年、福州に出張所を開設したのである。

　出張所開設後の調査では、福州は、貿易額は大きいが商工業は不振である。それは閩江の河水が浅く船舶の航行に不便であることや、清仏戦争時に福州港下流に石船を沈めたことに関係している。また、日本「内地」との直接貿易が振るわないのは、航路の関係上、上海、香港経由の取引となるからである。近来、台湾・福州間の航路が開通すれば、発展の可能性がある、と結論している。実際は金融市場における決済を香港及び上海で行うため、香港で流通する英銀や上海の通貨である墨銀の需要が多く、台湾銀行の銀券を広く流通させることは困難であった[36]。これらの調査報告を検討した結果、台湾銀行は、開業当初の計画にはなかった上海の支店・出張所新設を決断する

のである。
③汕頭出張所

　汕頭出張所は、1907(明治40)年に開設された。調査報告書は、汕頭の金融市場は福州より混乱しているため、台湾銀行の銀券や補助貨の流通の可能性は福州より大きいと、出張所開設の理由を記している。また、この地の香港上海銀行は、店舗を持たず代理店にて取引しているので、台湾銀行が支店を開設すれば、金融市場を支配できると主張した[37]。汕頭の金融機関は、大部分が華僑系金融機関である信局の代理店で、外国銀行の支店出張所は開設されておらず、外国銀行の取引は香港宛為替で行われた。これは、汕頭が厦門と並んで南洋華僑の二大出身地の一つであり、南洋華僑の送金為替取扱いが、金融機関の主要業務であったことと関係する。台湾銀行は将来、南洋に営業を拡大し、南洋華僑の送金為替を銀行の直接取引にする方法を考えていた。その第一歩が、銀行と信局が密接に連絡できるようにすることである。南洋には、すでに多数の外国銀行が営業している。台湾銀行はいかに介在して為替を吸収するかが、大きな課題であった[38]。

④広東出張所

　広東は台湾銀行支店・出張所の所在地である厦門、福州、汕頭とは密接な関係にあるため、「対岸」に支店を開設する以上は、広東にも支店を設置せざるを得ない。中国人と「融和的」関係を築くには、「清国内ノ欧羅巴ト称スル香港ヲ見ズ直ニ清人ノ本城タル広東」に支店を開店すれば、銀券流通上も為替取引上も有利である、というのが広東出張所開設の理由であった[39]。広東に出張所が開設されたのは、1910(明治43)年のことである。

　上海出張所開設の命を受けた江崎真澄助役補は、広東で流通する貨幣について、調査を実施した。その報告書によると、流通貨幣は多種多様で、あえて区別すれば香港通貨と広東通貨の2種であること、香港通貨は、事実上香港上海銀行券とチャータード銀行券であること、外国人相互の取引は香港通貨、外国人対中国人取引は香港通貨と広東通貨、中国人相互取引は広東通貨を使用していたこと、香港上海銀行は香港通貨のみ授受するが、台湾銀行は広東通貨も受け入れることにしたことなどを報告している[40]。さらに広東出張所を拠点に調査を進めた結果、広東の外国貿易は、輸入は香港経由で行

われ広東では輸出のみであり、貿易商の大部分は香港支店の広東出張所で、香港の建相場を広東でも用いた。そのため貿易において広東が香港から独立することができず、広東の外国銀行が取り扱う為替は、少額であることが明らかになった。しかも香港上海銀行が、為替銀行の親銀行で為替相場を左右するので、外国貿易関係の中国商人は、香港上海銀行と取引を結んでいたのであった[41]。ここに台湾銀行が参入するのは、きわめて困難なことだったといえよう。

⑤シンガポール出張所

シンガポール出張所は、1912(大正元)年に設置された。台湾銀行は開業後間もない時期に、広東に支店を開設し、その結果によって一両年後、次に開設すべき支店はシンガポールであると考えていた[42]。実際にシンガポール出張所を開設したのは、広東出張所開設の2年後であった。この地方のゴム栽培事業は発達を遂げ、日本人の経営者も少なくなかった。そこで台湾銀行の資金を融通し、日本人の海外における事業に助成することや、福建省出身華僑が多いことから、これら移民の送金、貿易上の金融の便を図ることなどをねらった[43]。

出張所開設以後の調査によれば、シンガポールの金融市場は、「上半季」は比較的緩慢で、「下半季」は繁忙である。これは輸入品の季節取引によるもので、砂糖はジャワより6月から10月に、米はタイより8、9月に輸入される。東洋各地との貿易は中国商人によって行われているため、貿易金融においても中国商人を顧客とせざるを得ない。そこで中国人の利用方法に関して多大の注意と研究が必要である、と報告されている[44]。

(2) ロンドン出張所の開設と南洋への営業拡大

台湾銀行は、当初の計画に加えて香港、上海、九江、漢口、ジャワ、ロンドンなどに支店・出張所を開設した。この項では、香港、上海、ロンドン、ジャワ支店・出張所の開設の経緯や開設後の調査結果に言及する。

①香港支店

『台湾銀行四十年誌』には、香港支店開設の理由が次のように記されている。香港は東洋における外国貿易の中心地であり、香港上海銀行本店をはじめチ

ャータード銀行など有力銀行の支店所在地として、金融上重要な地位を占めていた。また、台湾及び「内地」との貿易額も多額に達しているため、台湾銀行各店の為替業務拡張にともない同地に支店を開設する必要にせまられ、1903(明治36)年に開設した(45)。

香港は、開業時の支店・出張所予定地には含まれていなかった。しかし厦門支店新設後の調査で、南洋から厦門への送金の50％は香港経由であることや、台湾島内各店及び神戸支店の為替業務拡張に伴い、決済上香港に支店設置の必要性を認めたのである(46)。厦門及び香港に支店を開設することで、台湾と「南支那」、日本「内地」と「南支那」、および「南支那」各地間の為替取引の増加を図ったが、営業は小規模にとどまった(47)。というのも、台湾銀行が香港支店を開設した時期には、すでに香港上海銀行が為替相場を決定するなど香港金融市場を支配しており、他の外国銀行も南洋に店舗を持ち厦門、汕頭、広東に香港経由で送金するなど、体制が整備されていたからである。とはいえ厦門支店に続いて香港に支店を開設したことは、南方地域への営業を拡張するという、台湾銀行の明確な意図の表れといえるだろう。香港支店開設後の調査では、南洋に店舗をもつ銀行はみな香港に支店を開設していることや、横浜正金銀行が南洋に店舗をもたないため、香港支店の取扱がわずかであることを指摘している点から見ても、台湾銀行が「南清南洋地方ニ業務ヲ拡張シテ貿易上ノ金融機關タラントスル」責務を果たすために香港支店開設の意義を認めていたと推察できる(48)。

②上海出張所

上海出張所は、広東出張所開設の翌年、1911(明治44)年に開設された。上海は日本中国間貿易の中心地であり「南支南洋」地域との取引が巨額であることが、出張所開設の第一の意義であった。また、台湾における製糖業の急速な発達により、中国向け輸出額の増加から、為替銀行としての上海出張所開設は急務であった(49)。

上海出張所開設準備のため、現地に出張した二宮理事は調査の結果を次のように報告している。上海に本支店のある外国銀行は9か国13銀行で、香港上海銀行が最も有力だった。横浜正金銀行も1893(明治26)年に支店を設立しており、日中貿易の発展とともに営業成績も伸びていた。外国為替の全権は

外国銀行の掌中にあり、上海と諸外国間の為替相場は、ロンドン宛相場を基準としていた(50)。上海をはじめ近隣都市で最も広く流通している通貨は墨銀で、一般物資の基礎貨幣となっていた。しかし墨銀は種類が多く、上海通用銀との比率が一定しなかったため、銀行業者にとっては実益が少ない部分もあった。日本の金貨に対する墨銀相場及び上海通用銀相場は、横浜正金銀行上海支店で決定していたので好都合であった(51)。

③ロンドン出張所

　欧米為替について従来台湾銀行は、横浜正金銀行より便宜を得ていた。しかし台湾経済の発達や海外金融業務に対する進出から、ロンドンに出張所を開設する必要にせまられた。そこで柳生頭取は1913(大正2)年9月、ロンドンに山中義信書記を派遣し、金融事情調査を命じ、調査報告をもとに翌年3月に出張所設置を決定した(52)。山中はロンドン出張以前に横浜正金銀行に出張し、外国為替取扱事務、為替相場の建て方、外国為替の出合方法などを調査研究していた。その成果は「横濱正金銀行ニ關スル調査」と題する報告書として、1912(大正元)年8月に提出された。山中は、横浜正金銀行と台湾銀行の相違点を克明に記している。

　例えば横浜正金銀行は、「某店向爲替賣買ノ註文アル時ハ其相場次第ニヨリテ兎モ角引受ケテ之ニ應シ後引受店ニ於テ之ニ對スル出合ヲ求ムルカ如シ、故ニ多クノ場合ニ於テ註文通ノ出合ヲ得テ自由ニ爲替ノ賣買ヲ爲スヲ得ル」のに対し、台湾銀行は「多クノ場合註文ヲ受ケシ店ハ直ニ賣主買主ヲ求メントスルヲ以テ相場ノ關係ニ付テ容易ニ協定ヲ得ス遂ニハ時機ヲ失ス其結果ハ取引先ヲ失望セシメ信用ヲ失墜スル」ことになる。横浜正金銀行は、ロンドンに支店をもち、為替出合を得る便宜が図られていることや、上海を為替中央総括店と位置付けて、銀為替に関する決済所としている点など、台湾銀行との格の違いを捉えている。そして山中は、台湾銀行の弱点を「本行ニ於テハ上海アリト雖モ L'don ナキヲ以テ之カ充分ノ能力ヲ発揮スル能ハス香港アリト雖モ上海未タ羽翼ヲ張ル充分ナラサルヲ以テ何等得意ノ妙技ヲ施ス所」がないところであると分析している。さらに台湾銀行にとって急務はロンドン出張所の開設であるが、少なくとも上海支店の拡張は絶対に必要で、上海の興廃が台湾銀行の将来に直結すると主張した。そして近くシンガポール支店

開設が計画されているが、それを生かすのはロンドンであると結んでいる(53)。

　柳生頭取は、外国為替やロンドン出張所の必要性に熟知した山中を、33歳の若さでロンドン出張所開設準備委員として抜擢し、派遣したのである。

④ジャワにおける出張所

　1911(明治44)年の「南支南洋」貿易事情調査によると、オランダ領東インドでは日本からの輸出品は限定的で、貿易はすべて中国商人によって「対岸」諸港や香港経由で行われていた。また、南方地域において貿易金融を扱う日本の銀行は一行もなく、横浜正金銀行が香港上海銀行などで為替取引をするのみであった。そこで、この調査の担当者であった清水孫秉は、南方地域に銀行を設置することは最大の急務で、候補地としてシンガポール、スラバヤ、バンコク、マニラ、メルボルンなどを挙げていた(54)。その後の調査においても、ヨーロッパ商人には外国銀行を利用した資金融通の便があるが、日本商人は雑貨商など漸次拡大して経営しているものの、日本の金融機関がないため、自らの資力内の活動にとどまっていることが指摘されていた(55)。

　このように南洋貿易の助長は緊急の課題であり、日本の南方発展のためには、外国為替金融機関として南方地域に支店を開設することが求められていた。そして欧州大戦を機に、政府及び日本銀行当局からの資金援助を受けて、ジャワに出張所を設置することになった。汕頭出張所に勤務していた水野泰四郎は、柳生頭取から命を受けた1915(大正4)年春、ジャワに渡航した(56)。同年、スラバヤ出張所が開設され、柳生頭取退任ののち、1917(大正6)年にスマラン出張所が、1918(大正7)年にバタビヤ出張所が開設された。スマランは、砂糖取引の中心地であり台湾包種茶の需要地であることから、出張所設置場所となり、さらに南洋輸出為替決済上と中国系移民の取引関係から、バタビヤにも設けることになったのである(57)。

　台湾銀行がジャワに出張所を開設するにあたっては、その契機となるできごとがあった。それは1914(大正3)年8月、ジャワ島中部の都市スマランで開催された国際植民地博覧会である(58)。この博覧会への出品を契機とし、ジャワに支店網を広げた企業や貿易商が現れた。台湾銀行もこうした状況下で出張所を開設したのだった(59)。

3. 在外支店開設と台湾銀行の営業拡大

　表2-3は、明治大正期における香港上海銀行、横浜正金銀行、朝鮮銀行と台湾銀行の支店網の拡大を、年代ごとに示したもので、それを地図上に示したものが図2-1である。

　香港上海銀行は、1866(慶応2)年、横浜に支店を開設している。1880(明治13)年に日本の貿易金融機関である横浜正金銀行が開業するまでは、チャータード銀行や香港上海銀行などイギリス資本の植民地銀行が、インド、中国、日本など広大なアジア市場で活発に活動していた(60)。つまり日本の外国貿易金融は、すべて外国銀行が担当していたのである。横浜正金銀行開業後は、外国銀行より高い相場で輸出為替を買い取り、外国人貿易商の為替取組を行い、横浜正金銀行は少なくとも横浜における外国為替取扱高で大きく躍進する。そして国内本支店と欧米支店出張所を結び、政府の資金的後援の下で、本格的な外国為替銀行として成長していった。台湾銀行が開業したのはちょうどこの時期、すなわち横浜正金銀行が貿易金融機関としてアジア各地に支店出張所を開設し、営業拡大をはかっていた時期にあたる。従って台湾銀行が「南支」及び「南洋」方面への営業拡大を志向すれば、外国銀行はもちろん、横浜正金銀行とも競合することになったのである。

　台湾銀行は開業当初の計画で、厦門、福州、汕頭、広東、シンガポールを支店候補地として予定していた。その後、在外支店・出張所を拠点とした金融及び経済産業調査を進める中で、

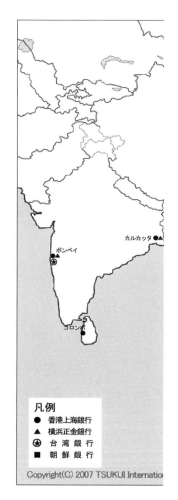

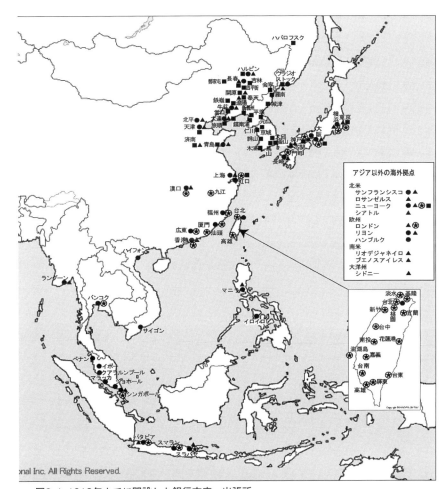

図2-1 1919年までに開設した銀行支店・出張所
(出典：台湾銀行編『臺灣銀行十年志』1910年、同『臺灣銀行十年後志』1916年、同『臺灣銀行二十年誌』1919年、同『臺灣銀行四十年誌』1939年、碧榕会編『柳生頭取の片影』1917年、清水孫秉・大野恭平編『柳生一義』1922年、吉野小一郎編『柳生先生を憶ふ』1932年、日本銀行調査局編『図録日本の貨幣10外地通貨』東京経済新報社、1974年、土方晋『横浜正金銀行』教育社、1980年、石井寛治『近代日本金融史序説』東京大学出版会、1999年、小野一一郎『近代日本幣制と東アジア銀貨圏』ミネルヴァ書房、2000年、多田井喜生『朝鮮銀行』PHP研究所、2002年、広瀬順晧編『日本外地銀行史資料1～5』クレス出版、2002年、永野善子『フィリピン銀行史研究』御茶の水書房、2003年、岡本隆司『近代中国と海関』名古屋大学出版会、1999年、籠谷直人『アジア国際通商秩序と近代日本』名古屋大学出版会、2000年）

表2-3 外国為替銀行支店出張所一覧

西暦	香港上海銀行	横浜正金銀行	台湾銀行	朝鮮銀行
1858				
1859				
1861				
1863				
1865	香港、上海、広東			
1866	横浜、サイゴン			
1867	カルカッタ			
1868	漢口			
1869	ボンベイ、福州			
1870	神戸、長崎			
1872	大阪、厦門			
1873				(大阪、横浜、神戸)
1874				(京都)
1875	マニラ、サンフランシスコ			
1877	シンガポール			
1878				(釜山)
1880	ニューヨーク	横浜本店、神戸、ニューヨーク		
1881	リヨン、天津	ロンドン		
1882		リヨン		
1883	イロイロ			
1884	ペナン、バタビア、セマラン			(京城、名古屋)
1885	北京(北平)			
1886		サンフランシスコ		
1887	ハイフォン			
1888	バンコク			
1889	ハンブルグ			
1891	牛荘、ラングーン			
1892	コロンボ	ジャワ		
1893		上海		
1894		ボンベイ		
1895				
1896	スラバヤ	香港		
1897				
1898				(伏見、兵庫)
1899		東京、長崎、天津	台北本店、神戸、新竹、台中、台南、宜蘭、澎湖島、淡水、基隆	(新大阪町)
1900		牛荘	厦門、高雄	
1901				
1902		北京		

第1節　台湾銀行調査課　75

西暦	香港上海銀行	横浜正金銀行	台湾銀行	朝鮮銀行
1903			香港	
1904		大連		
1905		奉天、大阪	福州	
1906		漢口	大阪	
1907		長春	汕頭	
1909	台北、虹口、広東、マラッカ			京城本店、仁川、平壌、元山、大邱、鎮南浦、木浦、群山、馬山、城津
1910	クアラルンプール、ジョホール、イポー		東京、嘉義、屏東、広東	釜山、羅南、新義州、大阪
1911	大連、ハルピン	カルカッタ	上海	
1912	長春、青島	ハルピン	花蓮港、九江、シンガポール	会寧
1913		羅府、青島		東京、奉天、大連、長春
1914	青島		台東、ロンドン	四平街
1915	ハルピン	済南、シドニー	漢口、スラバヤ	開原
1916		新嘉坡		ハルピン、営口、神戸
1917		開原、シアトル	横浜、ニューヨーク、ボンベイ、スマラン	吉林、青島
1918	ウラジオストック	下関、ウラジオストック、ブエノスアイレス、ラングーン、マニラ、スラバヤ	桃園、南投、バタビヤ	遼陽、鉄嶺、旅順、鄭家屯、上海、天津、ハバロフスク、済南
1919		リオ、バタビヤ	門司、バンコク	ウラジオストック、下関、ニューヨーク
1920		ハンブルグ、サイゴン		清津、ニコリスク、北樺太亜港
1921		名古屋		
1922	大連、ハイフォン、スンガイパタニ			敦賀
1923				
1924		広東、スマラン	カルカッタ	大阪西区
1925		カラチ		
1926	奉天	アレキサンドリア		
1927		丸の内		
1928				
1929				
1930				

（出典：葭原達之「戦間期日本の対「南方」貿易金融の構造」〔清水元編『両大戦間期日本・東南アジア関係の諸相』1986〕。権上康男『フランス帝国主義とアジア』1985。『台湾銀行四十年誌』1939。『朝鮮銀行二十五年史』1934。『日本外地銀行史資料1～5』）
注）朝鮮銀行欄で、（　）のあるものは、第一銀行時代の支店である。

新たにロンドンやニューヨークといった欧米も含む支店網の拡大を図っていった。その結果、「内地」支店の取扱高は台湾銀行より横浜正金銀行の方が高い水準にあったのに対して、中国、南洋支店については台湾銀行の方がはるかに大きな取扱高を見せた。しかも台湾銀行ロンドン支店の取扱高は、横浜正金銀行同支店に匹敵する額を示した[61]。伊藤正直氏はロンドン支店開設について、「当時中国銀価格がロンドン銀塊相場に規定されつつ変動し、現銀もロンドンを結節点として移動していたことを考えるならば、支那との取引深き台銀にとって、ロンドン支店設置の意義は相当高かった」[62]と評価しているように、台湾銀行にとってロンドン支店開設は大きなステップであった。前述したように、横浜正金銀行に行員を派遣して外国為替を研究し、ロンドン支店の設置意義を十分に認識した台湾銀行は、ロンドン出張所の開設を一つの分岐点として外国為替金融機関としての地位を確立していったのである。ロンドン支店だけでなく、当初の計画にはなかった支店出張所の開設や、第一次大戦後のロンドン支店の資金構造の変化からニューヨークを支店候補地として行員を派遣したことなど[63]、いずれも調査の成果であると見てよいだろう。

　また、横浜正金銀行、台湾銀行、朝鮮銀行の営業拡大策において、それぞれ営業範囲や役割のあったことが明らかである。横浜正金銀行は日本の貿易金融機関として、各国及び地域の主要都市に支店・出張所を開設した。これに対して台湾銀行、朝鮮銀行はまずそれぞれの本拠地である台湾、朝鮮半島に多数の支店を開設し、植民地中央銀行としての地位を確立した。そして台湾銀行は「南支南洋」へ、朝鮮銀行は満洲への営業拡大を図り、貿易金融機関としての顔をもつようになっていった。台湾銀行と朝鮮銀行の営業地域の分岐点は上海で、両行とも上海支店を開設しており、ここが台湾銀行の北限であり朝鮮銀行の南限であった。こうしてヨーロッパ資本の銀行が独占していたアジア市場に、日本の金融機関が参入していったのである。とりわけヨーロッパ資本に加えて華僑のネットワークが確立されていた南方方面への営業拡大には、現地の情報に基づく戦略が不可欠だったといえよう。

　この台湾銀行の「対岸」や南洋への支店網拡大と同時進行的に行われたのが、大阪商船による航路開設であった[64]。大阪商船は領台直後、台湾航路

に着目し、1897(明治30)年に台湾総督府の命令航路として、「内地」と台湾を結ぶ航路及び台湾沿岸航路を開設した。翌1898(明治31)年からは、台湾と対岸を結ぶ命令航路が、次々に開設された。大正期に入り台湾総督府は、台湾を起点としたジャワ、スマトラ方面への定期航路開始の必要を認め、1916(大正5)年に南洋航路を開始した。以後、スマトラ線(1918年)、ジャワ・バンコク線(1918年)、南洋線甲線・乙線(1919年)などの定期航路を開設した[65]。台湾銀行は明治期1910年頃までに、対岸に支店出張所を設置し、大正期1915年以後に南洋支店出張所を開設していることから、台湾総督府の補助による大阪商船の命令航路と台湾銀行の支店網拡大は、ほぼ同時期に進行していたといえる。このような台湾総督府の対応は、「南支南洋」地域への日本製品市場拡大、つまり経済的進出を目指したものであった。台湾銀行にとって台湾総督府の方針や支援が、支店網拡大の推進力だったのである。

　これまで述べてきたように、台湾銀行の支店網の拡大は、実地調査と分析を核とした金融及び経済産業調査に裏づけられていた。その調査研究活動を指揮し、可能な限り情報を蓄積して台湾銀行の方針を作成したのが、2代頭取柳生一義であった。その柳生に調査研究の必要性を説いたのは、後藤新平であった。柳生はかつて陸軍省で参事官を務めたとき、法制事務や対議会対策を担当し、児玉源太郎や後藤新平と接触する機会があった。後藤は柳生の手腕を高く評価し、後藤が担当した臨時検疫事務を柳生にも関与させた。柳生は渡台以前に実地調査の重要性を十分把握していたのである[66]。

　後藤は民政長官在任中、治安の確立や土地調査事業、鉄道建設、築港事業などに辣腕をふるった。また旧慣調査を実施し、その基礎の上に台湾の特殊事情に適応した政策を実行しようとした。統治政策の根本は、台湾社会事情の特異性の認識であるというのが後藤の考えであった[67]。このような調査重視の植民地経営方針は、歴代総督や民政長官の南進政策と融合して、台湾だけでなく「南支南洋」地域を対象とした組織的な調査活動が推進されていく。その本格的始動は、台湾総督官房内に調査課が設置された1918(大正7)年である。このとき台湾銀行ではすでに350編以上の調査報告書が出揃い、要請に応じて頒布できる体制が整っていた。そこで官房調査課では「南支南洋」地域の経済事情や金融事情に関しては、台湾銀行の調査報告を活用すること

とし、台湾銀行による調査とは異なる領域や分野の調査に重点を置いた。つまり、台湾銀行の調査は、台湾総督府を中心に行われたアジア調査の先駆的役割を果たしたといえる。そして台湾総督府はそのデータを活用して、官房調査課所蔵資料に加えたのである。

第2節　南洋協会台湾支部

1. 南洋協会の設立と事業の概要

　南洋協会は、1912（大正元）年に、台湾総督府民政長官内田嘉吉とシンガポールでゴム園開拓に従事していた井上雅二が出会い、南洋懇談会を発足させたことに始まる。1914（大正3）年、第一次世界大戦を契機として南洋への関心が高まり、南洋に関する文化機関として、南洋協会を特設する話がまとまった。そしてその翌年1月、井上雅二、井上敬次郎、早川千吉郎、小川平吉、内田嘉吉、郷隆三郎の6名が協議し、同月30日には南洋協会発起人創立総会が開催されたのである。この席で内田嘉吉は、次のように述べた(68)。

　　本会は前述の如き見地に立って創立されたものにして決して何等政治的意味を有せず、従って政党政派には何等の関係をも有せざるものなり。又本会は直接に事業を経営するものにもあらず。唯一に広獏たる百万方哩の南洋諸島に於ける無限の資源を調査研究して之を邦人に紹介し彼我の事情を疎通し以て帝国の発展に資せんとするに外ならず云々。

　この内田の報告にあるように、南洋協会は政治的意図を持たない、調査研究機関として発足した。70余名の発起人を得て始動した南洋協会の創立事務所は、便宜上一時、台湾総督府東京出張所内に設置された。また、協会役員の選出に関しては、創立総会において副会頭に内田嘉吉が選出されただけで、会頭1名と副会頭もう1名は内田に一任された。後日選出された役員は、初代会頭に芳川顯正、副会頭に吉川重吉であった。このように南洋協会の設立には、内田嘉吉が深く関わりを持っていた。彼は民政長官として台湾に赴任する以前、拓殖局第一部長を歴任しており、植民地行政のプロであった。ま

た、第一次世界大戦により南洋群島を領有した日本が、南洋への関心を高めた時期に、彼は台湾総督府民政長官というポストにいた。つまり内田は、日本の南進を考えていくにあたり、台湾総督府と南洋協会という官民両方の活躍の場を持つことができたのである。彼は「大正南進期」において、官民一体の調査活動を進めていく上で、鍵を握る人物の一人であった。

　南洋協会の事業は創立当初、次のように規定されていた(69)。①南洋における産業、制度、社会その他各般の事情を調査すること、②南洋の事情を本邦に紹介すること、③本邦の事情を南洋に紹介すること、④南洋事業に必要なる人物を養成すること、⑤本邦の医術、技芸その他学術の普及を計ること、⑥雑誌その他出版物を発刊すること、⑦講演会を開くこと、⑧南洋博物館及び同図書館を設くること、⑨その他必要事項、である。

　南洋協会は、これらの事業を着実に実行していった。南洋協会の調査機関として、まず1917(大正6)年、本部に調査編纂部が設置され、次いでシンガポール、ジャワ、フィリピン、スマトラ、フランス領インドシナ、タイ、ビルマ、ボルネオなどに順次調査通信嘱託を常置した。また、台湾、シンガポール、ジャワ、南洋群島、マニラ、ダバオ、スマトラなどに支部を置き、「南洋」各方面の調査や商取引の斡旋を行った。調査の成果は、雑誌『南洋協會會報』(後に『南洋協會雑誌』、『南洋』と改題)、『南洋研究叢書』という出版物や、講演会・講習会という形で発表された。

　もう一つ南洋協会の特色ある事業に、商品陳列所の経営がある。これは南洋協会が商工省の委嘱を受け、主として商品見本や参考品の陳列、商品の鑑定、商取引や企業の紹介仲介、南洋特産物の収集、南洋の制度産業貿易などの調査・報告・助言などを行うために設置されたものである。最初の陳列所は1918(大正7)年、シンガポールに設置され、その後ジャワのスラバヤ、バタビアと、スマトラのメダンにも設けられた。ここでは日本各地の商品が華僑をはじめ印僑や欧商、現地日本人に紹介され、また、日本から産業視察団や商工会議所関係者、企業の代表などが陳列所を訪れた。このように、民間レベルで南洋と日本の貿易を奨励し、大正から昭和にかけて日本の経済的南進の推進力となったことは注目に値する。

2. 南洋協会台湾支部の設立と事業

(1) 南洋協会台湾支部の設立

　南洋協会の発足から7か月後の1915(大正4)年、内田嘉吉は松岡富雄[70]、奥山章次郎[71]、川上瀧彌[72]、東郷實[73]を幹事に指名し、民政長官官邸で台湾支部の設立相談会を開いた。この話し合いを機に、翌1916(大正5)年、南洋協会台湾支部の設立を決定した。

　設立当初の役員として、支部長に台湾総督府民政長官下村宏、副支部長に台湾銀行の櫻井鐵太郎、幹事長には台湾総督府の中川友次郎が就任した。幹事には、台湾総督府から石井光次郎、東郷實、野呂寧、菊地武芳、片山秀太郎の5名、実業界から大阪商船台北淡水支店長の白荘芳之助、実業家で帝国製糖や松岡拓殖の創業者である松岡富雄、台湾銀行の池田常吉、三井物産台北支店長の飯沼剛一の4名、計9名で構成された。その他に、評議員として48名が選出された。その構成は台湾総督府の技師や事務官がもっとも多く24名、台湾島内の銀行関係者が6名、地方行政官が6名、三井物産、大阪商船など民間から12名であった[74]。このように、台湾領有20年間で培った組織及び人的なネットワークを最大限活用し、「民」の顔を前面に押し出した形で設立されたのが、南洋協会台湾支部だったといえる。

(2) 語学講習会

　南洋協会台湾支部では、東京の本部に先がけて、語学講習会が開催された。第1回講習会は、「南洋渡航者に必要な馬来語の普及を図るため」[75]、「馬来語」(以下、マレー語)の講習会とし、東京外国語学校馬来科卒業生上原訓蔵氏を招聘し、1916(大正5)年10月1日より3か月間実施した。30名募集のところ希望者が多く、講習生38名で開始した。講習会場は台湾総督府民生部構内で、週3回、1回につき2時間行われ、全期間の授業料として3円を徴収した[76]。この第1回マレー語講習会は同年12月8日に終了した。南洋協会として初めての試みであるこの講習会は、一時は受講生が40名に達したが、病気その他事故などにより23名の中途退学者を出した。修了生は17名で、短期間の講習で実践的な語学力を習得し、修了式にマレー語で講師と挨拶を交わせるまでに上達した。また、東京の南洋貿易会社から、第1回修了生を10数

表2-4 南洋協会台湾支部主催語学講習会一覧

語学	回	期　　間	講　師	受講者数	修了者数
マレー語	1	1916.10～1916.12	東京外国語学校出身　上原訓蔵	38	17
	2	1917.1～1917.4	同	42	23
	3	1919.10～1919.12	台湾総督府工業学校　越智有	57	33
	4	1920.4～1920.6	同		24
	5	1920.10～1920.12	同	39	28
	6	1921.4～1921.6	同	48	24
	7	1921.10～1921.12	同		19
	8	1922.4～1922.6	同		15
	9	1923.5～1923.7	同		21
	10	1923.10～1923.12	同		13
	11	1924.3～1924.6	同		7
フランス語	1	1925.4～1925.7	台湾総督府　板倉貞男、根津令一		
	2	1926.7～1926.10	同	139	88
	3	1927.4～1927.5	同	74	
	4	1928.4～1928.5	台湾総督府　板倉貞男 台北高等商業学校　新里榮造		76
英語	1	1928.11～1929.5	台北高等学校　三澤糾、富田義介 台湾総督府　原口竹次郎		
英語 オランダ語	2	1929.9～1930.5	台北高等学校　富田義介 台湾総督府　原口竹次郎 台北第二高等女学校　室田有 台北高等商業学校　コーイ		
	3	1930.10～1931.5	台北高等学校　富田義介 台北高等商業学校　石崎政次郎、コーイ　台北第二高等女学校　室田有		
	4	1931.10～1932.5	台北高等学校　富田儀介 台北高等商業学校　石崎政次郎		
	5	1932.11～1933.5	同		
	6	1933.10～1934.5	同		
	7	1935.1～1935.4	台北高等学校　石黒魯平 台北高等商業学校　石崎政次郎 台北帝国大学　アランデル・レー		
	8	1935.10～1935.12	同		
	9	1936.1～1936.4	同		
	10	1936.10～1936.12	同		

(『南洋協會二十年史』南洋協会、1935年。『南洋協會雑誌』2巻～23巻より作成)
注）表中の空欄は、資料上でデータを確認できない箇所である。

名採用したいとの申し出があり、さらには修了生の中で数名、南洋に渡航した者もあった(77)。

　表2-4は、南洋協会台湾支部が主催した語学講習会の一覧である。台湾支部では第1回講習会が好評であったことから、これを定着させるために講習会規程を設けた(78)。そして参加条件を、小学校卒業以上の学力を有すること、毎週6時間4か月の講習とすること、講習生に教科書を給与すること、入会許可された者は授業料3円を前納することなどと定めた。第2回マレー語講習会も第1回講習会同様多くの受講希望者があり、定員36名のところ42名で講習を開始した。このうち23名が修了証書を手にした。しかし2回の講習会終了後、講師の上原は「内地」へ帰還することになり、講習会は中断された。支部ではマレー語に堪能な人物を台湾島内で探し、2年半後の1919（大正8）年10月に再開した。講師は台湾総督府工業学校の越智有であった。これ以後、春秋1回ずつ講習会を開催するというスタイルが定着した。

　当時南洋協会台湾支部幹事であった東郷實は、このマレー語講習会について次のように述べている(79)。

　　吾人が外国の事情を調査し又は外国に於ける事業の経営に従事せんとする場合に最も必要なるは語学の素養なり。馬来語は南洋に於て最も広く行はるゝ所のものにして南洋を旅行し又は同地方にて事業に従事せんとするものに取りては極めて必要なる武器なり。尚支部が馬来語を行ふの所以なるものは実に此の重要なる武器を諸君に提供せんがためなり。

　台湾支部は、発足当初から南方で事業に従事する者に必要な語学の講習を企画し、マレー語講習会だけでも1924（大正13）年までに224名の修了生を送り出した。

　マレー語の後、1925（大正14）年からは、フランス語、英語、オランダ語の講習会が開催された。第2回フランス語講習では、初等科入会者99名、中等科入会者40名のところ、修了生は初等科69名、中等科19名、合計88名であった(80)。第3回講習会以降は受講者数、修了者数ともに明らかではないが、講師は複数で初級、上級の2コースに分かれていたことから見ても、マレー語

以上に盛況であったと考えてよいだろう。語学講習会は1936(昭和11)年まで開催された。

(3) 講演会

南洋協会台湾支部では大正期から昭和期まで、単独または東洋協会などとの共催で、南洋関係の講演会を開催した。大正期には12回、昭和期には40回に上る講演が行われた。表2-5は、その一覧である。

第1回講演会は、台湾勧業共進会の開催を機に大阪商船が主催した南支南洋視察団の報告会で、東洋協会との共同開催だった。講師は約2か月に及ぶ視察団の団長を務めた高木友枝と、視察団顧問の新渡戸稲造、協議委員で視察係の久留島武彦の3名であった。この講演内容は、同年の『台湾時報』82号に掲載された。大正期の講演は南洋視察談が多く、講師は台湾総督府関係者や台湾在住の企業人であった。また、講演記録が『台湾時報』に掲載され

表2-5 南洋協会台湾支部主催講演会一覧

回	年月日	講演題目	講師肩書	講師名
1	1916.6.1	南洋視察の順序	医学博士	高木 友枝
		植えられたる人柱		久留島武彦
		南洋の将来	農学博士	新渡戸稲造
2	1917.1.26	南洋視察講演会	台湾総督府参事官	片山秀太郎
3	1917.12.1	蒙古事情	陸軍参謀	日下 操
4	1918.1.25	米国見聞談	理学士	大島 正満
		インド旅行談	文学士	小川 尚義
5	1918.5.22	治山治水と森林利用	東京帝国大学教授	川瀬善太郎
6	1918.5.30	仏領印度支那の現在及将来に就いて	南洋協会嘱託	横山 正修
7	1918.12.2	南洋における日本船の概況	山下汽船会社	平賀 亮三
		印度南洋視察談	三井物産	三島 増一
		豪州の産業	台湾銀行助役	安西千賀夫
8	1919.5.29	南洋視察談	台湾総督府技師	芳賀鍬五郎
9	1919.8.7	我国と南洋との経済関係	新嘉坡商品陳列館長	木村増太郎
10	1920.9.24	労働の理想郷たる豪州	台湾総督府事務官	阿部 嘉七
		南洋各地における教育状況	台湾総督府視学官	田中友次郎
11	1920.12.6	台湾の使命	南洋協会専務理事	井上 雅二
12	1926.2	南支南洋の演芸		櫻井芳次郎
13	1928.5.12	製紙原料としてのバカスに就て	三亜製紙会社顧問	隈川 八郎
14	1931.4.7	南洋事情に就て	台湾総督府殖産局	西 輝男
15	1931.7.24	南米南洋事情	拓務省嘱託	吉田 梧郎

回	年月日	講演題目	講師肩書	講師名
16	1931.8.13	スマトラ方面に於けるゴム栽培	米国領事	リーツ
17	1931.9.29	時局問題に就て		濱田　純一
		同	台湾軍参謀	浦澄　江
		同	台北高等商業学校教授	佐藤　佐
18	1932.2.2	昭南丸南洋巡航談	台湾総督府殖産局	奥儀　喜宣
19	1932.3.4	比律賓の農業漁業其の他の最近事情	大阪バザー社員	森　半吉／山本　義秋
20	1932.3.17	蘭領モルッカス方面経済事情	南洋協会嘱託	江川　俊治
21	1932.4.25	企業的方面より観たる水産業	共同漁業会社	田村　啓三
22	1932.5.2	比律賓独立問題に就て		水越　幸一
23	1932.7.21	台湾に於ける規那の栽培	中央研究所技師	荒木　忠郎
		南洋植民地に於ける園芸		増澤　深治
24	1933.3.28	南洋に於ける水産業に就て		熊田與四郎
25	1933.7.10	暹羅見聞	前暹羅日本人会長	河井　為海
26	1933.10.11	南洋の日本町	東京高等学校教授	東恩納　淳
27	1933.11.6	爪哇及台湾の茶業	爪哇ジャムー茶園支配人	ホーフェン
28	1934.3.10	暹羅の農業	暹羅農業師範学校長	カシカーン
29	1935.5.15	仏領印度支那事情		横山　正修
30	1935.6.25	パラワン及マンテン州の現状	南洋協会嘱託	三吉　朋十
31	1935.8.6	次高鱒の生活状況に就て	理学博士	大島　正満
32	1935.8.9	南支那の産業	台湾総督府技師	吉良　義文
33	1935.8.16	厦門近情	元厦門領事	塚本　毅
34	1935.8.26	ダバオに関する座談会	ダバオ日本人会長	田熊虎太郎
35	1935.9.5	南洋旅行談	前代議士	篠原　陸朗
36	1935.9.11	シャム事情	台湾総督府事務官	市来　吉至
		南洋雑感	同	西村　高兄
37	1935.10.26	日蘭会商再開に就て	爪哇大信洋行	岡野　繁蔵
38	1935.11.25	社会問題の帰着点		安部　磯雄
39	1936.2.3	比律賓に於ける鉱業の状況	早稲田大学講師	吉原　重蔵
40	1936.2.17	最も邦人に適する高原地農業	南洋協会理事	飯泉　良三
41	1936.4.14	蘭領モルッカス及ニウギニア方面事情	南洋興発サイパン製糖所長	瀬川　幸磨
42	1936.4.23	南洋視察談	台湾総督府殖産局	須田一二三
43	1936.8.26	南洋視察団員招待座談会		
44	1936.9.9	南洋視察談	台湾総督府営林所	玉手　亮一
45	1936.11.12	久し振りに南方諸国を巡る	南洋協会専務理事	井上　雅二
46	1937.3.25	南支呂宗島視察談		増澤　深治
47	1937.5.17	最近の海ující漁業に就て	日本水産会社	國司　浩助
48	1937.5.31	呂宗島視察談	南洋協会嘱託	三吉　朋十
49	1937.7.1	ダバオ事情	ダバオ領事	柴田市太郎
		米比通商会議に就て	マニラ総領事	内山　清
50	1939.10.11	ビルマ事情		国分　正三
51	1939.10.27	蘭印政府の対日態度と邦人の現状	爪哇日本人会会長	矢部　英夫
52	1940.4.26	比律賓事情	マニラ商品陳列所長	森　忠平
		蘭印華僑に就て	南洋倉庫	上野　重利

(『南洋協會二十年史』南洋協会、1935年。『南洋協會雑誌』『南洋』より作成)

るという慣例も、第13回講演会まで継続された。

　昭和期になると、ゴム栽培事情、農業事情、水産業、各国経済事情など産業、経済分野の講演が増え、講演会の実施回数も増加した。1932(昭和7)年に6回、1933(昭和8)年に4回、1935(昭和10)年には10回、翌年にも7回開催された。講師は、農園主や茶園支配人、南洋各地日本人会長など、南洋経験豊かな企業人が目立った。当然のことながら、講演内容は、講師の専門分野である農業、水産業、園芸、経済事情など、視察談より踏み込んだものであった。講演会の他に、南洋各地から台湾を訪問した企業人や、「内地」から視察に訪れた財界人などを囲み、「南洋問題懇談会」「茶話会」と銘打った会を企画し(81)、南方、台湾、「内地」の経済・産業界で活躍する人材の交流を図った。

(4)『南洋叢書』の刊行

　南洋協会台湾支部では協会本部発行の『南洋研究叢書』とは別に、台湾支部独自の調査研究書である『南洋叢書』を刊行していた。第1巻は1918(大正7)年5月刊行の『比律賓群島に於ける護謨栽培』で、『比律賓農事報』1917年第3号所載の論文を翻訳したものであった(82)。台湾支部では、これ以後1929(昭和4)年7月までに、51冊の『南洋叢書』を出版した。

　表2-6は『南洋叢書』の一覧である。調査員は島田弥市や阿部嘉七、原口竹次郎らのように、台湾総督府の技手や事務官である。彼らは南洋各地に出張を命ぜられ、出張先で資料を入手し、それをもとに報告書を作成した。また、南洋協会台湾支部が、南洋各地に関わりのある、たとえばゴム園経営者など日本人実業家に依頼し、実地調査を行ったものなどがあった。翻訳に関しては、台湾総督官房調査課の荒木安宅や原口竹次郎、台北高等商業学校教授室田有などが手がけた。また、台北高等商業学校卒業生で、台湾総督官房調査課に就職し、原口竹次郎の部下となった前川昇や戸田龍雄の名前も見られる。つまり、『南洋叢書』の刊行は、南洋協会台湾支部独自の仕事ではなく、台湾総督府との共同作業だったわけである。

　南洋協会では設立当初から、本部では『南洋研究叢書』を、新嘉坡諸品陳列所では『南洋経済叢書』を刊行し、台湾支部発行の『南洋叢書』と合わせ

表2-6 南洋協会台湾支部『南洋叢書』一覧

巻	書名	発行年月	翻訳	調査	翻訳者または調査者
1	比律賓群島に於ける護謨栽培	1918. 5	○		村社新
2	蘭領スマトラの護謨園	1918		○	樋口寅雄
3	比律賓群島の開発	1919. 5	○		村社新
4	暹羅国の稲作及精米業	1919.12		○	安原亀次(南洋協会支部)
5	ビルマ事情	1920. 6		○	島田弥市(台湾総督府) 越村長次(南洋協会)
6	タワオ地方に於ける開墾事業	1920. 5		○	小原一策(久原農場)
7	比律賓群島に於ける古々椰子	1920. 8	○		田中秀雄
8	蘭領東印度に於ける灌漑大要	1920. 9		○	荒木安宅(台湾総督府)
9	比律賓群島に於ける農業の発達と対米貿易関係	1920. 9	○		田中秀雄
10	海峡植民地に於ける黄麻栽培	1920. 1	○		
11	蘭領東印度の教育制度	1920. 1	○		田中秀雄
12	新西蘭羊業概況	1920.11		○	小出満二(鹿児島高等農林学校)
13	労働者の理想郷たる豪州	1921. 1		○	阿部嘉七(台湾総督府)
14	蘭領東印度に於ける実業教育	1921. 4	○		田中秀雄
15	比律賓と綿作	1921. 4	○		田中秀雄
16	比島ダバオの富源と其開発	1921. 4	○		田中秀雄
17	ブートン島農業経営論	1921. 9		○	芳賀鍬五郎(台湾総督府)
18	比律賓のブリ椰子	1921. 9		○	後藤隆
19	蘭領印度の経済	1921.12	○		後藤改平
20	比律賓群島の米作	1922. 2	○		田中秀雄
21	キャッサヴァの栽培	1922. 4		○	芳賀鍬五郎(台湾総督府)
22	石油生産地としての東方諸国	1922.11	○		後藤改平
23	ウッド総督の教書	1922.12	○		室田有(台北高等商業学校)
24	サイザル及龍舌草	1923. 1		○	加藤清之助
25	布哇に於ける木瓜	1923. 1	○		櫻井芳次郎(台湾総督府)
26	蘭領東印度の産業	1923. 1	○		遠山静二
27	布哇の鳳梨事業	1923. 2	○		遠山静二
28	蘭領東印度貿易大観	1923. 2	○		南洋協会爪哇支部
29	仏領印度支那	1923. 6	○		遠山静二
30	爪哇及マドウラ	1923.10	○		遠山静二
31	世界珈琲大観	1923.10		○	櫻井芳次郎(台湾総督府)
32	スマトラ	1923.10	○		遠山静二
33	セレベス	1923.11	○		遠山静二
34	蘭領ボルネオ	1924. 8	○		遠山静二
35	蘭領ニウギニア及モルッカス諸島	1924. 8			遠山静二
36	蘭領東印度に於ける石油の生産取引状況	1924. 9			原口寛
37	英領ニウ・ギニア	1924. 9	○		原口竹次郎(台湾総督府)
38	南洋各植民地立法制度	1924. 9		○	原口竹次郎(台湾総督府)
39	英領北ボルネオタワオ地方に於ける椰子栽培業	1925. 2		○	鶴仲寿美

巻	書 名	発行年月	翻訳	調査	翻訳者または調査者
40	英帝国領土内に於けるバナナの生産状況	1925. 5	○		原口竹次郎(台湾総督府)
41	英帝国領土内に於ける落花生の生産状況	1926. 2	○		前川昇(台湾総督府)
42	マンゴー	1926. 3	○		
43	英領北ボルネオ要覧	1926. 5	○		戸田龍雄(台湾総督府)
44	比律賓の農業教育	1927. 1		○	井上徳彌(台北師範学校)
45	蘭領東印度に於ける外国人の投資	1926.11	○		
46	英領北ボルネオタワオ地方に於ける椰子栽培業	1927. 3	○		
47	比律賓に於けるコプラ及ココ椰子油の取引	1927. 9	○		長崎常
48	爪哇の糖業政策及糖業機関	1928. 3		○	土井季太郎(台湾総督府)
49	比律賓群島の水産資源	1929. 3			
50	仏領印度支那金融事情	1929. 3		○	田名瀬勝吉(元華南銀行支店長)
51	熱帯地に於ける煙草の栽培法	1929. 7		○	増淵佐平(新嘉坡商品陳列所長)

(『南洋叢書』1巻～51巻、南洋協会。『南支那及南洋調査書目録』台湾総督府官房調査課、1935年より作成)

注)表中の空欄は、資料上でデータを確認できない箇所である。

　て３種類の南洋に関する調査報告書を刊行していた。中でも『南洋叢書』は『南洋研究叢書』が全22巻、『南洋経済叢書』が全８巻であるのに対して全51巻と群を抜いて多く、調査内容もフィリピン、オランダ領植民地、イギリス領植民地を中心に、南洋各地の産業全般を網羅する報告となっていた。また、『南洋叢書』51巻のうち44巻は、大正期に集中的に刊行されている。細かく見ると、1923(大正12)年の10巻が最多で、1920(大正９)年に８巻、1921(大正10)年に７巻で、1920(大正９)年から1924(大正13)年までに全体の７割近くを発刊したことになる。この時期は、台湾支部の会員数が400名を超え、支部の活動が最も充実していた時期である。しかし、これほど多くの調査報告書を支部単独で翻訳、あるいは調査できるとは考えにくく、むしろ台湾総督府からの要請、あるいは台湾総督府との連携によりまとめられたと考えるのが妥当であろう。中村孝至氏も先の論文の中で、官房調査課の調査資料中、公開しても差支えないものを、協会支部刊として実費を徴収し頒布したと述べている[83]。昭和期に入ると台湾総督府と南洋協会台湾支部との境界はさらに曖昧なものとなり、『南洋叢書』39巻以降は、同名の報告書が台湾総督官房調

査課から『南支那及南洋調査報告書』としても刊行されている。

以上のことから、南洋協会が発足時に掲げた会の事業である「南洋ニ於ケル産業、制度、社会其他各般ノ事情ヲ調査スルコト」[84]においては、本部の置かれた東京ではなく、最初に支部が設置された台湾を中心に、活発な活動が展開されていたと見るべきであろう。そしてその活動は、協会独自のものではなく、台湾総督府と密接な関わりをもち、台湾総督府関係者の手によって推進されていたのである。

3. 南洋協会台湾支部の社会的機能
(1) 南洋協会台湾支部の事業の経過と会員数の推移

台湾支部は創立総会において、既に約130名の会員を獲得していた[85]。発足の翌年にはその3倍近い会員数となり、本部の会員数を上回った。1921(大正10)年には400名を超え、大正期を通じて会員300名以上を維持した。台湾支部の事業は、こうした多くの会員に支えられながら、語学講習会、講演会、調査報告書の発行という3本柱で進められた。特に大正期には、語学講習会と『南洋叢書』の刊行が、支部の主要事業であった。

昭和期に入ると、会員数は徐々に減少傾向となり、昭和10年代には100名以下に落ち込んだ。事業の中心は、語学講習会、調査報告書の刊行から講演会へと移った。先細りの感は否めないが、大正期には見られなかった新たな事業を手がけていることは注目に値する。それは台湾という地の利を生かし、台湾の物産品の対フィリピン販路拡張を目的に、マニラ商品陳列所を開設したことである。所長には、台中州産業主事であった森忠平が就任した。台湾総督府は、商品陳列所の開設費として35,500円を南支南洋事業費から支出した。商品陳列所の事業内容ははっきりしないが、物産品の紹介というよりは、フィリピン経済調査や、台比間の経済文化提携に着手していたと考えられる[86]。また、会員数が減少しているにもかかわらず、このマニラ商品陳列所の開設を機に、台湾支部では事務嘱託4名、書記2名、雇員1名の増員を行った[87]。

以上述べてきたように、台湾支部の役割は、大正期と昭和期では大きく異なっていた。大正期は、南洋協会の活動を軌道に乗せるため、本部に先駆けて語学講習会を開催し、台湾総督府との連携により多数の南洋調査報告書を

刊行した。南進を見据えた支部の事業は、台湾島内で活動する官民双方の人々に受け入れられ、多くの会員を獲得した。すなわち、台湾支部に、南洋協会を主導する役割があったと見てよいだろう。昭和期になると南洋協会は、南洋各地に支部を設置し、協会の活動そのものが南洋全域に広がりを見せた。台湾支部では会員の減少が続き、南洋協会の中で突出した存在ではなくなった。しかし、台湾総督府との関係は依然として継続され、商品陳列所の開設の他、台湾総督官房調査課編集の『南洋年鑑』の刊行[88]や「南支南洋」方面の経済調査を実施したのである。

(2) 台湾総督府との関わり

南洋協会は、発足当時から台湾総督府と深い関わりをもち、民政長官であった内田嘉吉が会の副会頭に就任し、財政的にも総督府の支援を受けていた[89]。1919(大正8)年に協会の会頭に就任した田健治郎は、同年10月から台湾総督となり、南洋協会会頭と台湾総督という二役を引き受けた。内田も田も、台湾にいながら東京に本部のある南洋協会の会頭、副会頭という役職に就任していたのである。また、東京の南洋協会本部は当初、台湾総督府東京事務所内に置かれており、台湾総督府関係者の主導により、南洋協会の運営が開始されたことは疑う余地がない。

一方、台湾支部では、初代支部長に内田の後任民政長官であった下村宏が就任し、歴代の民政長官(後には総務長官)がこの職を引き継いでいった。初代副支部長には台湾銀行頭取の櫻井鐵太郎が就任し、1920(大正9)年からは、台湾銀行の中川小十郎が継いだ。しかし昭和に入るとしばらくは欠員となり、昭和10年代には、台湾総督府殖産局長がこの職に就任している。また、幹事長は総督府の局長クラス、幹事には総督府の課長クラスの役人や、三井物産、三菱商事などの台北支店長クラスが就き、任期を終えて内地に帰還すると、その後任者が台湾支部の幹事を引き受けることが慣例化していた。評議員についても同様の傾向が見られた。つまり、台湾支部の役員人事を見る限り、台湾支部を組織し運営してきたのは、台湾総督府関係者であった。台湾支部の事業内容に関しても、これまで述べてきた通り、語学講習会、調査報告書の刊行、講演会開催、そしてマニラ商品陳列所開設など、いずれにしても台湾

総督府との連携、もしくは要請によって実施されてきたのである。
　以上のことから、次の2点を指摘できる。第一に、南洋協会は、設立時にはその活動主体は台湾にあり、少なくとも大正期においては台湾支部の事業が南洋協会の推進力となっていた。第二に、台湾支部の組織や事業内容を見る限り、南洋協会は従来指摘されてきた「半官半民」の性格をもった団体ではなく、「民」の名称をもちながらも、「官」の意向に従い「官」の主導の下で活動する団体であった。

第3節　台北高等商業学校

1. 学生によるアジア調査・研究
(1) 海外調査旅行
　台北高等商業学校で最初の調査旅行が行われたのは、1921(大正10)年3月のことである。参加したのは、開校初年度に入学した1回生28名で、彼らが3年に進級する直前の春に実施された。訪問地は広東、シンガポール、ジョホール、バンコク、サイゴン、香港で、1か月以上に及ぶ長旅であった。
　この長旅は、想像以上に過酷だったようである。引率教官の報告によると、乗船したのは貨物船で、石炭やセメントを積んでおり、設備は充分とはいえなかった。また、宿泊先や講演の交渉は現地で行われ、日程の変更を余儀なくされる慌しい旅行であった。しかし、物見遊山で終わらせまいとする教官の努力と、現地の台湾銀行、三井物産、大阪商船など日本企業の協力により、学生は貴重な体験をすることができた。最初の訪問地広東では、燐寸工業の広東実業公司支配人による「広東商業事情」という講演会を、シンガポールでは商品陳列館長の講演会を、それぞれ高等商業学校側の依頼により開催した。また、マレー半島ジョホールのゴム園やタイの精米所などの見学も、現地の交渉で実現した[90]。
　第1回入学生で卒業後、京都帝国大学に学び、大阪商船に就職しフランス領インドシナのハイフォン駐在員となった荒木潤三は、旅行記の中で印象の強かったシンガポールについて、「何人にも珍しく寫るのは此の地の人種の複雑なこと」であり、「両替商に貨幣の種類の多いことも珍しい」と記している。

第3節　台北高等商業学校　91

　また、多数の精米所があるショロンについては、「此處に於ても支那人が佛人の恐るる暑さを物ともせず」活動し、「八萬五千の安南人が壓伏し利権を吸収して居る」ことに感心している(91)。南洋各地を訪れた中で、ひときわ「南洋華僑」の活躍が目を引いたのである。　このようにして、台北高等商業学校最初の海外調査旅行は、約50日にわたる行程を終えた。以後、資料で確認できる1942(昭和17)年までの22年間に、少なくとも48回の海外調査旅行が行われた。

　表2-7は、台北高等商業学校の海外調査旅行を、一覧にまとめたものである。また、図2-2は、海外調査旅行における訪問地別延べ人数を表わしたものである。図2-2にあるⅠ期～Ⅳ期の表示は、行き先や参加者数などの傾向から台北高等商業学校の海外調査旅行を、4期に分けたものである。Ⅰ期(1～5回)は、海外調査旅行確立の時期にあたり、「南支南洋」方面の調査旅行が充実していた時期である。Ⅱ期(6～9回)は、「北支満鮮」調査旅行への参加者が増加した時期である。Ⅲ期(10～15回)は、海外調査旅行低迷の時期にあたり、旅行記録や報告が少なく、詳細が不明な時期である。Ⅳ期(16～20回)は、調査旅行の充実期にあたる。各訪問地において、日本企業の見学や実業家の講演を積極的に実施し、調査に関しても個人研究テーマ研究日を設定するなど、学生の要望に応える旅行を行った。以下、提示した表や図をもとに、特徴的な事例を見ていく。

　台北高等商業学校は、「我国南方経営の中堅人物育成」を使命とし、「南支南洋我市場」を合言葉としていた(92)ことからわかるように、調査旅行の第一の目的地は南方地域であった。海外調査旅行は、1921(大正10)年から1941(昭和16)年までほぼ毎年、「南支南洋」方面の調査旅行が実施された。第1回調査旅行は、インドシナ半島と中国華南地方に限定されていたが、第2回調査旅行ではフィリピン、ボルネオ、ジャワ、セレベスなど、新たな調査地域を開拓した。また、最初の旅行では手探りだった現地の見学や調査についても、2回目以後は現地の日本企業駐在員や、台北高等商業学校卒業生が案内役となり、単なる物見遊山の旅にならないように工夫したスタイルが定着した。このような計画の下、第1回「南支南洋」調査旅行には28名、第2回旅行には14名の学生が参加した(93)。

表2-7 台北高等商業学校海外調査旅行一覧

回	年	班	期間	引率者	学生	訪問地	印象
1	1921年	1	3/1～4/13	西村信一 松岡辰三郎	2・3年生28名	広東、シンガポール、ジョホール、タイ、サイゴン、香港	新嘉坡「人種が複雑」「貨幣の種類が多い」、ショロン「西貢米の大集散地」「支那人の身心の雄偉」
		2	11/1～11/19	坂田国助	2年生27名	上海、蘇州	上海「同文書院の旅行は要領を得ている」
2	1922年	1	6/10～8/6	吉成鉄雄	3年生14名	マニラ、サンダカン、バタビヤ、サマラン、ジョクジャ、スラバヤ、ソロ、セレベス、香港	マニラ「アメリカ流で大規模」サンダカン「広東人の特性として女がよく働く」バタビヤ「旧市は商業区」「南国の生活は享楽」
3	1923年	1	6/24～8/20	田中載吉	3年生6名	厦門、汕頭、香港、サイゴン、シンガポール、ジョホール、スマトラデリー、メダン、バンコク、広東、マカオ	ジョホール「ゴム、椰子、マンゴスチンの林」メダン「予想外に綺麗な所」
		2	6/24～7/6	新道満	3年生6名	厦門、汕頭、香港、広東	香港「雑踏と喧騒」
		3	6/6～7/12	坂田国助	2・3年生24名	福州、上海、青島、天津、北京、大連、旅順	福州「茶の産出で有名」上海「東洋第一の都会」大連「阿片問題」
		4	12/2～12/17	園田青戸	2年生24名	福州、上海、南京、蘇州	「海と思えば河、河と思へば港、何と云っても支那は大きい」
4	1924年	1	5/25～7/3	坂田国助	3年生10名	香港、広東、サイゴン、バンコク、シンガポール、ペナン、バタビヤ、ジョクジャ、ソロ、サマラン、スラバヤ、セレベス、サンダカン	マカオ「附近は海賊の巣窟らしい」香港「人に恵まれた都会」広東「自然に恵まれた都会」
		2	6/6～7/2	室田有	3年生14名	福州、上海、青島、天津、北京、大連、旅順、撫順、奉天、京城、仁川、釜山	
		3	6/6～6/27	渡邊		福州、上海、南京、蘇州、杭州	上海「大都会、28カ国の人種」蘇州「水の都」杭州「風光絶佳」
5	1925年	1	6/6～7/25	浅香末起	3年生6名	マニラ、サンダカン、バタビヤ、バンドン、ジョクジャ、ソロ、スマラン、スラバヤ、マカッサル	サンダカン「人口の8割は支那人」ジャワ「人口過剰」南洋の支那人「彼等が南洋各地に於て東洋の猶太人として経済的勢力を有するのは亦必然の結果」

回	年	班	期間	引率者	学生	訪問地	印象
		2	6/27〜	内田佳雄	13名	天津、大連、旅順、撫順、長春、ハルピン、奉天、安東、京城	
6	1926年	1	7/9〜9/2	石崎政治郎	3年生8名	サンダカン、バタビヤ、ジョクジャ、ソロ、スラバヤ、スマラン、ペナン、シンガポール、香港、広東、汕頭、厦門	スラバヤ「ジャワの大阪」「卒業生が活躍している」
		2	7/8〜8/1	田中載吉	22名	福州、上海、青島、北京、大連、奉天、旅順、長春、ハルピン、京城	上海「城内は純然たる支那人街」大連「巨大なる商売両側に並立し客足一層繁し」「大連港の将来洋々たるもの」
7	1927年	1	7/3〜9/3	室田有	3年生2名 2年生4名	香港、バタビヤ、バンドン、スマラン、スラバヤ、ソロ、シンガポール、スマトラ、ペナン、バンコク、海南島	香港「優雅な町」バタビヤ「政治の中心」スラバヤ「商業の中心」新嘉坡「十五の銀行業者が有って南洋の金融界を支配」
		2	6/30〜7/	浅香末起	2・3年生30名	大連、旅順、長春、ハルピン	満州「苦力の満州」
8	1928年	1	7/3〜8/15	佐藤佐	2年生8名	タワオ、スラバヤ、スマラン、バタビヤ、バイテンゾルグ、バンドン、ガルー、ソロ、マカッサル、香港	ソロ「夢の都のままさびた都」香港「純欧式の佳麗の都」「支那人と英人との錯雑混沌せる雰囲気」広東「南支貿易に独占的支配権を獲得せんとする支那代表的商人」
		2	7/5〜7/28	遠藤壽三	3年生16名	沖縄、鹿児島、宮崎、名古屋、東京、長野、金沢、彦根、京都	
9	1929年	1	7/8〜9/	江幡義雄	3年生4名 2年生3名	ボルネオ、スラバヤ、バイテンゾルグ、バタビヤ、香港、広東	スラバヤ「珍しき異国情緒に畔う」「植民地銀行、台銀でも華南でももう少し同胞発展の為に尽力する要がある」香港「英国の東洋の策源地」「支那人の商業上の地位は確固たるもの」
		2	7/4〜	石崎政治郎	3年生9名	北支(ハルピン他)	
		3	7/6〜	篠原寛二		内地	
10	1930年	1	7/2〜	長原鉄腸	19名	平壌、京城、仁川他	朝鮮「朝鮮雄飛の企図は無謀だ。我等の市場は南支南洋にある」
		2	7/7〜8/	林茂生	10名	南洋	
11	1931年	1	6/30〜	今井寿男	10名	北支	
		2	7/6〜	尾古禄爾	4名	南支南洋	

回	年	班	期間	引率者	学生	訪問地	印象
		3	7/6〜	なし	3年生	内地	
12							
13	1933年	1	7/10〜8/1	杉浦治七	3年生3名	マニラ、ダバオ、セブ	
		2	7/7〜8/2	成宮嘉造	3年生7名 2年生4名	福州、上海、蘇州、青島、北京、天津、大連、旅順、奉天、撫順、新京、吉林、ハルピン	
14	1934年	1	6/27〜8/	鈴木源吾 王徳欽	13名	福州、上海、蘇州、北京、大連、鞍山、奉天、撫順、新京、吉林、京城	上海「流石国際都市」「帝国軍人の優越性を感じる」大連「異国情緒」
		2	7/8〜7/18	新里栄造	3年生4名	厦門、汕頭、香港、広東	広東「南支に於ける重鎮」「華僑の偉大なる貢献に依って建設された」
15							
16	1936年	1	7/6〜7/29	河合譲	3年生6名 2年生1名 専修科10名	厦門、マニラ、セブ、ダバオ	マニラ「『商工新報』に『臺灣高商の学生團、絶大の歓迎を受く』と題して詳細な記事が出る」セブ「フィリピンの長崎」ダバオ「闘鶏場に興奮」
		2	7/1〜	石橋憲治	3名	海防、ハノイ、サイゴン、バンコク、ペナン、コーランポ、スレムバン、シンガポール、香港、広東、汕頭、厦門	ペナン「華僑の勢力は偉大」スレムバン「ゴム園見学は大きな収穫」馬来半島「百聞一見に如かずを身を以て体験」
		3	7/5〜7/15	松尾弘	16名	厦門、汕頭、潮州、香港、広東	厦門「日本商人の活躍には見るべきものがない」「新興の都市」香港「経済進出第一の足場」
		4	7/14〜8/21	塩谷厳三	3年生1名 2年生1名 専修科3名	香港、タワオ、スラバヤ、スマラン、バタビヤ、バンドン、ジョクジャ、マカッサル	タワオ「日本人第一主義」南洋「将来我々の活躍客体を是非南洋に」「南洋に関する邦人の誤想は第一に気候であり第二に住民である」
		5	7/1〜	佐藤佐	14名	海防、ハノイ、サイゴン、バンコク、アユタヤ	仏印「フランスの政策は保守的」「関税が高く日本人は商売がしにくそう」バンコク「商権は完全に華僑が独占、しかし商品は殆ど日本品」

第3節　台北高等商業学校

回	年	班	期間	引率者	学生	訪問地	印象
17	1937年	1	7/1〜8/4	渡邊進	3年生2名 2年生3名 専修科3名	高雄、海防、ハノイ、サイゴン、バンコク、ペナン、コーランポ、シンガポール、ジョホール、香港、厦門	ハノイ「安南人は知識階級少なく仏の露骨な搾取に喘ぐ」「仏の極端な植民政策」「商権は華僑の掌中にあり、邦商は雑貨貿易商が多い」サイゴン「第二の巴里」バンコク「此処にも華僑の恐るべき勢力」
		2	7/12〜8/17	鈴木源吾	3年生1名 専修科4名	タワオ、スラバヤ、スマラン、バタビヤ、バンドン、ソロ、マカッサル	蘭印「華僑の勢力絶大」「台湾の茶商や製菓工場を見学」タワオ「華僑の対日ボイコットが何等影響ない」「南洋各地邦人と華僑とが互に手を握り合ったならば、必ずや極く自然に親日の實を挙げる」
		3	7/9〜7/30	田淵實	3年生4名 2年生3名	高雄、マニラ、セブ、ダバオ	
		4	7/5〜7/14	津村和夫	3年生6名 2年生2名 専修科5名	厦門、潮州、香港、広東、汕頭	潮州「支那に於ける貨幣制度の複雑さを実感」
		5	7/5〜7/26	佐藤佐	3年生9名 2年生12名 1年生1名	福州、上海、青島、大連、新京、ハルピン、奉天、撫順、平壌、京城	「北支事変の報に接し済南、天津、北平行きは割愛」奉天「満鉄に乗車。日本兵の監視で車窓を見られない」「近代満州文明の香り高く、建設途上の躍進気分にあふれている」新京「中部満州に於ける最要衝の地」
18	1938年	1	7/14〜8/12	石崎政治郎	3年生3名	香港、シンガポール、ジョホール、スレムバン、ペナン、バンコク、アユタヤ	バンコク「目抜通りは支那人の町であるため台北とあまり大差がない」
19	1939年	1	7/16〜7/24	松尾弘		香港、広東	香港「南支の一大門戸」「香港それ自身は消費都市で何等生産品を有しない弱味を持つ」広東「将来築港が実現せば香港の繁栄を奪ひ国際都市として大いに発展をしうる可能性を帯びている」

回	年	班	期間	引率者	学生	訪問地	印象
20	1940年	1	7/10〜8/4	江幡義雄 横田正行	3年生9名 2年生1名 専修科1名	大連、旅順、奉天、新京、ハルピン、京城、釜山	大連「日本人と満支人との間に相当な生活程度の差」旅順「戦跡訪問で感激」新京「新興都市としての旺盛なる生産力が満ち溢れている」ハルピン「優雅な都会」
21	1941年	1	8/12〜10/7	鈴木源吾	3年生4名 2年生1名 1年生1名 専修科3名	バンコク、北部タイ方面または南部タイ方面、ハイフォン、ハノイ	
		2	7/9〜8/5	塩谷巌三 新道満	3年生10名 1年生1名	大連、旅順、奉天、撫順、新京、ハルピン、京城、釜山	「我々の今度の旅行は、国際情勢の激変により、只に旅程変更の止むなきに到ったのみならず、其の見聞せし方面に関しても記述の自由を与えられぬものが多かった。本文が単なる旅行記に終った所以である」「南を語る人間は北を知る必要がある」
		3	7/14〜26	山鹿光世		香港、広東	
		4	7/16〜8/7	小島伊三男 遠藤寿三	生徒15名	上海、南京、鎮江、蘇州、杭州	中支・満州・朝鮮旅行の計画が、軍関係からの注意で満鮮方面は取りやめとなった。上海「租界は人と車の喧騒雑踏の狂想曲」南京「激戦地跡を見学」
22	1942年	1	7/1〜7/23	庄司教授	2年生8名 1年生1名	大連、奉天、撫順、新京、ハルピン、京城	「ハルピンから先に行って本当の満州がわかる」

(出典:台北高等商業学校文芸部編『鵬翼』1〜9号、『南支南洋経済研究會要覧昭和7年』、『南支南洋研究』20〜40号)

注)表中の空欄は、資料上で内容を確認できない部分である。日付が特定できない場合も、空欄になっている。

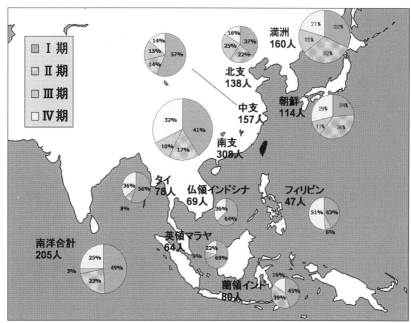

図2-2 台北高等商業学校海外調査旅行地域別訪問者延べ人数

　しかし、3回目以降の旅行からは、「南支南洋」への参加学生数は一桁に止まり、それに替わって「北支満鮮」への参加学生が増加した。その原因は、旅費の負担が大きいことにあった。第4回調査旅行の場合、「南支南洋」方面の旅行日数は40日間で、旅費は一人当たり390円35銭であったのに対し、「北支満鮮」方面は、27日間で133円94銭であった。旅行積立金の115円だけでは不足するため、「南支南洋」の場合は、参加生徒に対し、学校から130円の補助金が支給された。翌年は、日数を48日間に短縮したが旅費は309円13銭で、それほど減額できなかった。学生は、旅行積立金以外の学費を200円近く支払っているため、さらに調査旅行のために数百円を負担できる学生は限られていた。それが、台北高等商業学校調査旅行の看板である「南支南洋」旅行への参加者を、増やせなかった理由に他ならない。もちろん学生も学校側も、資金繰りに策を講じていた。学生たちは、第1回卒業生が立ち上げた南支南洋経済研究会で、1924（大正13）年に研究会活動の補助という名目の基金募集を

行った。しかし効果は見られなかった。学校側は、3代校長豊田勝蔵が1928（昭和3）年、台湾総督府内務局長に就任したことにより、台湾総督府からの補助費2500円を毎年引き出すことに成功した。しかしこれも緊縮政策の煽りを受け、1931（昭和6）年に停止された。1933（昭和8）年にはこれにかわり、台湾銀行第2代頭取柳生一義の死後設立された柳生南洋記念財団から、資金援助を受けることになった。このような調査旅行をめぐる資金不足は、最後まで解消されることはなかった。

しかし、学生の調査旅行にかける意欲や情熱が失われたわけではない。彼らは、調査旅行により次々に成果を発表していた東亜同文書院[94]の旅行スタイルを意識し、それを範とする旅行を期待していた。彼らのそのような思いは、旅行記にも登場した。2期生の山岸新一は、「自由視察は何でも自分の好きなものを研究する事が出来、又、それが徹底する迄やれるから時間と労力が省ける。此點から見ると同文書院の旅行等は要領を得ている。彼等は自分の研究したい方面に向って二人、三人或は五人というやうに別々に旅行する」[95]と記している。学生は、当初から研究のための調査旅行であると自覚していた。

また、実際に南洋の地を踏み、南洋を皮膚感覚で捉えたことの効果は大きかった。第4回南支南洋旅行団に参加した秀島は旅行記にこう、記している[96]。

聞不如見、見不如触とは唯に博物学者の要諦のみでなく吾々ビズネスマンたらんとする者にも又金言である。（中略）足一度び南洋の地を踏み手一度び赤道海流の汐を掬ふとき、今まで吾人の抱いていた南洋なるものが群盲の象に外ならなかったを知った。七十五日間の実地踏査の賜は、今後十年の後二十年の将来に多種多様の方面にいろんな形となって現はれることと思ふ所謂大和民族の南進ていふ形になって。

このように、海外調査旅行に参加した学生は、自分の足でアジアの地を歩き、アジアの空気を感じながら、南方経営にあたる人材となることを描いていたのである。

「南支南洋」方面への調査旅行が新たな展開を見せるのは、Ⅳ期の南進国策化以降である。1936(昭和11)年の調査旅行は5班編成で、「南支」は1班のみ、「南洋」はジャワ・ボルネオ、フィリピン、タイ、マレー半島の4班であった。「北支満鮮」方面への旅行は、戦況の変化などにより実施されなかった。引率教官はジャワ・ボルネオに塩谷巌三、フィリピンに佐藤佐、マレー半島に石橋憲治、「南支」方面に松尾弘など、「南支南洋」研究に実績のある者が同行した。翌年の調査旅行も同様の5班編成で、その行き先は「南支」1班、「南洋」3班、「中北支満鮮」1班であった。このように国策の変化に対応して拡大した海外調査旅行も、戦況の変化のため1938(昭和13)年以降は大幅に縮小することになり、それぞれ1班のみの派遣となった。

以上見てきたように、台北高等商業学校の海外調査旅行は、開校3年目から少なくとも22年間継続して実施された。規模や質は時期によって様々ではあったが、台湾という地の利を生かした台北高等商業学校最大の事業であった。そして、海外調査旅行を核として報告会や巡回講演会、展覧会などが開催され、各種事業を通じて学生たちの台湾認識や「南支南洋」認識が形成されていった。これに関しては、後述する。

一方、「内地」の高等商業学校においても、海外調査旅行は実施されていた。たとえば山口高等商業学校では、1907(明治40)年に第1回「満韓」修学旅行を開始し、以後、1、2年生は「内地」旅行、3年生は「満韓」旅行を実施した。3年生の旅行は30日間程度の行程で、参加者は中国、朝鮮各地の商店や工場を見学し、実業界各方面の講演を聞いた。しかしこの形の修学旅行は1921(大正10)年で廃止となり、その代わりに夏季休業中、学生が自由旅行を行うことになった。また、1916(大正5)年の「支那貿易科」設置に伴い、同科の学生数名を「中北支」「南支台湾」「満洲朝鮮」などに派遣した。いずれも山口高等商業学校にとって、それほど大きな事業にはなり得なかった[97]。長崎や彦根、神戸などの高等商業学校でも、同種の調査旅行は実施された。その中で「南支南洋」方面に足を延ばしたのは神戸高等商業学校[98]など数校で、規模や継続性からすると、台北高等商業学校には及ばなかった。つまり、「南支南洋」調査を目的とする高等商業学校の旅行としては、地の利を生かした台北高等商業学校の旅行が、規模や質において群を抜いていたといえるの

である。

(2) 1・2年生の台湾島内調査旅行と島内経済調査隊

　台北高等商業学校では、主に2、3年生を対象とした海外調査旅行の他に、1、2年生を対象に台湾島内の調査旅行が行われた。島内調査旅行の最初の記録は1922(大正11)年のもので、2年生30名が宜蘭へ、1年生が澎湖島方面と日月潭方面へ出かけた(99)。

　日月潭行きは、日月潭と埔里を訪問する4泊5日の旅行で、電力会社の見学と霧社事件関連の地を歩くものであった。一方、澎湖島行きは基隆、澎湖島、高雄、台南、嘉義、台中を経由して台北に戻る5泊6日の旅行であった。学生たちは台湾島内の名所旧跡だけでなく、嘉義製材所をはじめ高雄の税関、浅野セメント、台湾製糖会社などを見学した。彼らは島内の農産物が豊富であることに驚き、商魂たくましい台湾人の姿に眼を留めた。参加学生の一人は「本島人の方が商売は内地人より遥かに景気がよい。彼らは生活費を省いて大いに商品の廉売を励行しているのだ」という感想を残している(100)。このような台湾島内の名所旧跡見学と、台湾経営の基幹産業である砂糖やセメントなどの工場見学を組み合わせた1、2年生向けの旅行はほぼ定着し、大多数の学生が参加した。学生たちは、入学当初描いていた「南支南洋」に立つ夢を、なかなか実現できないでいた。しかし、少なくとも台湾島内については、自分の足で歩き、台湾を体感した。この体験が、彼らの就職活動に影響を及ぼすことになる。

　1930(昭和5)年になると、新規事業として、学生の島内経済調査隊による調査が始まった。調査隊員は、いずれも1年時に島内旅行に参加した2年生で、冬季休業を利用し、台湾島内の経済産業調査を実施する、というものであった。第1回調査隊で派遣された学生は5名で、調査内容は台湾の水産業調査が2名、地域調査2名、工業調査1名で、調査結果は翌年、「本島経済事情調査報告書」として刊行された。第2、3回調査隊は夏季休業中に行われ、それぞれ6名の学生が参加し、同様の報告書を作成している(101)。その後、この島内経済調査隊が毎年実施されたのかどうか、はっきりしない。しかし、島内調査旅行は、昭和期にも継続されており、学生たちの台湾認識形成に、有

効であったと考えてよいだろう。

(3) 南支南洋経済研究会

これまで述べてきた海外調査旅行や島内経済調査隊の実施をはじめ、台北高等商業学校の教育課程以外の諸事業を主催、後援していたのは、校内に設置された南支南洋経済研究会である。この研究会は1922(大正11)年2月、当時の3年生が発起人となり、「南支南洋ニ関スル経済及其ノ他ノ事項ニ関スル調査研究」を目的として発足した。南方進出遂行の時期に、なぜ調査研究なのか。趣意書は次のように述べている(102)。

> 苟も言語人情を異にし風俗習慣を同じうせざる未知の異域に在りて事業を経営せんとするや其の覚悟を研めざる可らず。調査研究を度外視し驀進猪突して一攫千金を夢みるの冒険者流は吾人の採らざる所なり。夫れ調査研究は実行の基礎なり。

つまり、南支南洋経済研究会は、南方発展の基礎を確立するために調査を重ね、研究報告会、巡回講演会、南支南洋展覧会などを開催し、機関誌『南支南洋研究』を刊行したのである。

島内各地で、調査・研究の成果を発表する巡回講演会は、1924(大正13)年に始まった。これは学生と教官が海外調査旅行や島内調査、学理研究の成果などを島内各地で講演するというものであった。第1回講演会開催に先駆けて校内では、研究会と言論部の共催による予選大会が行われ、12名の出演者から6名の巡回講演者が選出された。この6名に教官2名を加えた8名が、台北、台中、台南、高雄で講演を行った。8本の報告のうち4本が、学生による海外調査旅行の報告であった(103)。翌年には、「南洋デー」と題する講演会を開催した。講演は3本で、映画、中国語の合唱、南洋音楽演奏などを組み合わせた、南洋を宣伝広告するという色彩の強い講演会だった(104)。また、この年から懸賞論文の募集も始まった。これは、教官が出題した論題に対して、学生が論文を応募し、出題者が審査するというものであった。教官の間では、懸賞論文が学生の学術研究を深めるとして支持されたが、論題は教官の専門

分野に偏っていたため、実際に投稿する学生は少数にとどまった(105)。

以上述べたように、南支南洋経済研究会設立当初の活動は、各種事業を通じて一般社会に南方地域を宣伝し、南方への経済発展の必要性を主張するという積極的なものであった。「内地」の高等商業学校においても、山口高等商業学校の東亜経済研究会や、彦根高等商業学校の海外事情研究会など、同種の調査・研究機関が設置されている。高等商業学校の調査・研究機関として最も歴史の古い山口の東亜経済研究会は、「東亜に於ける経済事情を調査研究」する目的で教官が設立した。この研究会は、研究発表と研究叢書の刊行を中心事業として活動し、1928(昭和3)年には組織を改正して、公設の調査機関である東亜経済研究所となった。調査・研究内容を台北高等商業学校の南支南洋経済研究会と比較すると、東亜経済研究会の方が質、量共に上回っている。しかし、南支南洋経済研究会には、「内地」の高等商業学校の調査・研究機関にはない特色があった。それは、学生主導の組織であることと、台湾が南方発展の拠点であることを内外に啓蒙するという役割を果たしていた、という点にあった。これは同時に、将来、台湾経営にあたることになる学生自身に、台湾の存在意義を認識させる意味で、一定の効果をもったといえるだろう。

2. 教官によるアジア研究・調査
(1) 教官の地域研究と学生指導

台北高等商業学校は、「内地」の高等商業学校同様、教員の多くは東京高等商業学校出身で、学理研究の指向が強かった。しかし、開校当初から「南支南洋経済事情」や「台湾事情」「植民政策」などの教科を担当した教官は、台湾総督府の在外研究員制度や海外調査旅行の引率の機会を利用し、地域調査や研究を進めていた。

開校3年目から「南支南洋経済事情」や「台湾事情」を14年間担当した坂田国助は、台北高等商業学校の「南支南洋」調査を推進し、学生に調査・研究の技能を教授した教官の一人である。坂田は山口高等商業学校出身で、京都大澤商会神戸支店、香港支店や、大正貿易商会で、貿易業務を担当していた。1920(大正9)年より台湾総督府財政局金融課調査課嘱託として台湾に渡

り、1921（大正10）年に台北高等商業学校助教授となった。1928（昭和3）年からは台湾総督官房調査課嘱託を兼任し、香港やオランダ領東インド、イギリス領マレーなどに2か月余り滞在して調査を行った。その成果は、報告書という形で台湾総督府に提出されたほか、論文として『南支南洋経済研究』や『南邦経済』に発表された。その一方で授業では、「南支南洋経済事情」などの他、「支那語」「簿記」「商業文」「税関と倉庫」など実践的な科目も担当した。また、第1回海外調査旅行から3回、引率教官として学生の指導にあたっている。1、2年生対象の島内旅行にも出かけている。坂田は研究者というよりは、貿易関係の実務経験豊富な調査員であり指導者であって、台北高等商業学校の教授陣の中では異色の存在であった。

　坂田とほぼ同時期に、「南支南洋経済事情」や「植民政策」などの科目を担当していたのは、浅香末起だった。浅香は坂田と共に南支南洋経済研究会の発足を建言し、調査研究事業の中心となって報告会や講演会、機関誌の刊行などの遂行にあたった。研究会設立当初、機関誌である『南支南洋経済』に浅香が寄せた「南支南洋発展の真義」と題する巻頭言には、

　　南支南洋は此我国経済力の発展のために絶大の価値を有するのである。商
　　工立国の国是を全うすべき手段として南支南洋対我国の経済関係の発達は
　　最も有効である。

とある。そして日本の南方地域への経済発展には、原料輸入の問題、原料加工の問題、日本商品の需要喚起の問題などがあり、これらの問題解決のために「先づ南支南洋経済事情を詳細に知悉」し、「調査研究成って後始めて我々は自ら南支南洋に赴きて其実現に従事すべき」であると述べている[106]。このように調査研究の必要を説いた浅香は、自らも南方地域の経済事情や植民政策を専門とする研究者だった。彼はイギリス領マレーとオランダ領東インドへ調査研究のため長期出張し、後に『植民及び植民地の意義』や『爪哇経済界の現況と印度の原始産業並に其の取引概況』を出版した他、『南支南洋研究』や『台湾時報』に植民政策に関わる論文を発表した。1923（大正12）年に渡台して7年間、開校初期に「南支南洋」調査研究の基礎を築いた浅香は、

1931（昭和6）年、東京商科大学に教授として転出した。

　開校初期、坂田や浅香などから南方事情に関する調査研究の指導を受けた学生の中から、彼らの後継者に当たる人物が輩出した。浅香の転出に伴い採用された鈴木源吾と、坂田の代わりに採用された塩谷巌三である。鈴木源吾は1925（大正14）年に台北高等商業学校を卒業後、台北高等商業学校嘱託兼台湾総督府在外研究員となり、アメリカに留学して学位を取得した。帰国後、名古屋商業学校に勤務した後、1930（昭和5）年に母校の教官として再度台湾に渡った。

　塩谷は、1926（大正15）年に卒業し、高砂商店勤務を経て台湾総督官房調査課に採用された。1930（昭和5）年にはジャワに1年間留学し、オランダ語やオランダ領東インド事情を学び帰国した。1934（昭和9）年、母校の教官に迎えられ、「南支南洋」関連科目担当の中心的役割を果たすことになった。また、塩谷は台湾総督府外事課嘱託を兼任し、熱帯産業調査会にも参加した。校内では、貿易専修科の運営の責を担い、教育と調査研究に精力を注いだ。彼の研究成果は、調査課職員時代に編集した『南洋年鑑』をはじめ、『南支南洋研究』や『台湾時報』、『南邦経済』に多数発表されている。研究内容は、オランダ領東インドの植民政策や、ジャワ糖、日蘭会商など、オランダ領東インドの経済調査・研究を専門分野としていた。やがて軍部主導による南進政策が加速し、ジャワ島が日本にとり最も重要な経済的価値をもつ地域として位置づけられると、彼は「ジャワ栽培企業管理公団」嘱託として半年間、ジャワに赴任することになる。これは、彼が台湾で屈指の南方経済の専門家として認知された、ということに他ならない。

　鈴木や塩谷の他に、台北高等商業学校教官に採用された後、在外研究員として数か月間、南方地域で調査研究に従事し、タイの産業や日タイ関係を専門分野とする奥野金三郎や、マレー半島やフランス領インドシナの経済事情を専門分野とする松尾弘などが、「南支南洋」の調査・研究を推進した。

　以上述べたように、開校当初から「南支南洋経済事情」など、南方地域に関する学科目を担当した教員が、「南支南洋」調査・研究の推進力となった。そしてそれは、卒業生が母校の教官となり継承されていったのである[107]。

(2) 研究調査課と南邦経済学会

　前述のように、講師や嘱託を含め30名近い教官の中で、「南支南洋」方面の経済や産業を専門とする教官は、ごく少数であった。そこで、南方地域の経済事情に関する学科目の内容充実のため、1930（昭和5）年、校内に調査課が設置された。調査課の事業の中心は、教官の調査・研究活動にあった。まず1931（昭和6）年から毎年、教官を数か月間「南支南洋」方面に派遣し、実地調査や研究の機会を提供した。前述した鈴木源吾のフィリピン出張や、塩谷巖三の南方方面出張は、これにあたる。また、本島及南洋商品の充実をはかり、商品陳列館を整備して一般公開した。

　さらに1932（昭和7）年には、教官の学術研究団体として、南邦経済学会が設立された。この年は、南支南洋経済研究会設立10周年にあたり、これを区切りとして教官の学会を独立させたものである。学会の研究活動は、座談会と学会誌の刊行であった。座談会は、教官の研究発表の場で、随時開催された。「南支南洋」を領域とする座談会は、1942（昭和17）年までの10年間に20回に及んだ。これらの研究発表は、学会誌である『南邦経済』に掲載された。『南邦経済』は1932年に1巻1号を創刊し、翌年からは毎年2回刊行した。鈴木源吾や塩谷巖三をはじめ、吉成鉄雄、松尾弘、石橋憲治など「南支南洋」や満洲・朝鮮の経済、産業を専門分野とする教官が、ほぼ毎年のように論文を投稿した。

　以上述べたような調査課や学会の設立は、「南支南洋」調査・研究を促進することに貢献した。全教官に占める「南支南洋」調査研究を専門領域とする教官の割合は、開校初期と比較して倍増した。南進国策化という時局の展開に合わせて、スタッフを増員し、調査旅行や教授科目を充実させていったのである。次項では、調査・研究の成果がどのような形で発表されたのかを見ていく。

3. 調査・研究の成果

　学生及び教官の調査・研究の成果は、校内に設置された研究会の機関誌や、台湾総督府発行の『台湾時報』などに発表された。校内には、学生主導の調査・研究機関である南支南洋経済研究会発行の『南支南洋研究』があり、在

学中の学生と教官に加えて、卒業生も投稿できた。1927（昭和２）年、第６期生からは、３年間の調査研究の集大成として、卒業論文を提出することになった。

まず、『南支南洋研究』の内容を見ていく。創刊号は『南支南洋経済』と題し、1923（大正12）年８月に発行された。掲載論文は４点で、教官２名と学生２名で、内容は「南支南洋」の経済事情に関わる研究であった。以後、1929（昭和４）年に名称を『南支南洋研究』と変えてから、1943（昭和18）年５月までに、40冊を刊行した。このうち教官の海外長期出張報告書が９冊、島内経済事情調査隊報告集が３冊、翻訳が３冊、10周年記念号を含めた25冊が、教官と学生の投稿論文や海外調査旅行記で構成されていた。投稿論文総数は117本、それに島内調査隊報告論文と教官の報告書を加えると144本で、研究対象地域別の内訳は、表2-8の通りである。

表2-8から、台湾及び「南支南洋」を対象とした論文が、全体の63％を占めていることが確認できる。さらに研究分野の内訳を見ると、台湾や「南支南洋」を対象地域とした論文では、経済、産業方面が最も多く、歴史、民族、社会全般など多方面にわたっていたことがわかる。

次に、教官の学術研究団体南邦経済学会の機関誌『南邦経済』の内訳を見ていく。『南邦経済』は、1933（昭和８）年に１巻１号が発行され、1943（昭和18）年の11巻２号まで、全21冊が刊行された[108]。確認済みの16冊中の掲載論文は90本、資料紹介が12本で、これらを研究対象・研究分野別に分類すると表2-9のようになる。

『南邦経済』の投稿論文においては、経済学や財政学などの学理研究が54％を占め、地域研究は全体の37％である。地域を台湾、「南支南洋」に限定すると22％にすぎない。ただ、だからといって学内の教官の研究が学理優先であったとは結論できない。というのは、『南邦経済』に論文を投稿した教官は、11年間で28名であり、限られた教官が、繰り返し研究成果を発表していたからである。投稿本数の多い教官は、学理研究においては杉浦治七、河合譲、田淵實らであり、実地調査に基づいた地域研究は、塩谷巖三、吉成鐵雄、石橋憲治、松尾弘、佐藤佐らであった。「内地」の高等商業学校では、圧倒的に学理研究優先であったのに対し、台北高等商業学校では、地域研究も学理研究

同様、教官の研究領域として重視されていたといえるだろう。

　次に、学生の卒業論文について述べる。教育課程に卒業論文にあたる「研究指導」が組み込まれたのは、1940(昭和15)年の教育課程改定時であった。しかし実際には1927(昭和2)年、第6期生から卒業論文を提出していた。卒業論文は、文字通り3年時の必修科目であった。学生たちは週35時間の学科目や調査旅行、巡回講演会など、南支南洋経済研究会の活動などで多忙な中、卒業論文を執筆しなければならなかった。現在確認できる卒業論文は、6期生(1927年卒業)から23期生(1943年卒業)までの1455点である。このうち台湾を研究対象とした論文が187点、「南支南洋」122点、「中北支」108点、満州21点で、地域研究を論文のテーマに選択した学生は、全体の約30％であった。表2-10は、台湾と「南支南洋」を対象地域とした卒業論文の年代別集計である。

表2-8 『南支南洋研究』掲載論文地域別内訳

	台湾	南支南洋	中国	日本	その他	旅行記
投稿論文　117	16	52	18	2	4	25
研究分野別内訳	経済6 産業5 社会4 法制1	産業15 対日関係14 社会10 経済10 歴史3	社会8 経済7 日中関係1 政治1 産業1	政治1 経済1		南支南洋15 中北支3 満鮮7
島内経済調査隊報告	17					
教官の研究報告	1	5	3	1		
合　計	34	57	21	3	4	25

注) 地域別分類は、『南支南洋研究總目録』による。

表2-9 『南邦経済』掲載論文・資料紹介分野別分類

	経済	財政	法律政治	社会	文化	台湾	南支南洋	中国	欧米
投稿論文	48	27	8	3	3	15	14	11	9
資料紹介	14	2	0	1	0	1	1	0	0
合計	62	29	8	4	3	16	15	11	9

注) 研究分野別分類は、『南邦経済』1巻1号～11巻2号目次を参照した。

表2-10 台北高等商業学校卒業論文における台湾・南支南洋研究件数

卒業年	1927	1928	1929	1930	1931	1932	1933	1934
論文数	56	77	63	122	130	65	76	60
南支南洋研究	6	4	3	6	2	2	0	1
台湾研究	15	15	8	30	8	11	8	9

　台湾を研究対象地域として選択した学生数には、多少のばらつきはあるが、1920年代から1940年代まで、毎年10人前後確認できる。それに対し、「南支南洋」を選択した学生は、1940年代に集中しており、1930年代前半は低迷している。これにはいくつかの要因がある。まず、台湾については、大正期から開始した1、2年生を対象とした島内調査旅行や、昭和期に新規事業として導入された島内経済事情調査隊、巡回講演会の影響が大きかった。台北高等商業学校の学生の大多数が、正規の学科目として「台湾事情」を学び、台湾島内調査旅行に参加している。糖業などの産業や、電力会社関係をはじめ台湾の実業界で活躍する人物に、直接面会する機会も少なくなかった。また、台湾島内で台湾関係資料を収集するのは容易であったから、研究対象として台湾を選択するのはごく自然であった。「南支南洋」については、海外調査旅行の影響や、「南支南洋経済事情」などの学科目を担当する教官の努力もあり、1920年代には平均5名程度の学生が研究対象に選択している。しかし1930年代に入り、「南支南洋」関係学科目担当者の交代や、「南支南洋」方面調査旅行への参加者の減少などが影響し、「南支南洋」への関心が薄くなった。満洲事変以後、「満鮮」方面への関心が高まったこととも関連性はあるだろう。それが南進国策化の1936（昭和11）年以降は、再び研究対象として浮上し、日本がフランス領インドシナに進駐して以降、増加する。1936（昭和11）年から海外調査旅行で「南支南洋」方面が充実したこと、貿易専修科が設置されたこと、母校に赴任した塩谷、鈴木など教官の熱心な指導も要因としてあげることができるだろう。

　以上述べてきたように、台北高等商業学校では、学生・教官の調査研究の成果を発表する場が、複数用意されていた。そして、正規の学科目や海外調査旅行、日本をめぐる国際情勢や国内世論などに影響を受けながら、大正・

1935	1936	1937	1938	1939	1940	1941	1942	1943	合計
77	76	66	75	65	70	145	116	116	1455
0	4	3	3	3	10	19	30	26	122
4	17	11	9	8	8	12	4	10	187

　昭和期を通じて、台湾や「南支南洋」方面の地域調査研究に熱心に取り組む教官や学生の姿があったことが確認できた。それは、「内地」の高等商業学校が学理研究重視の傾向にあったのとは対照的で、台北高等商業学校の特色である。台湾総督府は、海外調査旅行や教官の地域調査を奨励し、調査研究の成果を台湾総督官房調査の業績としていった。そして昭和期には、台北高等商業学校の卒業生を官房調査課の職員に採用し、調査業務を担当させるのである[109]。学生時代に調査や研究の基礎を学んだ人材が、官房調査課の原口竹次郎統計官のもとで活躍した。つまり台北高等商業学校は、調査機関として機能しただけでなく、台湾総督官房調査課の調査活動を、人的交流の面から支えたのである。

第4節　台湾総督官房調査課と諸機関・団体との相関関係

　相関関係について述べる前に、昭和初期、台湾総督官房調査課に調査報告書を提供した華南銀行について触れておきたい。
　華南銀行は、台湾や「南洋」の有力者及び台湾銀行の主唱により、1919（大正8）年3月、台北で開業した。同行は「日支」合弁の銀行で、「南洋」各地の華僑や、中小の日本人企業家に対する資金供給を事業目的としていた[110]。開業2年目には、広東、シンガポール、スマラン、サイゴン、ラングーンに支店を開設している。開業当時から設置された調査課では、台湾銀行同様、営業拡大を目指した経済・産業調査を実施し、1941（昭和16）年までに『華銀調書』を92輯刊行した。台湾銀行の調査との相違点は、調査対象地域が限定的で、地域に細分化した精緻な調査だったところである。調査対象地域としては、イギリス領マレーとオランダ領東インドを中心に、イギリス領とオラン

110　第2章　台湾島内の機関・団体のアジア調査

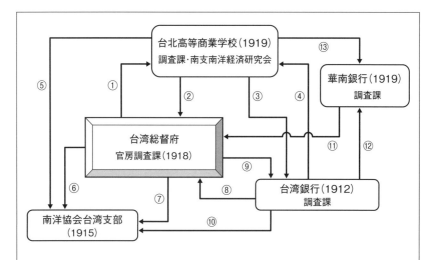

①初代課長が校長に就任。その後も、総督府官僚が校長や教官に就任。
②教官が調査課嘱託になり、南支南洋に派遣。卒業生が官房調査課に就職。
③台北高商卒業生が台湾銀行に就職し、調査を担当。
④台銀の「南支南洋」各支店が台北高商海外調査旅行の世話役になった。
⑤台北高商の教官が支部会員となり、講演会の講師などを務めた。
⑥台湾支部の支部長に民政長官が就任。役員に総督府関係者。
⑦官房調査課と共同で調査報告書を作成しその一部を「南洋叢書」として頒布した。
　『南洋年鑑』刊行。
⑧官房調査課に先駆けて「南支南洋」調査を実施し、官房調査課に資料を提供。
⑨台銀に「南支那及南洋施設費」を出資した。
⑩台湾支部の副支部長に台銀頭取が就任。幹事にも台銀役員が参加した。
⑪華銀調書の一部が「南支那及南洋調査」として刊行された。
⑫台銀柳生元頭取や中川頭取が設立に尽力。
⑬台北高商卒業生が就職。南洋方面の駐在員や調査を担当。

図2-3　台湾総督官房調査課と島内諸機関・団体との相関関係

ダ領だけで8割を占めた。そしてイギリス植民地の場合でいうなら、「ケランタン州事情」(111)「トレヌガヌ州事情」(112)「パハン州事情」(113)のように、州別の経済事情を報告した。調査内容は、「南洋」各地の日本人事業に関する調査報告が圧倒的に多く、『華銀調書』92輯中31輯で、全体の33％を占めた。さらに詳細を見ていくと、栽培事業、特にゴム栽培関係が多く、漁業や貿易商、雑貨商に従事する日本人の実態にも言及している。この点は、台湾銀行調査と異なる華南銀行調査の特色といえるだろう。ただし台湾総督官房調査課は、細分化された地域の調査報告には関心を示さず、『華銀調書』の中で、「英領北ボルネオ事情」(114)や「馬来半島に於ける邦人ノ経済的発展ニ就テ」(115)など、地域全体の経済事情を総括した資料を、『南支那及南洋調査』の資料として採用した。

このように、台湾総督官房調査課に提供された華南銀行の調査報告書は、台湾銀行調査報告書同様、台湾総督官房調査課のフィルターを通して、重要性が高いと判断されたものが、官房調査課の調査報告として刊行されたのである。

最後に、台湾総督官房調査課と、台湾銀行、南洋協会台湾支部、台北高等商業学校、華南銀行との人的物的相関関係を整理する。図2-3は、各機関・団体相互の関係を図示したものである。すでに前章で台湾総督官房調査課と各機関・団体との関係については論じたので、ここでは官房調査課以外の機関相互の関係に触れておく。

台湾という「内地」から海を隔てた地において、植民地経営に関与した機関や組織、学校などの間で、相互の人的物的交流が盛んであったことは容易に推察できる。というのは、限られた人材や物的資源を共有しなければ、組織が機能しないからである。ここに示したのは、その相互の関係性をあらわす人とものの動きである。たとえば、台北高等商業学校と台湾銀行調査課とは、主に人的交流で結びついている。台北高等商業学校の卒業生は、1922(大正11)年から毎年、台湾銀行に就職している。中には、台湾銀行調査課に配属となる者や、南方の海外支店に派遣された者もあった。一方、台湾銀行から台北高等商業学校へのラインでは、台湾銀行の「南支南洋」各支店の行員が、海外調査旅行の世話役になるなど、「南支南洋」各地での交流が活発に行われ

ていたことが確認できる。また、台湾銀行の行員が、台北高等商業学校主催の講演会に、講師として招かれるケースもあった。

　台湾総督官房調査課は、このように台湾島内の各機関・団体と意図的に連携して、情報の共有化を図り、「南支南洋」情報を蓄積していったのである。官房調査課単独ではなく、島内の機関・団体と連携した組織的な動きができたからこそ、調査は持続可能であったといえるだろう。

註
(1)　台湾協会は1897(明治30)年に設立された団体である。台湾協会の活動の一つに啓蒙調査活動があり、その方針は会頭である桂太郎台湾総督の南進論を基盤としていた。従って調査範囲は台湾島内だけでなく、「対岸」や中国南部にまで及んでいた(上沼八郎「台湾協会とその活動」『台湾協會會報別巻』ゆまに書房、1988)。
(2)　台湾教育会は、1901(明治34)年に設立された。事業の一つに教育視察員の派遣があり、海外教育事情に関する情報を収集し、『台湾教育雑誌』に掲載した。
(3)　1906(明治39)年創立の台湾農友会は、台湾や南方地域を対象とした農業、農産物情報を収集した。
(4)　南洋協会の概要については、南洋協会編『南洋協會十年史』(1925年)及び南洋協会編『南洋協會二十年史』(1935年)を参照した。
(5)　台北高等商業学校のアジア調査及びアジア地域研究の成果や意義に言及した先行研究は、管見の限りでは中村孝志氏と後藤乾一氏だけである。
(6)　「内地」に設置された高等商業学校の海外調査旅行に関する研究には、次のものがある。
　　　阿部安成「彦根高等商業学校における学知の集積」(『彦根論叢』359、滋賀大学経済学部、2006年)、同「大陸に興奮する修学旅行―山口高等商業学校がゆく「満韓支」「鮮満支」―」(『中国21』29、愛知大学現代中国学会、2008年)、松重充浩「戦前・戦中期高等商業学校のアジア調査―中国調査を中心に」(『岩波講座「帝国」日本の学知6』岩波書店、2006年)。
(7)　「臺湾銀行開設ニ關スル書簡寫　児玉總督ヨリ大蔵次官宛」明治31年7月(『後藤新平文書』7-53、国立国会図書館憲政資料室蔵)。
(8)　「臺湾銀行開設ニ關スル書簡寫　長官ヨリ同官宛」明治31年7月(『後藤新平文書』7-53)。
(9)　台湾銀行の設立経緯については、波形昭一『日本植民地金融政策史の研究』

(10) 『臺灣銀行二十年誌』(台湾銀行、1919年) p.437、p.442。
(11) 『臺灣銀行十年志』(台湾銀行、1910年) p.451〜p.452。
(12) 江崎真澄「柳生先生と小生」(清水孫秉・大野恭平編『柳生一義』1922年)。
(13) 水野泰四郎「眠れる國民を覚醒するの急」(清水・大野編同上書)。
(14) 黒葛原兼温「士魂商才の柳生さん」(吉野小一郎編『柳生一義を憶ふ』1932年) 黒葛原は、「世人の未だ着眼しなかった時代に、既に是等地方の詳密なる調査を為さしめ、着々経営を進められ、先進の同業者を瞠若たらしめた」と回想し、自らも参加した調査の意義を述べている。
(15) 三巻俊夫「其れは君が悪い」(清水・大野編前掲註(12)書)。
(16) 清水孫秉「柳生先生を憶ふ」(吉野編前掲註(14)書)。
(17) 清水孫秉による調査報告書は次の22編である。
「我國貿易ノ大勢竝南支南洋貿易事情」(1911年11月)、「臺灣外國貿易竝臺灣南清南洋貿易關係」(1911年12月)、「圓銀問題ニ關スル参考書」(1912年2月)、「九江調査報告書」(1912年5月)、「日清銀行設立案ノ沿革」(1912年7月)、「對岸ニ於ケル資金吸収ノ方法」(1912年7月)、「臺灣農工銀行ニ關スル調査」(1912年9月)、「臺灣金融概況」(1912年12月)、「商品擔保ト金融ニ就テ」(1913年1月)、「本邦ニ於ケル砂糖價格ノ變動ト砂糖消費高ノ消長」(1913年6月)、「砂糖、米、茶ニ關スル調査書」(1913年9月)、「日支合辨事業ニ關スル調査」(1914年1月)、「護謨事業ニ關スル調査概要」(1914年4月)、「護謨事業ニ關スル調査書」(1914年5月)、「南洋出張復命書」(1914年5月)、「南支那及南洋ニ於ケル綿糸布綿製品輸入状況」(1914年5月)、「南洋出張復命書補遺」(1914年6月)、「赤糖製造業ノ將來ニ就テ」(1914年7月)、「海峡植民地及爪哇ノ貿易」(1914年7月)、「支那ニ對スル金融機關設立ニ關スル案」(1915年1月)、「臺灣ト糖業ト金融トノ關係」(1915年3月)、「蘭領東印度關税率調」(1915年3月)。
(18) 川北幸寿による調査報告書は次の9編である。
「上海ノ通貨調」(1911年3月)、「上海金融機關」(1911年5月)、「對岸ニ於ケル資金吸収ノ方法」(1912年7月)、「臺灣糖業ノ原料問題」(1913年7月)、「本島ト内地トノ製糖純益分配割合調」(1914年1月)、「臺灣赤糖ニ關スル調査」(1914年3月)、「原料糖價格協定破談ト影響ト其善後策」(1915年1月)、「福建省及比律賓ニ於ケル米ノ需給ト臺灣米ノ輸出ニ關スル調査」(1915年1月)、「臺灣酒精製造業ニ關スル調査」(1915年5月)。
(19) 益子逞輔「南支那」(1912年12月)、「中部支那」(1913年10月)、「江西ノ通貨」

(1913年11月)。
(20) 『朝鮮銀行二十五年史』(朝鮮銀行、1934年)。
(21) 『朝鮮銀行畧史』(1960年) p.25。
(22) 朝鮮銀行調査局編『第一次朝鮮銀行年鑑』(朝鮮銀行、1917年) p.263。
(23) 「調査室調査書類目録」(『勝田家文書』第57刷-31、国会図書館憲政資料室所蔵)。
(24) 清水・大野前掲註(12)書や『臺灣銀行四十年誌』には、大正7年までに358種の報告書を刊行したと記されている。おそらくこれは台銀独自の調査による報告書の実数で、柳生頭取時代に企画されたものと思われる。大正4年11月版の目録によると、台銀オリジナルの調査報告書は315編であるので、その後大正7年までの3年分を合わせると358になるのかもしれない。しかし現段階では、358編のすべての調査報告書を特定することはできない。なお、章末に「調査書類目録」(1915年11月)の一覧を掲載した。
(25) 清水・大野編前掲註(12)書 p.110。
(26) 清水・大野編前掲註(12)書 p.30〜p.32。
(27) 土岐「株式會社臺湾銀行現況及将来ノ計畫ニ關スル卑見」明治32年12月(『後藤新平文書』7-24、国立国会図書館憲政資料室所蔵)。
(28) 台湾銀行『台湾銀行史』(1964年) p.405。
(29) 「台灣銀行廈門支店設置意見」(『後藤新平文書』7-53、国立国会図書館憲政資料室所蔵)。
(30) 同上「台灣銀行廈門支店設置意見」。
(31) 同上「台灣銀行廈門支店設置意見」。
(32) 清水前掲註(17)「我國貿易ノ大勢竝南清南洋貿易事情」(1911年)、斎藤完治「南洋ニ於ケル華僑」(1914年)。
(33) 前掲註(24)『臺灣銀行四十年誌』p.18。
(34) 土岐前掲註(27)資料「株式會社臺湾銀行現況及將來ノ計畫ニ關スル卑見」。
(35) 番票とは銭荘(中国南部の主要都市における金融機関)が通貨不足を補うため発行する一覧払手形のことである(福州出張所「福州ノ通貨及金融機關」1913年)。
(36) 福州出張所、同上書。
(37) 福州出張所、同上書。
(38) 斎藤前掲註(32)資料。
(39) 福州出張所、前掲註(35)書。

(40) 江崎真澄「廣東流通貨幣」(1912年)。
(41) 調査課「廣東之金融事情」(1916年)。
(42) 土岐前掲註(27)資料。
(43) 『臺灣銀行十年後志』(1916年) p.2。
(44) 「海峽植民地及爪哇ノ貿易」(調査課『南洋調査報告書』1914年)。
(45) 『臺灣銀行四十年誌』p.23。
(46) 前掲註(10)『臺灣銀行二十年誌』p.358〜p.359。
(47) 前掲註(11)『臺灣銀行十年志』p.4。
(48) 斎藤前掲註(32)資料。
(49) 前掲註(43)『臺灣銀行十年後志』。
(50) 台銀総務部計算課「上海ノ通貨調」(1911年)、柳生一義「臺灣銀行ニ就テ其二」(碧榕會編『柳生頭取の片影』1917年)。
(51) 調査課「上海金融機關」(1912年)。
(52) 『臺灣銀行十年後志』(1916年)、及び山中義信「能く任さられる人」(吉野編前掲註(14)書)。
(53) 山中義信「横濱正金銀行ニ關スル調査」(1912年)。
(54) 「我國貿易ノ大勢竝南清南洋貿易事情」(1911年)。
(55) 「爪哇に於ける本邦取引狀況」(1915年)。
(56) 水野前掲註(13)「眠れる國民を覺醒するの急」。
(57) 前掲註(10)『臺灣銀行二十年誌』p.362〜p.363。
(58) スマラン植民地博覧会については河西氏の論考で、大正期南進との関係が論じられている。河西晃祐「南洋スマラン植民地博覧会と大正期南方進出の展開」(『日本植民地研究』18、2006年)。
(59) 根本榮次「台湾銀行南方進出盛衰記」(南洋経済研究所、1942年)。

　　　根本は1906(明治39)年に台銀に入行した。香港支店から1915年、ジャワスラバヤ支店支店長心得となり、1917年からはスマラン支店長として1921年まで勤務した。
(60) イギリス植民地銀行に関しては、石井寛治「イギリス植民地銀行群の再編」(『経済学論集』45-1、45-3、1979年)、安富歩「香港上海銀行の資金構造1913〜1941年」(『アジア経済』44-10、2003年10月)に、近代日本の貿易金融に関しては伊藤正直『日本の対外金融と金融政策1914〜1936』(名古屋大学出版会、1989年)、石井寛治『近代日本金融史序説』(東京大学出版会、1999年)などに学ぶところが大きい。

(61) 伊藤正直同上書p.31～p.34。
(62) 同上書p.31～p.34。
(63) 前章で述べたように柳生頭取は、支店・出張所開設予定地には事前に行員を派遣して調査にあたらせた。ニューヨーク出張所の開設準備には、江崎真澄があたった。
(64) この件に関しては、谷ケ城秀吉「台湾・中国間貿易の変容と台湾総督府」(『日本史研究』513、2005年)に詳しい。
(65) 『大阪商船株式會社五十年史』(大阪商船会社、1934年) p.209～p.292。
(66) 清水・大野編前掲書。
(67) 若林正丈編『矢内原忠雄「帝国主義下の台湾」精読』(岩波書店、2001年)。
(68) 南洋協会の総会議事や事業に関する記述は、南洋協会編『南洋協會二十年史』(1935年)を参照した。
(69) 南洋協会編『南洋協會二十年史』(南洋協会、1935年)。
(70) 実業家で松岡拓殖会社、帝国製糖会社の創業者である。1917年からは台湾新聞社長に就任した。
(71) 台湾総督府殖産局技師。
(72) 台湾総督府殖産局技師。
(73) 札幌農学校出身。台湾総督府殖産局技師。東郷の経歴については金子論文に詳しく紹介されている。金子文夫「東郷実の年譜と著作」(『台湾近現代史研究』1、1978)。
(74) 『大正人名辞典』『明治人名辞典』『人事興信録』『台湾総督府職員録』などによる。
(75) 「台湾支部報告」(『南洋協會會報』2-8、1916年)。
(76) 「台湾支部報告」(『南洋協會會報』2-8、1916年)。
(77) 「台湾支部報告」(『南洋協會會報』3-1、1917年)。
(78) 「台湾支部報告」(『南洋協會會報』3-1、1917年)。
(79) 「台湾支部だより」(『南洋協會雑誌』6-5、1920年)。
(80) 「台湾支部だより」(『南洋協會雑誌』12-11、1923年)。
(81) 例をあげると、1930年2月28日には、来台中のスマトラ護謨拓殖株式会社社長山地土佐太郎氏を招待し、歓迎晩餐会及び座談会を開催している。参加者は、台湾銀行員、華南銀行頭取、台湾総督府殖産局特産課長、商工課長、官房調査課職員、台北高等商業学校教授、台北帝国大学教授などであった。
(82) 『比律賓群島に於ける護謨栽培』(南洋協会台湾支部編『南洋叢書』1、1918年)。

原著者は、T.Westerである。
(83) 中村孝志「「大正南進期」と台湾」(『南方文化』8、1981年)。
(84) 前掲註(4)『南洋協會二十年史』p.6。
(85) 前掲註(4)『南洋協會二十年史』p.328～p.329。
(86) 内山総領事発　廣田外務大臣宛電報　第281号(部外秘)。(昭和13　13040　馬尼剌5月10日発『本邦ニ於ケル協会及文化団体関係雑件』)。
(87) 「南洋協会第30回定時総会事業会計報告」(『南洋協会雑誌』13-9、1938年)。
(88) 『南洋年鑑　昭和四年版』(1929年)は、台湾総督官房調査課が編集し、南洋協会台湾支部から刊行された。これも総督府と南洋協会台湾支部が連携していたことを示すものといえるだろう。
(89) 台湾総督府からの資金援助は、南洋協会の運営に不可欠であった。大正11年度の決算書によると、総督府からの補助金は35,000円で歳入総額49,034円の71%を占めた。
(90) 「南の國の話(其の一)西村松岡両先生復命書より」(『鵬翼』1、1922年)。
(91) 荒木生「南の國の話(其の二)」(『鵬翼』1、1922年)。
(92) 遠藤壽三「臺北高等商業學校の使命」(『臺灣教育』484、1942年)。
(93) 台北高等商業学校の調査旅行に関する記述は、台北高商校友会編(後に学芸部編)『鵬翼』の「雑録」及び台北高等商業学校南支南洋経済研究会編『南支南洋研究』掲載の「旅行記」に拠る。
(94) 台北高等商業学校の学生は、調査旅行で上海を訪れた際には、必ず東亜同文書院を訪問していた。なお、東亜同文書院の海外調査旅行については、藤田佳久氏の次の論考に詳細がある。『中国との出会い―東亜同文書院・中国調査旅行記録第1巻』(大明堂、1994年)、『中国を歩く―東亜同文書院・中国調査旅行記録第2巻』(大明堂、1995年)、『中国を越えて―東亜同文書院・中国調査旅行記録第3巻』(大明堂、1998年)、『中国を記録する―東亜同文書院・中国調査旅行記録第4巻』(大明堂、2002年)、『東亜同文書院・中国大調査旅行の研究』(大明堂、2000年)。
(95) 山岸生「上海旅行日記」(『鵬翼』1、1922年)。
(96) 秀島秀男「南洋紀行」(『鵬翼』4、1925年)。
(97) 『山口高等商業学校沿革史』(似玉堂、1940年)。
(98) 神戸高等商業学校では、1917年から夏季休業を利用して、10～20名の学生が海外調査旅行に出かけており、26巻の調査報告を刊行している。ただし「南支南洋」方面だけでなく、「中北支」「満鮮」方面も目的地となっていて、「南支南

洋」体験をした学生の総数はそれほど多くない。

(99) 「宜蘭遠足の記」「南部旅行日記」(『鵬翼』2、1923年)。
(100) 「南部旅行日記」(『鵬翼』2、1923年) p.128。
(101) 調査報告書は南支南洋経済研究会の機関誌である『南支南洋研究』第12号、13号として刊行された。いずれも台湾の水産業や物価調査、交通事情、金融事情など、島内の主要産業や経済・金融事情に関する調査報告であった。
(102) 『南支南洋經濟研究會要覽(昭和七年)』(南支南洋経済研究会、1932年)。
(103) 講演は、台北の場合、臺灣日日新報社後援のもと、同社を会場に開催された。講演者と題名は次の通りである。北原正一「経済上より見たる支那」、永嶺一虎「佛領印度支那事情」、杉井満「蘭領東印度を中心とせる我南洋発展」、小田原秀一「蘭領東印度に就て」。
(104) 前掲註(102)『南支南洋經濟研究會要覽(昭和七年)』p.9。
(105) 一例を示すと、1921年の懸賞論文の論題は「台湾に自由港創立制度を採用することの可否」「本島に於ける製糖業を官営とするの可否」「本島に精米市場を設置する可否」の三点で、ここから学生が選択して応募することになっていた。
(106) 浅香末起「南支南洋発展の真義」(『南支南洋経済』1-1、1933年)。
(107) 坂田、浅香などの経歴については、台北高等商業学校の出版物をはじめ、各教官の著書、人事興信録などを参照した。
(108) 第8巻1号2号は、「臺北高商創立二十周年記念論文集」と題した合冊である。
(109) 1930年までに卒業生11名が、総督官房調査課に就職した。特に3期生戸田龍雄、前川昇、宮原義登と4期生永嶺一虎、5期生塩谷巌三は、調査課統計官原口竹次郎のもとで『南洋年鑑』の編纂事業にあたった。戸田はフィリピン、永嶺は「仏領インドシナ」、宮原はタイ、前川は「英領マラヤ」、そして塩谷は「蘭領インド」の執筆を担当した。彼らは、台北高等商業学校在学中にいずれも海外調査旅行に参加して、直接「南支南洋」の地を踏んでおり、調査旅行報告会や巡回講演会、卒業論文などで「南支南洋」方面を対象とした調査研究を発表した学生たちである。
(110) 「本行創立事情」(華南銀行編『華南銀行』1930年)。
(111) 華南銀行調査課『華銀調書』47・48(華南銀行、1932年)。
(112) 華南銀行調査課『華銀調書』44(華南銀行、1932年)。
(113) 華南銀行調査課『華銀調書』49〜51(華南銀行1932年〜1933年)。
(114) 華南銀行調査課『華銀調書』8(華南銀行、1930年)。
(115) 華南銀行調査課『華銀調書』9(華南銀行、1930年)。

【資料】台湾銀行総務部調査課編「調査書類目録」(大正4年11月)

番号	分類	調査年月	調査書名	調査担当
1	1 銀行	明治40年9月	殖民地銀行	
2		明治42年1月	墨國貨幣竝銀行制度	江崎助役補
3			清國及東洋ニ於ケル外國銀行解説	東京出張所
4		明治44年3月	大清銀行	江崎助役補
5		明治44年8月	埃及農業銀行	調査課
6			普國郡立貯蓄金庫模範定款	長崎書記
7		明治45年3月	印度支那銀行條例及定款	江崎助役補
8		明治45年7月	日清銀行設立案ノ沿革	清水書記
9		大正元年9月	墺洪銀行不動産抵當部	藤井書記
10			臺灣農工銀行ニ關スル調査	清水書記
11			獨逸大銀行決算表ノ研究	長崎法学士
12		大正2年6月	殖民地銀行及信用制度	
13		大正2年8月	露西亜銀行組織	東京支店
14			銀行引受	山中助役補
15		大正元年10月	獨逸銀行不動産銀行部條例	調査課
16		大正2年10月	爪哇銀行營業概況	奥山助役
17		大正3年1月	香上銀行ノ支那ニ於ケル活動	長崎法学士
18			横濱正金銀行ニ就テ	井上書記
19		大正3年5月	獨逸ノ工業及海外企業ニ對スル銀行ノ活動	東京支店
20		大正3年10月	英蘭銀行	志摩書記
21		大正3年11月	仏蘭西銀行	志摩書記
22		大正4年4月	中米銀行組織案	吉井書記
23			中華國立中央銀行設立特許札	調査課
24		明治45年7月	世界ノ主タル殖民地銀行	濱野書記
25	2 金融	明治42年6月	アルゼリーノ金融機關	小林法学博士
26		明治44年5月	上海金融機關	川北書記
27		明治44年6月	臺灣信用組合ニ關スル調	長崎書記
28		明治44年9月	産金業ニ對スル貸出沿革	奥山助役
29		大正元年8月	汕頭金融事情	柳助役補
30		大正元年11月	臺灣農工資金雑観	長崎法学士
31		大正元年12月	臺灣金融概況	清水書記
32		大正2年9月	外國為替	東京支店
33		大正2年1月	商品擔保ト金融ニ就テ	清水書記
34		大正2年6月	正貨準備ト對外債權	調査課
35		大正2年12月	南洋華僑金融ニ關スル件	厦門福州新嘉坡各店
36		大正3年1月	蘭領印度ニ於ケル金融機關	
37			歐洲ニ於ケル割引制度	片倉書記
38		大正3年4月	臺中廳下ニ於ケル信用組合ニ就テ	中島書記
39		大正3年5月	郵便貯金ノ趨勢ニ就テ	加藤書記
40		大正3年7月	九江金融事情	柳田書記
41		大正3年12月	信託業務ニ就テ	玉置書記
42			議會ニ就テ	東條書記

番号	分類	調査年月	調査書名	調査担当
43		大正3年7月	朝鮮地方金融組合、朝鮮農工銀行令	調査課
44		大正3年9月	千九百十三年歐洲金融事情	山中助役補
45		大正4年1月	「臺中廳下ニ於ケル信用組合ニ就テ」ヲ讀ム	奥山助役
46			香港ノ金融機關	根本書記
47			支那ニ對スル金融機關設立ニ關スル案	清水書記・扇書記
48			廣東ノ金融事情	廣東支店
49		大正4年2月	スラバヤ金融事情	水野書記
50		大正4年3月	米國ニ於ケル信託業務	山本書記
51			磅爲替買付ニ就テ	水野書記
52		大正元年10月	支那ニ對スル金融機關ノ件	東京出張所
53		大正元年12月	汕頭爲替相場手解	汕頭支店
54		大正3年10月	モラトリユームノ件	山中助役補
55		大正3年6月	廣東生絲爲替ニ關スル調査	廣東出張所
56		大正4年4月	支那外資利用論	吉井書記
57		大正4年5月	倫敦市中割引歩合變動事情	石田書記
58		大正4年4月	漢口ノ金融貿易爲替事情	宮城書記
59		大正4年9月	上海金融機關	上海支店
60	3 通貨	明治44年3月	上海ノ通貨調	川北書記
61			廣東流通貨幣	江崎助役補
62			清國貨幣法譯文	東京出張所
63		明治44年6月	清國幣制調査書	東京出張所
64		明治44年5月	廈門ノ通貨及金融事情	菊池助役補
65		大正2年3月	香港ノ通貨	黒葛原助役
66		大正2年3月	新嘉坡ノ通貨及金融事情	奥山助役
67		大正2年8月	ヴェセリング博士支那幣制改革論	讚井書記
68		大正2年9月	福州ノ通貨及金融機關	福州出張所
69		大正2年6月	廣東軍政府紙幣論	吉原助役補
70		大正2年11月	江西ノ通貨	益子逞輔
71		大正3年1月	千九百十二年蘭領印度貨幣法	調査課
72		大正4年1月	支那硬貨鑄造高及紙幣流通高	調査課
73		大正4年6月	南支南洋ノ通貨	調査課
74	4 銀	明治44年7月	清國ニ於ケル墨銀ノ消長ヲ論ス	妹尾書記
75		明治44年7月	銀塊ニ關スル取調報告	藤元助役補・宮城書記
76		明治44年11月	世界ノ産銀額調	計算課
77			日本圓銀ノ流布ニ就テ	頭取(演説)
78		明治45年2月	英銀ニ關スル調査	東京出張所
79			圓銀ニ關スル件	東京出張所
80			圓銀問題ニ關スル參考書	清水書記
81		明治45年6月	墨國ノ幣制ト墨銀	藤井書記
82		大正元年12月	圓銀回送ノ經過ニ就テ	調査課
83		大正2年10月	江西省ニ於ケル日本圓銀	柳田書記
84			南支那ニ於ケル圓銀流通概況	山瀬書記
85		大正2年11月	銀塊ニ關スル件	廣東廈門九江上海報告

【資料】台湾銀行「調査書類目録」 121

番号	分類	調査年月	調査書名	調査担当
86		大正3年1月	江西及福建ニ於ケル圓銀流通經路	山瀬書記
87		大正4年2月	一九一四年地金銀年表	岸野書記
88		大正2年5月	對岸各地ニ於ケル圓銀視察報告	三巻助役補・宮澤書記
89			鋳造圓銀取扱規定	臺北本店
90	5 支那	明治44年12月	廣東ニ於ケル關税ニ關スル調査	廣東出張所
91		明治45年5月	九江調査報告書	清水書記
92		明治45年7月	清國鐵道鑛山ニ對スル外國人出資又ハ借款ニ關スル主要規定	調査課
93		明治45年7月	漢冶萍煤鐵廠鈔有限公司冶萃並最近組織改正事情	調査課
94		大正元年8月	輪船招商總局	小森德治
95		大正元年10月	支那聯邦組織論	長崎法学士
96		大正元年12月	南支那	益子逞輔
97			對支那關係ニ就テ	臺灣銀行
98		大正2年1月	招商局買収ニ關スル書面	久宗助役補
99		大正2年3月	南昌出張調査報告	柳田書記
100		大正2年6月	益子臺日記者ノ中部支那視察報告要領	
101			山瀬書記支那視察報告要領	
102		大正2年7月	支那ニ於ケル獨逸ノ經營	東京支店
103		大正2年10月	中部支那	益子逞輔
104		大正3年1月	日支合辨事業ニ關スル調査	清水書記
105		大正3年2月	廣東ノ概況	廣東出張所
106			南支那ニ於ケル新聞紙ニ關スル調	調査課
107			湖南省調査報告書	草刈助役補
108		大正3年3月	對支發展私見	安西助役補
109			廣東自來水公司概況	廣東出張所
110			廣東電力股分有限公司	廣東出張所
111		大正3年4月	兌換公所組織調ノ件	汕頭出張所
112		大正3年10月	閩江流域經濟事情概況	扇書記
113		大正3年7月	廣東地方鸞業事情	
114		大正3年12月	鎭江事情	柳田書記
115		大正2年10月	廣東ヲ中心トセル鐵道	柳田書記
116		大正3年11月	香港事情概況	根本書記
117		大正4年2月	汕頭ニ於ケル支那銀莊實務概要	柳助役補
118		大正3年5月	鑛業呈文圖表程式	調査課
119		明治45年2月	西暦千九百十一年ニ於ケル清國經濟界	扇書記
120		大正4年10月	日貨排斥ニ就テ	大多和書記
121	6 南洋	明治45年3月	新嘉坡為替ニ關スル調査	神戸支店
122		大正元年8月	臺灣ト新嘉坡トノ關係	調査課
123		大正2年8月	臺灣ヨリ見タル南洋航路	齋藤助役補
124		大正3年1月	海峡植民地財政經濟	奥山助役
125		大正3年2月	護謨事業ニ關スル調	奥山助役
126			爪哇出張復命書	奥山助役
127		大正3年5月	護謨事業ニ關スル調査書	清水書記

番号	分類	調査年月	調査書名	調査担当
128		大正3年6月	南洋出張復命書補遺	清水書記
129		大正3年8月	南洋ニ於ケル華僑	齋藤助役補
130		大正3年12月	南洋華僑ト金融機關	齋藤助役補
131		大正4年1月	南進私議	大野恭平
132		大正4年2月	爪哇ニ於ケル本邦品取引状況	水野書記
133		大正4年3月	新嘉坡護謨競賣法	新嘉坡支店
134		大正4年4月	南洋航路策	佐藤四郎
135		大正3年5月	南洋調査報告書	清水書記
136		大正4年5月	佛領印度支那事情	大多和書記
137		大正3年12月	セレベス島ノ住民	佐藤四郎
138			爪哇人ノ生活状態	佐藤四郎
139			爪哇ノ住民	佐藤四郎
140			南方經營私議	佐藤四郎
141			南洋ニ於ケル有用植物	大野恭平
142			椰子栽培ニ就テ	大野恭平
143		大正3年4月	護謨事業ニ關スル調査概要	清水書記
144		大正4年10月	南支南洋香港及海峡植民地ニ於ケル歐洲戰乱ノ影響	調査課
145	7 糖業	明治43年2月	南清各店消費糖報告	調査課
146		明治44年11月	世界砂糖産出高(一九一〇年)	計算課
147		大正元年10月	ブラッセル砂糖條約	
148			英國ブラッセル砂糖條約脱退カ我國ニ及ホス影響	小林助役
149		大正2年6月	本邦ニ於ケル砂糖價格ノ變動ト砂糖消費高ノ消長	清水書記
150		大正2年7月	臺灣糖業ニ關スル調査書	清水書記
151			臺灣糖業ノ原料問題	川北書記
152		大正2年9月	砂糖、米、茶ニ關スル調査書	清水書記
153		大正2年11月	製糖會社固定資金ニ關スル調査	調査課
154		大正3年1月	砂糖消費税一般會計繰入カ我財界ニ及ホス影響	調査課
155			本島ト内地トノ製糖純益分配割合調	川北書記
156		大正3年3月	臺灣赤糖ニ關スル調査	川北書記
157		大正3年7月	赤糖製造業ノ将来ニ就テ	清水書記
158			臺灣及爪哇ノ糖業比較	大多和書記
159		大正4年1月	時局ト糖業問題	大多和書記
160			原料糖價格協定破談ト影響ト其善後策	川北助役補
161		大正4年3月	臺灣ノ糖業ト金融トノ關係	清水書記
162			世界ノ産糖額	吉井書記
163		大正4年5月	臺灣酒精製造業ニ關スル調査	川北助役補
164	8 茶	明治44年5月	臺灣烏龍茶概況並同茶金融沿革	齋藤書記
165		明治44年10月	南洋輸出包種茶並同茶買付事情	齋藤書記
166		大正元年8月	厦門ニ於ケル臺灣包種茶再輸出並金融事情	厦門支店
167		大正3年8月	福州茶ニ關スル調査書	水野書記

【資料】台湾銀行「調査書類目録」 123

番号	分類	調査年月	調査書名	調査担当
168		大正3年9月	福州ニ於ケル輸出茶	扇書記
169		大正3年12月	福州製茶	妹尾書記
170	9米	明治44年5月	中部産米ノ取引並金融沿革	田邊助役補
171		大正4年1月	福建省及比律賓ニ於ケル米ノ需給ト臺灣米ノ輸出ニ關スル調査	川北助役補
172		大正3年4月	米資金前貸制度ニ就テ	矢野書記
173		大正2年9月	臺灣米ノ將來ニ就テ	吉田書記
174	10貿易	明治44年1月	上海ニ關スル貿易其他調査書	計算課
175		明治44年11月	我國貿易ノ大勢並南支南洋貿易事情	清水書記
176		明治44年12月	臺灣外國貿易並臺灣南清南洋貿易關係	清水書記
177		明治45年3月	米領馬尼刺貿易ニ關スル調査	重永助役
178		明治45年4月	海峡植民地貿易一斑	奥山助役
179		大正元年10月	カンニンガム氏非自由貿易論	讚井書記
180		大正2年1月	南支那及南洋ニ於ケル本邦綿糸布ニ關スル調査	調査課
181		大正3年2月	臺灣ノ移輸入品消費狀況ニ關スル調査	調査課
182			厦門汕頭ニ於ケル綿糸布輸入調査	齋藤助役補・清水書記
183			海峡植民地ニ於ケル綿糸布綿製品輸入狀況	齋藤助役補・清水書記
184		大正3年4月	我國對支那貿易ノ現況及發展策	垣屋忠次郎
185			日支貿易關係	大江書記
186		大正3年5月	南支那及南洋ニ於ケル綿糸布綿製品輸入狀況	清水書記
187		大正3年7月	海峡植民地及爪哇ノ貿易	清水書記
188			臺灣ノ中繼貿易ニ就テ	調査課
189		大正3年8月	南洋輸出綿糸布不振ノ原因ニ就テ	大阪支店
190			時局ト貿易	大多和書記
191		大正4年1月	時局ト香港貿易	黒葛原助役
192			大阪貿易同志會ニ就テ	大西書記
193		大正4年2月	基隆中繼港案	奥山助役
194			貿易並在外金融組合梗概	扇書記
195			貿易組合規約集	山田助役・奥山助役
196		大正4年1月	海峡植民地及新嘉坡貿易並新嘉坡ヨリ各地向買爲替手形調査書	宮本書記
197		大正4年1月	本邦貿易助長案	臺灣銀行
198		大正3年11月	臺中廳ト南支南洋貿易關係	青木書記
199		大正4年2月	比律賓ノ貿易	吉井書記
200		大正4年3月	蘭領東印度關税率調	水野書記
201			比律賓群島貿易大要	佐藤四郎
202	11本行	自明治35年	第一次乃至第九次臺灣金融事項參考書	調査課
203		明治41年2月	重役叙勳記念柳生頭取演説要領	
204		明治42年11月	臺灣銀行券保證發行擴張ノ必要	臺灣銀行
205			臺灣銀行海外支店特別資金申請ノ件	臺灣銀行
206			内地支店爲替資金ノ件	臺灣銀行
207		明治42年12月	臺灣銀行券制限外發行	銀券課

番号	分類	調査年月	調査書名	調査担当
208	11本行	明治43年3月	臺灣銀行保證發行擴張ヨリ生スル利益計算	東京出張所
209			臺灣銀行保證發行擴張ニ關スル問答	東京出張所
210			臺灣銀行十年志	計算課
211		明治43年10月	晩餐會来賓演説集	開業十年記念會
212		明治43年12月	廣東上海両店補助金申請ノ件	計算課
213		明治44年1月	南清支店特別資金ニ關スル件	計算課
214		明治44年2月	特別資金稟請書	計算課
215		明治44年8月	臺灣金融組合案ト臺灣銀行トノ關係	計算課
216		明治45年7月	本行資力充實案	調査課
217			對岸ニ於ケル資金吸収ノ方法	山田助役・齋藤助役補・川北書記・清水書記
218			臺灣銀行法改正案	調査課
219			臺灣銀行法改正理由	調査課
220			改正案	調査課
221			臺灣銀行法参考資料	調査課
222		大正元年8月	支那ニ於ケル定期預金證書發行ニ就テ	長崎法学士
223		大正2年1月	臺灣銀行法改正案	調査課
224			紙幣發行權ノ存置ト債權發行ノ必要	調査課
225			臺灣銀行外國ニ於ケル業務ニ關スル勅令案	
226		大正2年3月	臺灣銀行略志	調査課
227		大正2年6月	臺灣銀行特別定期預金規定案	調査課
228			臺灣銀行特別定期取扱手續	調査課
229			臺灣銀行債權規定案	調査課
230		大正2年6月	倫敦支店設置ニ關スル調査	調査課
231		大正2年7月	臺灣銀行券流通高減少ニ就テ	調査課
232		大正2年9月	覚書	臺灣銀行
233		大正3年4月	臺灣銀行小志	調査課
234			漢譯臺灣銀行小志	調査課
235			漢譯晩餐會演説集	調査課
236			臺灣銀行法改正案竝理由五案	調査課
237			臺灣銀行法中改正法律案	臺灣銀行
238		大正2年11月	柳生頭取演説節要	調査課
239		大正3年11月	漢譯臺灣銀行十年志	調査課
240		大正3年12月	臺灣銀行券廢棄ノ不可ナル理由	調査課
241		大正3年1月	臺灣銀行特別定期預金規定(改訂ノ部)	調査課
242			在外各店特別定期預金證書要項	調査課
243		大正3年2月	英文臺灣銀行小志	調査課
244			臺灣銀行株キ總會會長演説集	調査課
245		大正3年5月	臺灣銀行	調査課
246		大正3年9月	臺灣銀行特別定期預金取扱手續	調査課
247			同上規定	調査課
248			輸出為替資金説明書	監督課

【資料】台湾銀行「調査書類目録」

番号	分類	調査年月	調査書名	調査担当
249			輸出奨励資金ニ關スル件	池田助役
250			輸出為替低利資金稟請理由書	監督課
251			為替資金借入ニ對スル當行準備事項	南理事
252		大正3年6月	倫敦代理店設置ニ關スル決議事項	調査課
253		大正3年5月	山中書記ニ交付セル調査研究事項	調査課
254		大正2年3月	從來ノ對英取引關係並倫敦支店開設ニ依リ臺灣各店ニ及ホスヘキ取引關係	臺北本店
255			營業要項	秘書課
256			株式會社臺灣銀行ノ支部ニ於ケル業務ニ關スル勅令案	調査課
257	12統計1	大正3年7月	臺灣産業及金融統計摘要	調査課
258		大正3年11月	一九〇〇年以降倫敦銀塊相場足取表	成田書記
259	12統計2	大正2年6月	島内製糖會社固定資本及借入金調	調査課
260		大正3年2月	各製糖所別分蜜製造高連年對照	調査課
261		大正3年3月	本行ト他銀行トノ糖米放資額毎年十二月末残高	調査課
262		大正3年6月	大正三年期製糖高及販賣狀況	調査課
263		大正3年7月	大正三年期新式製糖會社甘薯植付甲數及四年期製糖豫想高（第一回調査）	調査課
264		大正3年8月	世界産糖額並倫敦相場交戰國消費高及輸出力	調査課
265			大正三年期新式製糖會社甘薯植付甲數及四年期製糖豫想高（第二回調査）	調査課
266		大正3年9月	大正四年期分蜜豫想高（第三回調査）	調査課
267		大正3年3月	本行ト他銀行トノ糖米放資額毎年十二月末残高（二年迄）	調査課
268		大正4年3月	産金ニ關スル諸表	調査課
269	12統計3	明治45年	清國外國貿易國一覧表	調査課
270		大正3年8月	一九一二年大正元年揚子江沿岸及南支那諸港貿易重要品國別一覧表	調査課
271			支那重要貿易品國別一覧表	調査課
272			支那外國貿易國一覧表	調査課
273			日支貿易表（大正二年度）	調査課
274		大正3年9月	大日本輸出重要國別表	調査課
275			大日本輸入重要國別表	調査課
276			重要輸出品國別表（元年度）	調査課
277			輸入重要品國別表（二年度）	調査課
278		大正3年10月	對中南部支那輸出貿易表	調査課
279		大正2年12月	英領印度貿易五箇年對照表	調査課
280			英領印度輸出品價格國別二箇年對照表	調査課
281			英領印度輸入品價格二箇年對照表	調査課
282		大正3年7月	臺灣外國貿易表	調査課
283			臺灣移輸入五箇年對照	調査課
284		大正3年8月	本邦南支那及南洋ニ對スル貿易	調査課
285		大正2年12月	海産物ノ移入及移出	調査課

番号	分類	調査年月	調査書名	調査担当
286		大正3年12月	日本内地米輸出累年表臺灣米移輸出累年表(三年十一月迄)	調査課
287		大正4年1月	内地仕向地別一覧表(大正二年迄)	調査課
288		大正4年4月	一九一三年爪哇國別輸出入高表	水野書記
289			蘭領東印度日本間輸出入表	水野書記
290	12統計4	大正3年5月	工場財團胎権調(大正三年五月現在)	調査課
291		大正3年9月	支那及南洋在留邦人調	調査課
292		大正3年11月	臺灣九州島勢比較一覧表(大正元年迄)	調査課
293			島内會社調	調査課
294		大正4年1月	島内會社調(大正三年十二月末現在)	調査課
295		大正4年3月	工場財團胎権調(大正四年三月二十二日現在)	調査課
296			島内産業組合(大正四年一月末現在)	調査課
297	13其他	明治45年4月	基隆炭業概況	十川書記
298		明治45年4月	基隆ニ於ケル水産業	山根書記
299		大正元年8月	英國コントローラーヲ置カレシ前後ノ埃及	小森徳治
300		大正3年1月	商法中手形及破産ニ關スル規定ヲ本島人相互間ノ取引ニ適用スル件	調査課
301		大正3年8月	臺南廳下ニ於ケル漁業ニ就テ	石毛書記
302		大正4年1月	英國軍事豫算及公債ノ件	山中助役補
303			大阪川口華商概観	大西書記
304			本島南部ニ於ケル鹹魚	阿部書記
305			英國戰時ノ經濟ノ施設	奥山助役

(出典:台湾銀行『調査書類目録』1915年11月)

第 3 章

南進のための人材育成事業

第3章では、植民地行政や南方進出のための人材育成をテーマとして、公教育である高等商業学校や商業学校の教育活動と、民間団体の南進要員育成事業を論じる。

第1節では、高等商業教育を取り上げる。日本で最初に高等商業教育機関が設置されたのは、1884(明治17)年のことである。この東京高等商業学校を皮切りに明治後期、神戸、山口、長崎、小樽に高等商業学校が新設された。1917(大正6)年に開催された臨時教育会議において、高等教育機構の拡張計画が議論され、新たに名古屋、福島、大分、彦根、和歌山、横浜、高松の都市に設置されることになった。また、日本の「外地」である台湾と朝鮮にも、「内地」人の高等専門教育機関の設置が認められ、台北高等商業学校と京城高等商業学校の新設が認可された。このような教育政策のなかで、1919(大正8)年に開校した台湾総督府高等商業学校(以下、台北高等商業学校)は、日本統治期の台湾において、唯一の高等商業教育機関として教育活動を展開し、多くの卒業生を輩出した。ここでは、台北高等商業学校の社会的機能を、日本の高等商業教育のモデルである東京高等商業学校や、「外地」に開校した京城高等商業学校、大連高等商業学校と比較検討し解明する。

第2節では、南洋協会が手がけた、南方で活躍する人材を養成するための事業の意義を、創立メンバーであり実質的な会の運営者であった井上雅二を軸に検証する。南洋協会の人材育成事業は、台湾で行われたわけではない。しかし南方進出をめぐる人材育成を論じるとき、中国、朝鮮、台湾、南洋の各地域を個別に扱うのではなく、これらの地域を結ぶ人物や組織の関与や交流を、検討する必要がある。この問題を解く鍵となる人物が、井上雅二である。井上は日本、中国、朝鮮、台湾、そして南洋を渡り歩き、マレー半島でゴム園を経営する傍ら、南洋協会を組織して積極的に日本の南方進出に関与した。南洋協会発足当初、台湾支部を本部と同格に位置づけ、事業を実施したのは井上雅二と内田嘉吉である。井上は日本「内地」と南洋を往復する途中、頻繁に台湾に立ち寄り、台湾総督府関係者や実業家と接触し、情報交換をしていた。また、1930(昭和5)年、台湾で開催された熱帯産業調査会の委員にも就任している。こうしたことから、南進をめざす人材育成事業を論じるうえで、井上の行動や思考をたどりながら、彼の人材育成プランの成果や意義を

考察することが必要であると考えた。

　第3節では、1935(昭和10)年、台湾で開催された熱帯産業調査会後の、台湾教育会における南方進出を論じる。特に南進教育を主導するため台湾総督府により新設された、高雄商業学校を取り上げる。

第1節　高等商業学校における人材育成

1.「外地」における高等商業教育

(1) 台北高等商業学校

　台湾における高等専門教育機関の設立について、その必要性を積極的に説いたのは、安東貞美第6代台湾総督時の民政長官下村宏であった。下村は台湾各地を巡視し、積極的に各界の声を聞き、それを意見書にまとめて安東総督に提出した。その意見書[1]によれば、「台湾で初等教育を受けた「内地」人子弟が「内地」に戻るのは望ましくない。台湾に渡った日本人子弟が台湾を墳墓の地とみなし、台湾や「南支南洋」で活動することを可能にするためには、台湾に農工商の専門教育機関を整備する必要がある」というのである。下村は、同化政策の一環として、「内地」人定着のための教育制度確立の重要性を、地方官会議をはじめ、庁長会議、商工学校開校式、卒業式など、あらゆる公の場で主張した。やがて、彼の教育理念は、1919(大正8)年1月の台湾教育令で実現された。

　このような状況下、台北高等商業学校は、「本島ノ内外ニ於テ商業ニ従事セムトスル男子ニ須要ナル高等ノ教育ヲ施ス」[2]ことを目的として、つまり、台湾島内及び「南支南洋」で活躍する人材を育成する専門教育機関として、1919(大正8)年に設立された。初代校長は、台湾総督府学務部長隈本繁吉[3]であった。隈本は1907(明治40)年、韓国政府の招聘に応じて学務書記官となり、後には朝鮮総督府初代学務課長として、朝鮮における植民地教育の策定に力を注いだ、いわゆる植民地文教官僚である。1911(明治44)年、台湾総督府に転任後は、学務課長の任に就くと同時に、視学官、国語学校長を兼任し、台湾教育令の制定に深く関わった。また、師範教育、実業教育、高等専門教育機関の整備も手がけた。このような植民地教育行政の専門家である隈本が、初

代校長に就任したということは、台北高等商業学校のもつ使命が、台湾にとって重要であったからに他ならない。

1919(大正8)年3月31日、設立を許可された台北高等商業学校は、5月下旬に最初の入学試験を実施し、6月に入学式を挙行した。入学試験は1919(大正8)年5月、台北で実施され、入学定員40名のところ志願者数101名であった。翌年は、台北だけでなく東京でも入学試験を実施し、226名の志願者中40名が合格した。設立当初は、入学者を「内地」人に限定していたが、翌年1月、教育令改正に伴い、その年から台湾人生徒の入学を、許可することになった。また、「南支南洋」の経済発展に伴い、学校の拡張が急務との理由から、生徒数を150名から300名に増やし、教員も増員された。

1926(大正15)年には、台南市に台南高等商業学校が新設された。しかし、台南高等商業学校は、商業専門学校廃止を受けて設置されたにすぎず、台南高等工業学校新設を機に廃止され、台北高等商業学校と合併することになった(4)。台南高等商業学校には、台湾本籍をもつ学生が多く(1929年3月現在全学生の約30%)、中でも台南、高雄出身者が多かった。台北高等商業学校との合併の計画は当初9月とされたが、台南高等商業学校存続の声が大きく、学生からの存続運動も起こったため、その時点では実施されなかった。しかし最終的には当局の処置に従うことになり、第1回台南高等商業学校卒業生は、台北高等商業学校卒業生として卒業式を迎えることになった。また、在学生は、台北高等商業学校の相当の学年に編入し、台北高等商業学校台南分教場で学ぶことになった。旧台南高等商業学校出身者がすべて卒業した1930(昭和5)年度末には、台南分教場が廃止された。

1936(昭和11)年、新たに修業年限1年の貿易専修科が設置された。「内地」の高等商業学校では、大正期に海外貿易科や「支那」貿易科などを新設し、より専門的かつ実践的な専門教育を推進したのに対し、台北高等商業学校では、昭和期になってもなかなか設置されなかった。

1935(昭和10)年、台湾総督府の主催で、熱帯産業調査会が開催された。この会議では、南方への経済発展基地として台湾はどうあるべきかが検討され、教育問題に関わる議論も行われた(5)。出席者からは、「南洋発展には農業や工業、水産業よりもまずは商業から入るべきで、そのためには言語、南支南

洋事情、商業の知識が不可欠である」という意見や、「中等教育や専門教育に加えて東亜同文書院のような明確な目的意識の育成が必要だ」といった要求が寄せられた(6)。主管部局である台湾総督府文教局は、南方進出には、南方進出者の子弟に対する教育の充実が不可欠であると考えていた(7)。そこで、台北高等商業学校に対しては、語学教育の充実と合わせて、「南支南洋経済事情」の時数増加と内容改善を要求し、さらに南進要員養成に直結する短期の貿易専修科の新設を提案した。

貿易専修科設置にあたり、校内で中心的役割を果たしたのは、台北高等商業学校卒業生で、母校の教官になっていた塩谷巌三(8)であった。塩谷は、台湾総督府外事課の嘱託でもあり、熱帯産業調査会に台湾総督府側の委員として出席し、教育問題の議論に参加する立場にあった。貿易専修科の設置から運営まで、塩谷の手に委ねられることになったのである。1936(昭和11)年2月、貿易専修科の設置が決まり、4月末には本科と同時に授業を開校するに至った。

1940(昭和15)年になると、本科二部として「支那科」が、1941(昭和16)年には東亜経済専修科が新設されることになった。また、同年夏には、台湾総督府文教局で、1942(昭和17)年に南洋科を設置する計画が審査された。これは本科二部の「支那科」に対して、南方の語学に重点を置き、植栽資源や地下資源など、自然科学の基礎や熱帯植栽企業、熱帯衛生、南洋史などを専門的に3年間学ぶ構想だった(9)。しかし、南洋科が実際に新設されることはなかった。1944(昭和19)年、全国の高等商業学校を経済専門学校とすることが閣議決定され、台北高等商業学校も台北経済専門学校となった。

(2) 京城高等商業学校

京城高等商業学校の前身である東洋協会京城専門学校の歴史は古く、1907(明治40)年、朝鮮の開発に必要な学科を学ぶことを目的とした、東洋協会専門学校の京城分校として開校したことに始まる(10)。開校当時学生は、東京本校から朝鮮語科第3学年に在籍していた38名と研究生5名が、京城に派遣された。修業年限は1年で、商法、民法、財政学、経済学、国際法、韓国事情、簿記、韓国語、英語などの学科目を学ぶことになっていた。その後、1916

(大正5)年には財団法人の経営となり、1918(大正7)年、東京本校から独立し、東洋協会京城専門学校となった。修業年限は3年で、行政科と高等商業科を設置し、中学校卒業者、またはそれと同等以上と認定される学校の卒業者を収容した。1920(大正9)年には、校名を私立京城高等商業学校と改称し、行政科を廃止して教育課程に変更を加えた。私立とはいっても朝鮮総督府、朝鮮銀行、南満洲鉄道株式会社の共同出資であった。翌年、改正朝鮮教育令の動きとともに、私立京城高等商業学校を官立に昇格する問題が浮上し、結局1922(大正11)年3月31日付で、私立京城高等商業学校は朝鮮総督府に移管し、官立の専門学校として再出発することになった。官立京城高等商業学校は、新教育令による専門学校として、日本人と韓国人の共学制となった。そして旧私立京城高等商業学校の在学生第3学年57名、第2学年69名、第1学年11名がそのまま相当学年に編入し、新たに74名を第1学年に入学させた。1922(大正11)年、官立の京城高等商業学校として、はじめて実施された入学試験では、376名の志願者があり74名が合格した。入学試験は、京城本校のほか東京、大阪、福岡で行われた。そのためか半数以上が「内地」からの学生で、韓国内の中学・高等普通学校、商業学校卒業生は27名であった。その後、韓国内の学校からの入学者が増加していく。競争倍率は、5～6倍程度であった。

　京城高等商業学校初代校長は、山口高等商業学校教授鈴木孫彦であった。鈴木は東京高等商業学校を卒業し、いくつかの学校に勤務したのち、山口高等商業学校教授となった。1917(大正6)年から2年間、文部省より海外留学を命ぜられ、アメリカのペンシルバニア大学で研究の日々を送っていた。研究テーマは、「海運」であった。朝鮮総督府学務局は、文部省から推薦を受け、鈴木を京城高等商業学校学校長に招聘したのである。続いて鈴木校長と同郷の朝鮮総督府外事課嘱託横山富吉が、英語主任教授に就任した。横山は苦学の末、アメリカで学位を取得し、京城在住のアメリカ人から信頼されていた人物だった。彼の人脈により、すぐれた米英人が高等商業学校の教官となった。回想録によれば、京城在住のアメリカ人たちは、アメリカ人と朝鮮総督府との間に問題が起きても、ドクター横山が好意をもって解決してくれるとして、信頼し尊敬していたという[11]。

　こうして官立の高等商業教育機関として発足した京城高等商業学校は、1944

(昭和19)年に京城経済専門学校と名称を変更し、やがて1945(昭和20)年10月15日、韓国ソウル経済専門学校として新たに発足するまで、教育活動を続けていった。なお、ソウル経済専門学校は、後に国立ソウル大学に吸収された。

(3) 大連高等商業学校

満洲国及び関東州における日本人子弟の教育施設は、日露戦争後、安東日清学堂内に尋常高等小学校が付設されたのを始めとする。その後軍政が撤廃されてからは、関東都督府及び関東州庁が教育行政を担当することになり、多数の官立学校を創設した。また、南満洲鉄道株式会社創立以後は、満鉄附属地やその付近に日本人子弟教育のための学校を設置した。

しかしながら、満洲国、関東州いずれの地域にも、高等商業教育機関が設置されることがなかった。そのような中で、1906(明治39)年より大連に居住し、実業界で活躍していた福海茂次郎は、白木屋洋品店開業30周年記念事業として、1935(昭和10)年、約60万円を投じて法人を設立し、高等商業教育機関の設置を関東州に申請したのである。福海は、満洲及び関東州の日本人子弟は、「内地」高等商業学校などの学校に入学する者が少なくないという事実を鑑み、満洲に高等商業教育機関を設立する必要性を痛感していたのである[12]。

1936(昭和11)年11月、関東州から正式認可を受け、福海は翌年4月の開校を目指して開校準備に着手した。3月7、8日には、大連、東京、福岡で入学試験を実施し、1433名の受験者に対し121名に入学許可を認めた。『満洲日日新聞』は、福岡と東京の受験者が900名を超えていることに、大陸への関心の高さを「予想外」と報じている[13]。こうして、満洲及び関東州初の高等商業教育機関である大連高等商業学校は、1937(昭和12)年4月18日に入学式を挙行したのである。本科の修業年限は3年で、修業年限1年の別科も設置した[14]。

同年4月19日、高等小学校を仮校舎として授業を開始し、学生の部活動の母体となる学友会や、教授陣中心の研究機関(後の星浦学会)が組織された。また、学内新聞や校内雑誌の発刊も決まった。大連高等商業学校は、このように着実に教育活動を推進していったかに見えた。しかし、一財団の経営状況

は、必ずしも順調ではなかった。結局、1941(昭和16)年4月には、官立学校に移管することとなった。説明書には次のようにある。

　　私立大連高等商業学校ハ満州事変後関東州其ノ接壌地域ニ於ケル各種産業ノ画期的勃興ニ伴ヒ大陸経済界ニ活躍スベキ人材養成ノ目的ヲ以テ昭和十二年三月創設セラレ今日ニ至レリ然ルニ現下時局ノ要請ニ鑑ミ此種教育機関ノ整備拡充ハ愈々緊切ナルモノアルト共ニ一財団ノ経営ヲ以テシテハ到底所期ノ目的ヲ達成シ得ザル感アルニ依リ昭和十六年度ニ於テ私立大連高等商業学校ヲ官ニ移管セントスルモノナリ(15)

　次第に戦況が悪化する中、大連高等商業学校では、卒業予定者に対する臨時徴兵検査が行われ、繰り上げ卒業が実施された。学科目や授業時数の制限も導入され、軍の予備的組織へと変容していった。1943(昭和18)年度に入ると、勤労奉仕の合間に授業が行われるといった状況になり、夏季休暇には北満の設営作業に動員された。1944(昭和19)年度には、校名が大連経済専門学校に改称され、新たに工業経営科が新設された。しかし授業はほとんど行われず、勤労奉仕と出陣の日々であった。1945(昭和20)年9月、校舎と寮がソ連軍により接収され、学校の存続が不可能となった(16)。8年有余の大連高等商業学校の歴史はここで終わる。

　関東州内諸学校の中で関東局直轄学校は、旅順工科大学(官立)、旅順高等学校(官立)、南満洲工業専門学校(満鉄設置)、大連高等商業学校(私立)、旅順師範学校(官立)、旅順女子師範学校(官立)、旅順医学校(官立)の7校であった。これらの上級学校に対し、満洲国・関東州内の中等学校卒業者だけでなく、「内地」の卒業者も進学を希望していた(17)。

　1940(昭和15)年度本科在籍学生の出身学校は、地域別でみると満洲国・関東州が約50％、「内地」が40％、朝鮮6％、中国2％、その他2％である。出身校種は、中学校卒業者60％、商業学校卒業者40％である。「内地」からの受験者数が、大連会場受験者数の1.5倍強であったことを考えると、満洲国・関東州内諸学校出身者が優遇されていたと推察できる。それは「関東州内男子中等学校卒業者上級学校進学状況」の統計資料(18)からも確認できる。1938

(昭和13)年から1940(昭和15)年までの3年間、関東州内卒業者における大連高等商業学校志願者は、ほぼ半数が合格している。競争倍率10倍以上という難関であるという事実からすると、優遇措置はあったと考えるのが妥当だろう。

2. 日本の高等商業教育のモデル

(1) アントワープ高等商業学校と東京高等商業学校

　日本最初の高等商業学校は、東京外国語学校附属高等商業学校(以下、東京高等商業学校)であり、日本に設置された高等商業学校は、いずれもこの東京高等商業学校をモデルとしていた[19]。明治中期、文部省が官立の高等商業学校を設立した理由は、①全国の商業学校の模範を示すこと、②商業学校の教員を養成すること、③将来の商業界の指導者を養成すること、にあった。また、この高等商業学校を外国語学校の附属として設置したのは、商業学科に必須の外国語学や一般教養科目を、外国語学校に依頼するためであった[20]。こうして東京外国語学校附属高等商業学校(東京高等商業学校)は、「高等ノ商業学科ヲ設ケ将来商業学校ノ教員タルベキ者及商業ヲ処理スベキ者等ヲ養成」する学校として、スタートを切った。

　では、東京高等商業学校の学科編成や教育編成、教育活動は、誰がどのように策定したのか。それは、当時世界で最も先進的な高等商業教育を実施していたヨーロッパに学んだ、ということが明らかになっている。モデルとなったのは、ベルギーのアントワープ高等商業学校である。

　アントワープ高等商業学校の設立は、1853(嘉永6)年のことである。きっかけとなったのは、1851(嘉永4)年、イギリスで開催された万国勧業博覧会であった。アントワープ商業学校教授で、万博に参加したイギリス人のウィリアム・レートンは、ベルギーとイギリスを比較して「其国(白耳義)ノ吾英国ニ譲ル所ハ外国貿易ニ従事スル商人ノ知見多カラザル」と報告している[21]。ベルギーではこのような報告を受け、1852(嘉永5)年、内務大臣の指揮下、アントワープ市庁及びベルギー中央政府に高等商業学校設立を建言し、翌年、高等商業学校新設に至った。学校の新設及び維持については、ベルギー中央政府とアントワープ市庁がその費用を分担し、学生の負担はわずかであった。創

立当初、わずか51名であった学生数は年々増加し、4年後には316名、日本に高等商業学校が設置されてまもない1887(明治20)年には、683名に達した。特徴的だったのは、ヨーロッパ諸国からの留学生が多数あったことである。創立4年目の学生316名中90名は、外国人であった。留学生は増加し続け、1892(明治25)年には、総学生数の43％を外国からの留学生が占めた。こうした留学生の中に日本人の名まえもあった。

アントワープ高等商業学校最初の日本人留学生は、東京高等商業学校1期生飯田旗郎[22]である。飯田は2年余り東京高等商業学校で学んだ後、1887(明治20)年、ベルギーに帰国した恩師を追うように留学したのだった。彼に続いて翌1888(明治21)年に原田貞之介、1890(明治23)年に村瀬春雄、永富雄吉、1898(明治31)年に関一、1899(明治32)年に石川文吾、1901(明治34)年に山中勇が、アントワープ高等商業学校に入学したことが確認されている[23]。このうち原田、関、石川の3名は東京高等商業学校卒業後、文部省派遣留学生としての渡欧であった[24]。村瀬と永富は、飯田同様、東京高等商業学校中退で渡欧している。彼らの多くは帰国後、母校の教授や講師となり、明治期の東京高等商業学校の教育活動を支えた。

東京高等商業学校が、日本の高等商業教育のモデルとして先進的な教育活動を実施できたのは、いわゆる「お雇い外国人」の招聘によるものであった。明治10年代の日本は、1883(明治16)年、文部卿に就任した大木喬任が商業教育行政に着手し、実業教育体制の整備や高等商業学校の創立を進めていた。その当時から、国内ではアントワープ高等商業学校について紹介されており[25]、東京高等商業学校開校時に教官をベルギーから招聘するのは、ごく自然の成り行きであった。第1期生の教育に携わった最初の外国人は、ジュリアン・ファン・スタッペンである。スタッペンは、1873(明治6)年にアントワープ高等商業学校を卒業し、1880年代には中国の税関及び関税制度の改革指導に携わり、ベルギーと中国を頻繁に往復していた[26]。東京高等商業学校には、1885(明治18)年3月から、2年間の期限で招聘された。彼が契約期間中の同年11月に緊急帰国した後には、再びベルギーのアントワープ高等商業学校から、アルチュール・マリシャルを招聘した。スタッペンの後任を文部省に申請した際の条件には

第一　左ノ諸商業学校ノ内ニテ其優等卒業証書ヲ所持スルモノ
　　　白耳義国アンウェル府高等商業学校　墺地利国ヴイアナ高等商業学校　仏蘭西国パリス高等商業学校　独逸国フランクフホルト高等商業学校(27)

とあり、東京高等商業学校側が、ベルギーからの招聘を希望していたことが確認できる。マリシャルもアントワープ高等商業学校出身で、商業学士の学位を取得しており、東京高等商業学校では、商業実践科の教授や商品陳列場の整理を担当した。マリシャルの後任も、アントワープ高等商業学校出身者であるE・J・ブロックホイスで、前任者同様、実践的な商業教育を実施し、貿易実践、商業地理、商業算術などの科目を担当した(28)。

以上述べてきたように、東京高等商業学校の教育方針や方法などは、アントワープ高等商業学校から招聘したベルギー人教師と、東京高等商業学校からベルギーに留学し、帰国後母校の教官となった日本人によって形成された。

(2) アントワープ高等商業学校の特色

アントワープ高等商業学校は、19世紀後半のヨーロッパで、最高水準の高等商業学校として各国から注目されていた。アントワープ高等商業学校の特色は4点あった。

第一に、語学教育の充実である。アントワープ高等商業学校では、英語、フランス語、ドイツ語の3か国語が必修で、週3時間履修した。この他にオランダ語、スペイン語、イタリア語から1か国語を選択、希望によりロシア語も選択できた。授業はフランス語で行われ、語学の授業の場合は、いずれもその言語を母語とする教官が担当した。必修の3か国語については、自由に商業作文が作成できる程度までの語学力を学生に要求した。日本人留学生飯田は、「出立前佛語は僅かばかりの學修だから不自由がちに、唯我身隨分と心細く暮して、兎も角規定の學科を終へて卒業した」と述懐している(29)。明治初期に3か国語以上の外国語を習得するのは、日本人にとって極めて高いハードルだったと想像できる。

第二の特色は、商業実践科目に重点を置いたことである。商業実践科目とは、「商業作文」「商業算術」「商業簿記」「手形」「金融」「海上保険」など、商取引に欠かせない知識や技能を、実践的に学ぶ学科目であった。前述の飯田は、この商業実践科目について、「学校で最も多い時間を占めて居りますのは実修科でありまして当学校中否商業学全体の本尊とも申すべき重要な科目は此実修科で御座います。(中略)アントウアープの学校では日課平均毎日五時間の中実修科が三時間位ある。そうして其教授は二十八年来引続きて同一の職にある校長其れ自身であるのです」と述べている(30)。

　第三の特色は、講義だけでなく、実際の社会と接点を持つように工夫されていたことである。例えば商業実践科目の場合、学校内に商業事務所と銀行が設置され、学生はここで実践的に商取引や銀行業務を学ぶことができた。「商品学」では、学校に付設した商品陳列所で動植物や鉱山物の標本を展示し、学生が将来取り扱う商品や原材料の知識を習得できるようにした。このように、多くの学科目において、単なる講義だけでなく、実社会との接触を保つように工夫されていたのである。

　第四には、調査・研究活動の奨励をあげることができる。アントワープ高等商業学校では年に1回、教授が学生を引率し、国内の鉱山や製造所などを巡覧し、自国の工業の実情を学んだ。また、学生には卒業論文が課せられ、毎年学校が指定する12か国の中から、学生が選択した国の商業、経済、工業などに関する調査を行い、その結果をまとめることになっていた。その資料として、学生は最新の領事報告を使用することができた。さらに、成績優秀な学生には、旅行資金が賞与された。もっともこの特典は、ベルギー人学生に限定されていた。旅行資金は、少なくとも3年間諸外国を訪問し、仕事をもたなくても十分に生活できる程度の金額だった。この栄誉を受けた学生の義務は、各国の経済事情を研究し、その成果を報告することだった。1892(明治25)年までに旅行資金を獲得した学生は62名で、訪問国はアルジェリア、モロッコ、日本、中国、フィリピン、インド、カナダ、アメリカ、アルゼンチン、ブラジル、コロンビア、チリ、メキシコ、オーストラリアなど、ベルギーと商業上関係の深い国だった。62名中2名が日本を訪問し、東京高等商業学校の教官となったマリシャルとブロックホイスだったようである(31)。

次に、アントワープ高等商業学校の、卒業生の動向を考察する。卒業生の就職先として主なものは、商業、銀行、産業などの実業分野や官庁、教育界などであった。また、この学校の教育目的の一つである、各国の領事になる者も多かった(32)。1853(嘉永6)年から1892(明治25)年までの40年間で、卒業生総数は945名である。そのうち商社の支配人程度の地位にある者が249名、銀行支配人などが218名、ベルギー国の総領事が4名、副領事5名、代理領事8名、内務書記官が1名あり、海外の商業学校教授に赴任する者もあった。このように、アントワープ高等商業学校では、語学と実学を重視した商業教育を実施し、商業の専門家を数多く輩出したことが明らかである。

(3) 東京高等商業学校の教育活動

1884(明治17)年に開校した東京高等商業学校は、ベルギーのアントワープ高等商業学校から赴任した教官や、アントワープに留学後帰国した日本人により、商業教育の充実を図っていった。

教育課程をみると、語学や商業実践科目の重視というアントワープ高等商業学校の特色を、そのまま踏襲していることがわかる。表3-1は、1890(明治23)年度の東京高等商業学校教育課程である。「商用作文」「商業算術」「簿記」「商品学」など、アントワープで商業実践科目に組み込まれていた学科が、独立した科目として設定された上に、商業実践として2学年で「内国商業演習」週6時間、3学年で「外国商業演習」週9時間を実施した。また商業実践では、実習として実践場内に内外の都市や港湾を仮設し、学生は各種商店、商社を組織して実地の商取引を疑似体験した。この演習を終えたのち、教官は学生を引率して会社、銀行、取引所、市場、税関などを訪問し、売買取引や業務処理の方法、手続きを観察した。このように、商業実践科目を重視し実社会との接触を持つというアントワープ・モデルは、より強固な形で具現化された。

一方、語学教育においても、充実したカリキュラムが組まれた。東京高等商業学校では、英語が必修であった。そしてフランス語、ドイツ語、スペイン語、イタリア語、中国語の5か国語から1か国語を選択し、2学年で週3時間、3学年で週6時間、履修することになっていた。語学のレベルは高く、

表3-1　東京高等商業学校本科教育課程

	1年前期	1年後期	2年前期	2年後期	3年前期	3年後期
商用作文	2	2	1	1		
商用算術	3	3	2	2		
簿記	5	5	3	3		
商品	2	2	2	2		
商業地理・歴史	2	2	2	2	2	2
商業要項	2	2	2	2	2	2
経済	3	3	3	3	3	3
統計					2	2
法規	3	3	3	3	3	3
英語	8	8	3	3	3	3
外国語			3	3	6	6
商業実践			6	6	9	9
体操	3	3	3	3	3	3
合計時数	33	33	33	33	33	33

(出典:『東京高等商業學校一覧自明治二十三年九月至明治二十四年九月』)
注) 外国語はフランス語、ドイツ語、イタリア語、中国語から一語選択。

　日常会話はもちろん、商取引に不可欠の書信、証券、報告文、翻訳などの習得を学生に求めていた[33]。東京外国語学校の附属学校として新設された学校であるから、外国語教育の充実は当然であり、最も得意とするところであった。さらに、調査・研究活動の奨励も行った。それは、夏季休業中、3学年の学生から成績優秀者を選び、内外各地に派遣するというものであった。学生は、国内だけでなく、中国や韓国、フィリピンへ出かけ、商取引の慣習や産業調査、税関制度調査貿易調査などを手がけて、帰国後に報告書を提出した[34]。

　このように、明治期の東京高等商業学校は、アントワープ高等商業学校の特色に学んで教育課程や教育事業を設計し、ヨーロッパ型の高等商業教育を実践した。やがて、ヨーロッパに留学した卒業生や教官が中心となって、商科大学昇格への動きがつくられていくことになる。

3.「外地」における高等商業学校の特質と社会的機能

(1) 教育課程

　まず台北高等商業学校の教育課程を、アントワープ高等商業学校と比較し

て考察する。表3-2は、1919（大正8）年、創立当初の教育課程である。

　語学教育は、アントワープ高等商業学校や、それを範とした東京高等商業学校同様重視し、各学年とも週10時間以上の授業を実施した。台北高等商業学校の語学教育の特色といえるのは、第二外国語にマレー語と中国語を設定している点にある[35]。1925（大正14）年になると教育課程の改正が行われ、語学教育に関しては英語を第一外国語として重視することには変更がなく、第二外国語の選択枠に新たにドイツ語、フランス語、オランダ語が加えられた[36]。これ以後、本科生を対象とした第二外国語の授業に、大きな変更は見られない。ただし表3-3に示したように、1940（昭和15）年の段階で、マレー語が開設されなくなった。「内地」の学校ではドイツ語、フランス語、中国語、ロシア語を選択外国語としているのに対し、台北高等商業学校では、南方経営の人材育成という使命を意識して、南方地域の現地語や植民地宗主国の母語を選択枠に組み入れていた。しかし、国際情勢や日本の対外政策に応じて、それ相応の見直しが行われていた。アントワープと異なる点は、当該外国語を母語とする教官を、すべて招聘できなかったところである。英語と中国語は、外国人教師を雇用したが、他の外国語は、留学経験のある日本人教師が担当し、経済学や統計学など他の学科目と合わせて授業を受け持つにとどまった。

　次に商業実践科目について見ていくと、創立時の教育課程では、「商業文」「簿記及計理学」「商業地理及商品学」「商業学及商業実践」などの実践的学科目が、全体の45％前後であった。「商業学及商業実践」では、専任教官を1名置いた上、さらに台湾総督府事務官を招聘した。昭和期になると商業実践科目は減少し、それに代わり「経済原論」「貨幣論」「経済政策」「法学通論」などが登場し、実践から学理を中心とした教育課程に変化したことが確認できる。台北高等商業学校の特色ある学科目として、南方地域への進出を前提とした科目が設定されていたことがあげられる。それは創立当初の「南支那及南洋経済」であり、大正期に新設された「植民地法制」「熱帯衛生学」「植民政策」であった。昭和期には、選択科目として「熱帯農業」「民族学」の授業も行われた。これらの科目を担当したのは、南方地域への視察経験をもつ台湾総督府技師や、台湾総督府嘱託として南洋調査を経験した者、医学専門学

台北高等商業学校では、1936（昭和11）年に設置された貿易専修科と、1940（昭和15）年に設置された第二部「支那科」では、本科とは教育課程が大きく異なっていた。表3-5にあるように、貿易専修科の語学教育は、英語より「南支南洋」地域で必要とされる中国語やマレー語、タイ語、フランス語、オランダ語を重視していた。また、「商業文及書法」「商業算術及珠算」「商業簿記」「貿易実践及タイプ」など、徹底した実学中心のカリキュラムが組まれていた。一方、表3-4で示した第二部「支那科」では、中国語重視の語学教育を実施し、選択外国語に中国の地方語を設定していた。そして「支那社会事情」「支那法制」「支那資源及重要商品」など、中国事情に関する専門科目を必修として、中国事情に精通した人材を育成しようとしていた。

表3-2　台北高等商業学校教育課程

学　科　目	1年	2年	3年
修　身	1	1	1
国語漢文	☆2		
商業文	1	1	
英　語	10	8	8
支那語（馬来語）	3	3	3
商業数学	★3	2	
代　数	☆2		
簿記及計理学	★3	3	2
商業地理及商品学	2	2	
経済及財政	2	3	3
南支那及南洋経済			2
法　律	2	2	3
商業学及商業実践	★2	4	6
理化学	☆4		
工業大意	1	1	1
体　操	3	3	3
合　計	33	33	32

（出典：東京商科大学『日本商業教育五十年史』）
注1）数字は週時間数を示している。
注2）☆は無試験検定入学者が、★はその他の学生が履修する。

第1節　高等商業学校における人材育成　143

表3-3　台北高等商業学校教育課程

必修学科目	選択学科目	1年 前	1年 後	2年 前	2年 後	3年 前	3年 後
修　身		1	1	1	1	1	1
	心理学・論理学		*2				
	社会学		*2				
	哲学概論				*2		
体　育		4.5	4.5	4.5	4.5	4.5	4.5
国語及漢文		商2	商2				
日本文化史		商1	商1				
数　学		商2	商1				
	高等数学				*2		
商業数学		中2	中2				
			商1				
珠　算		中1	中1				
自然科学		商3	商2				
英　語		8	8	8	8	8	8
選択外国語		3	3	3	3	3	3
経済原論		3	2	2			
	経済学史						*2
貨幣論					2		
	景気論						*2
経済政策					3	2	
	外国貿易論						*2
	経済外交史						*2
	協同組合論				*2	*2	
商業史		2					
財政学						1	2
経済地理		1	2				
南支南洋事情				2	2		
	熱帯農業		*2				
植民政策							2
	植民地法制						*2
	民族学				*2		
	社会政策				*2		
法学通論		2					
憲　法			2				
	行政法			*2			
民　法				3	3		
	民事訴訟法						*2
商　法						3	3
経済法規						1	
	破産法及和議法					*2	
	国際法					*2	
	国際私法						*2

144　第3章　南進のための人材育成事業

必修学科目	選択学科目	1年 前	1年 後	2年 前	2年 後	3年 前	3年 後
商業概論		中3	中2				
	市場論				*2		
	取引所論				*2		
	倉庫論			*2			
銀行論				2			
	特殊銀行論					*2	
	信託論					*2	
外国為替論					2		
交通論				2	1		
保険論						1	2
経営経済学						2	1
	経営特殊問題						*2
	工場管理						*2
	商工心理学				*2		
商業文		1	1				
商業実践						1	1
	タイプライティング		*1				
商業簿記		中3	中3				
商業簿記		商1	商1				
	英文簿記			*2			
銀行簿記				2	1		
会計学						2	2
原価計算						1	1
	会計監査						*2
商品学				2	1		
	商品鑑定				*2		
工業大意		1	2				
統計学					2		
	経済統計学						*2
台湾事情						2	
熱帯衛生				不定	不定		
研究指導						不定	不定
計		35.5	35.5	35.5	35.5	35.5	35.5

（出典：『台北高等商業學校一覧』1940年）
注1）表中の商は商業学校出身者に、中はその他の者に課された学科目である。
注2）選択外国語はドイツ語、フランス語、中国語、オランダ語から1つを選択履修する。
注3）＊は選択学科目で、1年2学期に1科目、2年1学期1科目、2学期2科目、3年1・2学期に2科目を選択履修する。

表3-4 台北高等商業学校第二部(支那科)教育課程

	1年		2年		3年	
	前	後	前	後	前	後
修　身	1	1	1	1	1	1
体　育	4.5	4.5	4.5	4.5	4.5	4.5
日本文化史	1	1				
商業数学	2	2				
珠　算	1	1				
英　語	4	4	4	4	3	3
支那語	8	8	8	8	8	8
選択外国語					4	4
経済学概論	3	3				
植民政策					1	1
法学通論	1	1				
憲　法	1	1				
民法			3	2		
商　法					3	2
国際法				2		
商業概論	3	3				
銀行論			1	1		
外国為替論			1	1		
交通論			1	1		
経営経済学					2	1
商業文	1	1				
商業簿記	3	3				
銀行簿記			2	1		
会計学					2	2
原価計算					1	1
統計学			1	1		
工業大意			2	1		
支那経済地理	2	2				
支那資源及重要商品				2		
南洋経済事情			1	2		
日本産業論				2		
支那近世史				2		
支那社会事情				2		
支那法制			2	2		
東洋為替実務				2		
東亜経済政策						2
東洋哲学						2
支那貨幣及金融					2	2
支那財政					2	2
研究指導					不定	不定
計	35.5	35.5	35.5	35.5	35.5	35.5

(出典：『台北高等商業學校一覧』1940年)

表3-5 台北高等商業学校貿易専修科教育課程

修　身	1
体　育	2
英　語	5
外国語(中国語)	＊9
外国語(マレー語)	＊9
外国語(オランダ語)	＊9
外国語(フランス語)	＊9
外国語(タイ語)	＊9
商業文及書法	2
商業概論	2
商業算術及珠算	2
商業簿記	2
商業法規	1
貿易経営論	3
貿易実践及タイプ	2
海外経済事情	3
熱帯農業	2
熱帯衛生学	不定
計	36

(出典：『台北高等商業學校一覧』1940年)
注) 外国語は1か国語を選択する。

注) 選択外国語は、英語、福州語、厦門語、広東語から選択する。

次に、京城高等商業学校の教育課程には、どのような特色があるか検討する。表3-6は1922（大正11）年、官立学校として開校した当時の教育課程である。語学教育では、英語を重視していたことがわかる。それは官立学校初代校長鈴木孫彦の招聘した教官が、前述した朝鮮総督府外事課嘱託横山富吉だったことと無縁ではない。横山の人脈で米英人宣教師が、高等商業学校の英語講師に就任し、質の高い英語教育が行われた[38]。卒業生の河田公明は当時を振り返り、「英語は教科の三分の一を占め、大分きたえられた。（中略）第二英語でアンドレ・モーロアの『英国史』を通読したのが印象に残っている。丸善から原書を取寄せたテキストで歴史の興味もあり面白かった」と回想している[39]。

　また、日本語を母語とする者を対象に、朝鮮語を課した。さらに第二外国語として朝鮮語、中国語の他、ドイツ語、フランス語、ロシア語から１か国語を選択し、３年間継続することになっていた。ところが、日中戦争期の1938（昭和13）年、教育令の改正で自由主義と見なされる教授の追放など、急速な教育の軍国主義化が行われ、朝鮮語は廃止となった。1941（昭和16）年には、英語の週時数は半減し、代わりに中国語が週時数５～６で必修となった。外国人教官は、1941（昭和16）年までに退職または解雇となり、すべての科目を日本人教官が担当することになった[40]。他の専門科目においても、国際情勢や戦況の変化にともなう見直しが行われた。京城高等商業学校の専門科目は、台北高等商業学校ほどアントワープ・モデルに忠実ではなかったが、それでも開校当時の教育課程では、「商業簿記」「銀行簿記」「商業作文」「商品学」など商業実践科目が、週時数８～10時間程度設置されていた。それが1941（昭和16）年には、商業実践関係科目の週時数が減少し、「日本学」や「大陸経済政策」がそれらに取って代わった。京城高等商業学校独自の専門科目としては、創立当時から「東洋経済事情」があった。この科目を担当した山口正吾教授について、13期卒業生の日浅不加之は次のように回想している。

　当時私たちが住んでいた朝鮮と満州、支那の説得的な現状分析を主軸としていた。朝鮮を含めたこれらの地方の、低い段階にあった経済生活に対して大きな開発事業が行われて、ある程度の成果をあげたことを客観的に説

表3-6 京城高等商業学校教育課程

学科目	第1学年(中卒) 1学期	第1学年(中卒) 2学期	第1学年(商卒) 1学期	第1学年(商卒) 2学期	第2学年 1学期	第2学年 2学期	第3学年 1学期	第3学年 2学期
修　身	1	1	1	1	1	1	1	1
国　語	2	2	2	2	2	2		
国語及漢文			2	2				
英　語	9	9	9	9	8	7	7	6
商業通論	2	2						
貨幣及金融論							2	2
銀行論					2	2		
取引所論								2
倉庫論								2
交通論					2	2		
海上保険論							2	2
経営学							2	2
商業簿記	3	3						
銀行簿記					2	1		
原価計算						2		
会計学							2	1
商業数学	3	3			1	1		
商業作文	1	1	1	1				
商業実践							2	2
商品学					2	2		
商業地理	2	2	2	2				
東洋経済事情							2	2
経済原論	3	3	3	3				
商工政策					2	2	2	
商業史					2	2		
財政学							2	2
法通学論	3		3					
民　法		3		3	3	3		
商　法							3	3
近世史			2	2				
理化学			2	2				
数　学			2	2				
体　操	3	3	3	3	3	3	3	3
選択科目	2	2	2	2	4	4	4	4
合　計	34	34	34	34	34	34	34	34

(出典:『京城高等商業學校一覧 昭和12年度』1937年)
注1) 国語を常用する者には国語に代えて朝鮮語を課す。
注2) 第2学年生徒で商業学校卒業者は、銀行簿記に代えて選択科目を1学科履修できる。
注3) 選択科目は次の中から適宜選定して学校長が公示する。
　　　商業学…会計監査、市場論、信託論、保険論、商業経書購読
　　　経済学…経済学史、農業政策、交通政策、統計学
　　　法律学…憲法、行政法、民法、商法
　　　語　学…朝鮮語、中国語、ドイツ語、フランス語、ロシア語
　　　その他…論理学及心理学、哲学概論、教育学、文明史、工学
注4) 各学年に配当すべき選択科目は1学年1科目、2・3学年2科目とする。
注5) 語学を選択する者は、3年間継続すべきものとする。

かれていた。これによって、私は初めて自分の住んでいるその土地への深い関心を持ったものである(41)。

　日浅の回想から明らかなように、京城高等商業学校に進学した学生たちは、日本の大陸進出を前提とした経済事情を学び、「外地」への興味・関心を高めていったことは確かである。しかし、台北より戦況の変化や国際情勢の影響を直接受ける地域であるため、1941(昭和16)年以降は、独自性は失われたと見てよいだろう。

　最後に、台北や京城より遅れて昭和期に開校した、大連高等商業学校の教育課程を見る。表3-7は、大連高等商業学校創立当初の教育課程である。東京高等商業学校の教育課程と比較すると、学科目に関しては、ほぼ東京高等商業学校のものを踏襲していることがわかる。ただし満洲という地域性から、外国語教育ではロシア語、中国語を、英語とともに習得するように設定されていた。これ以外に満洲や関東州の地域性を示す科目は、3年間を通じて学ぶことになっていた「満洲経済事情研究」だけであった。しかし官立に移管する前年の1941(昭和16)年、教育課程が改正され、「東洋経済地理」「東洋経済事情」という学科目が新設された(42)。1年時で学ぶ「東洋経済地理」では日満経済関係の歴史的研究を、2年時には「東洋経済事情」で日満経済事情総論を、3年時で満洲経済事情各論として農業、工業、商業事情を学ぶことになった。また、「植民政策」「満洲産業論」「東亜資源論」などが、選択科目として新たに加えられた(43)。

　では、アントワープ高等商業学校第三、第四の特色は、「外地」高等商業学校ではどうなっていたのか。社会との接点及び調査・研究活動の奨励に関して、最も積極的に取り組んだのは台北高等商業学校である。台北高等商業学校では、1・2年時に台湾島内調査旅行を実施し、3年時には大規模な海外調査旅行に出かけて帰校後、調査報告会を開催したことは、2章で詳述した通りである(44)。京城高等商業学校でも、調査旅行は実施されていたと考えられる。それは入学時の経費や学年ごとの所要経費に、旅行費代の項目があることから確認できる。ただし旅行費は、3年間合算しても6円で、台北の旅行積立金115円と比較して、はるかに少額であった(45)。従って旅行そのもの

表3-7 大連高等商業学校教育課程

学科目	第1学年(中卒) 1学期	第1学年(中卒) 2学期	第1学年(商卒) 1学期	第1学年(商卒) 2学期	第2学年 1学期	第2学年 2学期	第3学年 1学期	第3学年 2学期
修身	1	1	1	1	1	1	1	1
法学通論	1	1						
民法	1	1	2	2	1	1	1	1
商法					1	1	1	1
手形及小切手法							2	1
経済原論	2	2	2	2				
貨幣論					1	1		
商業政策					1	1		
工業政策					1	1		
経営経済学					2	1		
商業通論	2		2					
銀行及金融論					1	2		
外国為替								2
保険							1	2
交通論					2	2		
簿記	3		3		2	2		
会計学							2	2
原価計算							1	1
統計学					1	1		
財政学							2	1
商品学					2	2		
商業地理	1	1	1	1				
最近世史		2		2				
商業史					1	1		
商業数学・珠算	3		3		1	1		
第一外国語	8	8	8	8	8	8	8	8
第二外国語	3	3	3	3	2	2	2	2
国語漢文商業作文	1	4	1	4				
数学			3	3				
工学	1	1	1	1				
体操	4	4	4	4	3	3	2	2
満州経済事情研究	3	3	3	3	3	3	3	2
選択学科目							8	8
商業実践							不定	不定
総計	34	34	34	34	34	34	34	34

(出典:『大連高等商業學校一覧 昭和15年度』1940年)
注1) 第一外国語は英語、中国語から1つを選択履修する。
注2) 第二外国語は英語、中国語、ロシア語から1つを選択履修する。
注3) 選択学科目は次の中から適宜選定して学校長が公示する。
　　　憲法、行政法、国際公法、民事手続法、破産法、農業政策、植民政策、社会政策、経済政策、交通政策、景気論、経済事情、経済史、経済学史、信託論、税関論、倉庫取引所論、市場論、共同海損論、広告論、会計監査、論理学、心理学、商工心理学、哲学、社会学、教育学、タイプライティング
注4) 第3学年では、毎学期選択科目を4科目選択履修する。

は、朝鮮半島内の視察など小規模なものであり、台北高等商業学校が実施した海外調査旅行は、実施されなかったのではないかと推察できる。一方、大連高等商業学校では、1939(昭和14)年に2年生が「内地」「北支」「北満」の3方面に分かれて旅行に出かけた記録がある(46)。ただし旅行はこの年1度だけで、翌年からは「満州国建設勤労奉仕隊」として、奉仕作業に出かけることになった。

以上述べてきたように、台北、京城、大連の高等商業学校では、アントワープ高等商業学校を範として、語学及び商業実践科目を重視した教育課程を編成していたことが確認された。ただし日本の「外地」としての使命から、各地域の特性に合わせた語学教育の実施や、学科目の新設が見られ、大陸や南洋で活躍する人材の育成を目指した点で、東京高等商業学校や他の「内地」高等商業学校とは、異なる教育課程となっていたことが明らかになった。また、「外地」に設置された高等商業学校においても、アントワープ高等商業学校と同様の、植民地内外の旅行を実施し、調査・研究を奨励していたことも確認できた。

(2) 卒業生の動向

台北高等商業学校は、特色ある教育課程や、校内に設置した調査研究機関の活動を通して、台湾及び南方経営にあたる人材の養成に努めた。専門的な教育を受けた学生は、台湾島内や「南支南洋」各方面に就職した。表3-8は、本科卒業生の就職業種別統計で、このデータをグラフ化したものが図3-1、就職地別のグラフが図3-2である。1922(大正11)年から1940(昭和15)年までの卒業生1,326名のうち、就職業種として最も多いのは、台湾総督府をはじめとする官公庁で、全体の26％、次に銀行・保険関係が11.4％であった。台湾総督府の台湾経営と密接な関わりをもつ電力会社や製糖会社に就職した者も少なくなかった。また、就職地別では、約63％が台湾島内に、約7％が「南支南洋」方面に就職している。これに対し「内地」に就職した卒業生は約14％で、本籍を「内地」に持つ1,204名のうち85％は「内地」に戻らず、台湾や満洲、朝鮮、南方方面で職を得たことになる。台湾島内で就職したのは831名で、このうち約40％は台湾総督府などの官公庁就職者で、これに準国策会社への就

職者を合わせると、台湾島内就職者のおよそ半数に上る。このように、官公庁や準国策会社への就職が多いことが、台北高等商業学校本科卒業生の特色であった。

官公庁に就職した卒業生が担当した業務は、台湾総督府就職者では交通局、殖産局、専売局への配属が多かった。また、表3-9にある通り、1940（昭和15）年までに、台湾総督官房調査課（後の外事課を含む）に卒業生11名が就職した。彼らの多くは在学中、海外調査旅行に参加し、直接「南支南洋」の地を踏んでおり、調査旅行報告会や卒業論文などで、「南支南洋」を対象とした調査・研究を行った学生たちである。台北高等商業学校で学んだ地域調査や研究の成果が、台湾総督府の調査・研究に発揮されたのである。台湾銀行や華南銀行、台湾電力会社などの調査課においても、台北高等商業学校卒業生の活躍が確認できる。なお、これ以外では金融保険業、物品販売代理業、交通運輸業など、商業・経済活動に直接関わる業種への就職が多かった。これは東京高等商業学校をはじめ「内地」の高等商業学校に見られる、高等商業学校出身者としては、一般的な就職先であった。

京城高等商業学校において、卒業生すべての就職先については、資料の制約があって十分に検討できない。そこで、閲覧できた第13回卒業生までの802名の動向を考察することで、京城高等商業学校の社会的進出の傾向を探ることにする。表3-10の就職業種別統計によると、金融関係と行政機関への就職者が最多で、どちらも全体の約27％であった。次いで企業への就職が約25％、自営が11％、教育関係が6％だった。金融関係では、朝鮮銀行や朝鮮殖産銀行などのほか、地方の金融機関であった金融組合に、100名の卒業生を輩出している。植民地中央銀行である朝鮮銀行へは18名、産業関係の基幹銀行である朝鮮殖産銀行への就職者は、毎年3名程度で合計31名であった。卒業生の回想によれば、1931（昭和6）年頃の就職業種はそれほど多くはなく、一般企業への就職は限られていて、金融組合理事が最もよい就職先であった。一般庶民の金融を扱う朝鮮金融組合では、朝鮮語が不可欠であり、「内地」からはなかなか採用されなかったから、金融組合への就職は、いわば京城高等商業学校卒業生の特権であった[47]。行政機関では、朝鮮総督府の鉄道局と専売局への就職者が、97名あった。また、朝鮮総督府官吏として、各部署で活躍

した卒業生も100名を超えた。

京城高等商業学校の場合、就職地別の統計がなく、正確な数字を示すことができないが、朝鮮半島の金融機関や朝鮮総督府など、官公庁への就職者が多数を占めることから、朝鮮半島内の就職者が最も多く、「内地」への就職者は少数であったことが推察できる。昭和初期、「内地」が金融恐慌で就職難の時代にあっても、京城高等商業学校卒業生はほぼ100％、いずれかの企業や官公庁に就職することができた。これは、学校長をはじめ教官の努力によるところが大きい。ただ、「満洲進出」を合言葉に大陸を目指した学生が、実際に満洲の地に就職したケースは、満洲中央銀行や南満洲鉄道株式会社への就職者が見られるものの、それほど多くはなかったと思われる[48]。

表3-8 台北高等商業学校卒業生就職業種別一覧

	1922	1923	1924	1925	1926	1927	1928	1929	1930	1931	1932
本科卒業生数	22	37	43	49	49	55	77	125	122	128	65
総督府・官公庁		4	8	11	11	14	27	31	44	51	17
教員			2	3	5	1	2	11	6	4	1
金融・保険	5	6	7	9	12	10	5	8	9	11	5
製糖業		1	2	3	3	2	1	1	2	4	2
食料工業			1			1	1	1		1	
電気・器具工業	4	3	2	3	2		3	4	4	4	3
化学工業		1	2	1	1			1	3	4	3
紡織・窯業	1		1	2		2			3		
雑工業											1
鉱業	1	1	4				1	2	2	1	1
印刷業				1				3	3	1	
物品販売代理業	2		1	1	1	3	7	9	2	2	7
雑商業	2	1	1		1	1			1	1	1
農業			1	1			1			2	2
交通運輸業	1	1	1		1	5	1	2	3	6	3
水産業			1				2	2	2	1	
その他	2	4	5	5	3	7	4	8	13	8	4
自営	2	3		4	4	1	5	10	4	2	2
軍関係		1					1	5	3	2	
在学										1	
不明			4		1	1	6	17	10	12	4
死亡	2	5	5	5	4	3	10	10	8	10	9

注）企業・会社の分類は『台湾銀行会社一覧』による

第1節 高等商業学校における人材育成 153

　ところで、京城高等商業学校卒業生の中にも、在学中に学んだ知識や技能を生かし、植民地調査を手がけた者があった。その一例が13期生、日浅不加之である。彼は卒業後、朝鮮殖産銀行に入行し釜山支店勤務となった。1938（昭和13）年には、行内の懸賞論文に応募して次席となったことから、京城本店調査部に異動となった。調査課では、調査内容として「銀行の原価計算」「銀行店舗の立地」「朝鮮で金融機構はどうあるべきか」などのテーマを与えられた。日浅は、京城高等商業学校教官から満鉄調査部に転出した恩師、山口正吾と往復書簡で指導を受けながら、調査報告書をまとめた(49)。日浅と同期の岸川忠嘉は、満鉄調査部に就職し、経済調査会第四部に所属して主に貿易部門を担当した。後に岸川は、「満州国の財政的基盤を固めるために国の

1933	1934	1935	1936	1937	1938	1939	1940	合計	主な企業・会社
66	59	77	76	66	75	65	70	1,326	
29	16	21	20	18	17	5	2	346	
	1	1	1		2			40	
6	8	10	8	7	12	7	6	151	台湾銀行、台湾商工銀行、日本勧業銀行
2	1	2	3	4	4	2	5	44	台湾製糖、明治製糖
4	1			2	2		5	19	台湾畜産、高砂麦酒
1	2	6	2	3	3	3	8	64	台湾電力、日本ビクター蓄音器
	1	2	3			5	2	30	日本アルミニウム
1	2	1	1	1		1	1	17	浅野セメント、台湾繊維
	1		1					3	
3	2	7	5	4	6	9	3	52	日本鉱業、基隆炭鉱
				2		1		11	台湾日報社
6	7	3	3	6	4	2	8	74	三井物産、守谷商会
	1	1	1	3				15	台湾倉庫
	1	1	2		2	3	3	19	台湾拓殖
4	2	5	4	2	5	9	6	61	日本通運、日本郵船
			1		2		2	13	日本水産、南日本塩業
2	1	5	3	2	6	4	1	87	
3	4	4	3	2		2	3	58	
	1	1	1	1				16	
2		2	3	4	7	9	9	37	
2	5	1	5	4	2	1	6	81	
1	2	4	6	3	1			88	

（『台北高等商業學校卒業生名簿』（1930年10月）、『台北高等商業學校一覧昭和14年度』より作成）

154　第3章　南進のための人材育成事業

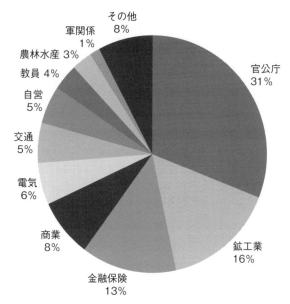

図3-1　台北高等商業学校卒業生就職業種別割合

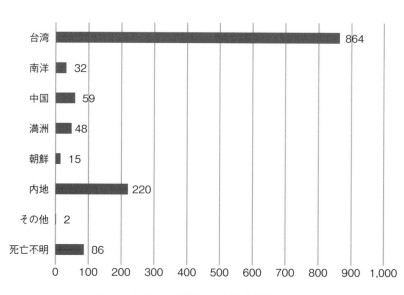

図3-2　台北高等商業学校卒業生就職地別グラフ

第1節　高等商業学校における人材育成　155

適切な関税の設定が重要で、その作業に外務省出身の斉藤良衛博士が満鉄顧問として当たって」おり、「入社早々の私はそのお手伝いを命ぜられ」たと回想している⁽⁵⁰⁾。岸川は満鉄調査部で、『満洲経済年報』1937年上期版に「満州国貿易状態の好転」を寄稿し、『満鉄調査月報』や『調査彙報』にも数回、報告を寄稿するなど、調査員として活躍した。

表3-9　台北高等商業学校卒業生就職業種別一覧

回生	年度	氏名	就職会社・機関
1	1922（大正11）	後藤俊隆	台湾銀行本店調査課→台湾銀行出張所
3	1924（大正13）	戸田龍雄	台湾総督官房調査課→台湾拓殖会社南洋課
		前川　昇	台湾総督官房調査課→台湾南方協会
		宮原義登	志願兵→台湾総督官房調査課→満鉄東亜経済調査局南洋課
		中井　勇	台湾銀行調査課
4	1925（大正14）	永嶺一虎	台湾総督官房調査課→自営（関西料理）
5	1926（大正15）	塩谷巌三	高砂商会→台湾総督官房調査課
6	1927（昭和2）	大田修吉	台湾総督官房審議室→外事部第二課長
7	1928（昭和3）	三島文平	台湾総督官房調査課→香港日本商工会議所
8	1929（昭和4）	石井暉冶	台湾銀行調査課
		濱島政時	台湾銀行調査課
9	1930（昭和5）	岩隈　博	台湾総督官房調査課→満鉄東亜経済調査局
		石橋　忠	台湾総督官房調査課→総督府企画部
18	1938（昭和13）	田辺寿一	台湾総督府外事部（昭和15年現在）
19	1939（昭和14）	幸野　昭	台湾総督府外事部二課（昭和15年現在）

(『台北高等商業學校卒業生名簿』1930年、『台北高等商業學校一覧』1915〜1940年より作成)

表3-10　京城高等商業学校卒業生就職業種別一覧

卒業年度	1921	1922	1923	1924	1925	1926	1927	1928	1929	1930	1931	1932	1933	合計
卒業生	33	22	53	53	70	60	75	65	65	72	75	81	78	802
金融機関	12	7	13	8	25	16	21	16	20	17	22	19	16	212
行政機関	8	4	8	12	10	16	14	20	16	25	25	29	26	213
教育関係		2	3	8	6	5	5	6	1	4	4	4	3	51
企業	6	6	13	15	14	13	24	18	16	15	13	17	20	190
自営	5	2	12	5	11	4	7	3	9	7	7	8	6	87
進学				1	3	1		1		2	3	2	3	16
死亡	2		4	3	3	3	2	2	1	2	4	3		33

(出典：『京城高等商業學校一覧　昭和8年版』1933年)

最後に大連高等商業学校卒業生の、社会的進出状況を見る。大連高等商業学校の歴史は、8年足らずである。残念ながら8年間の卒業生の動向を検討するだけの、十分な資料がない。表3-11は、第1回卒業生の就職地及び就職業種を表したものである。本科生の就職地は関東州、満洲国、中国を合わせると93％と圧倒的であった。大連高等商業学校は、関東州及び満洲国唯一の高等商業機関であったから、これらの地域を就職地として選択するのは当然の結果であった。就職業種では、工業関係と交通運輸関係が最も多く、これに商事会社が続いている。別科生の場合は、70％以上が上級学校への進学で、就職者の半数以上が商社に職を得た。資料の制約上断定できないが、関東州及び満洲方面には大学や専門学校、高等学校が多数設置されていて、歴史の浅い大連高等商業学校が、容易に就職先を確保できなかったのではないかと考えられる。

　以上述べてきたように、「外地」に設置された高等商業学校卒業生の社会的進出状況は、アントワープや日本「内地」の高等商業学校とは、異なる特性を持っていたことが明らかになった[51]。「外地」高等商業学校卒業生の多くは、台湾総督府や朝鮮総督府の官吏となり、台湾経営、朝鮮経営を支える実務担当者となった。あるいは台湾銀行や台湾電力会社、朝鮮銀行、南満洲鉄道株式会社など植民地経営の一翼を担う企業に就職し、中には植民地調査を担当する者もあった。「外地」に開校した高等商業学校の使命は、「外地」で生活して教育を受けさせることで、現地の実情を理解し、現地で植民地経営の実務を担当するエキスパートを養成することだったのである。このような「外地」高等商業学校の特性は、学校のカラーとして知られるようになった。実は全国の高等商業学校には、得意とする分野や地域があったといわれている。たとえば「内地」では横浜高等商業学校が対米貿易、神戸高等商業学校は対欧州、小樽高等商業学校は対ソ貿易、山口高等商業学校は対中貿易、といった具合である。このような各校のカラーは、教官や学生により伝統として継承されていった。「外地」高等商業学校への入学を希望する学生たちは、「外地」の地域性や特色を理解し、卒業後は「内地」に戻らない覚悟で、台湾や朝鮮に渡ったのである。彼らは植民地経営の一翼を担った人びとなのである。

第1節　高等商業学校における人材育成　157

　この節の最後にあたり、台北高等商業学校の教育活動全般について、その社会的機能を総括しておきたい。南進のための教育機関として、台北高等商業学校は、その使命を果たせたといえるのだろうか。卒業生の動向を見る限り、「南支南洋我が市場」という合言葉の使命を果たすことができたとは、いえないだろう。しかしそれは、教育課程や事業の不備ではない。熱帯産業調査会の南進教育をめぐる議論の中に見られた、南方で就職できない原因が教育課程にあるという指摘は、必ずしも的を射たものではない。少なくとも第1回から第7回卒業生までは、毎年、有馬洋行、潮谷洋行、南洋倉庫などに就職し、シンガポールやジャワのスラバヤ、スマランなど南方へ直接派遣されていた。つまり、南方に職を得るという実績は、あったのである。ただし、南方地域をめぐる国際情勢が安定していれば、という条件つきであった。また、本科卒業生の場合、卒業年が徴兵検査にあたり、兵役を終えなければ南方へ渡航できないという事情もあった。つまり、中央政府と台湾総督府との関係や、国際情勢の変化、兵役、戦況など、様々な要素が複雑に絡み合った結果、南方への就職が難しくなっていったのである。従って、台北高等商業学校の社会的機能は、第一に台湾経営の一端を担う実務担当者の養成で、南進要員育成は付随的であったといえる。

　表3-12は、第2章で詳述した調査・研究活動を含め、台北高等商業学校の事業をまとめたものである。この表を見る限り、少なくとも台北高等商業学校は、創立当初から長期にわたり、南進教育を推進し続けた、唯一の高等商業教育機関であったことは間違いない。台湾という、日本「内地」から離れたところに位置し、台湾総督府の附属教育機関として、1940年代に入るまでは特色ある事業を実施できた。台北高等商業学校卒業生だけでなく、教官の中にも、後に高等女学校長として女子教育に尽力した室田有、南進教育を主導する高雄商業学校の初代校長となる河合譲など、個性ある教授陣が台湾を舞台に活躍した。台北高等商業学校は、南進基地台湾を、教育の分野から支えたのである。

158　第3章　南進のための人材育成事業

表3-11　大連高等商業学校第1回卒業生進路状況

	進学	内地	朝鮮	関東州	満州	中国	合計
本科	4	1	2	25	58	13	103
別科	33	1		4	7	1	46

	商社	銀行	工業	運輸	鉱業	開発	官庁	自営	合計
本科	20	6	26	26	10	7		4	99
別科	7		4		1		1		13

（出典：在満教務部関東局官房學務課『在満日本人教育施設要覧』1940年）

表3-12　台北高等商業学校の事業

年　度	報告会	懸賞論文	刊行物
1922（大正11）	第1回〜第8回	論題 「台湾に自由港創立制度を採用することの可否」 「本島に於ける製糖業を官営とするの可否」「本島に精米市場を設置する可否」	
1923（大正12）			「南支南洋経済」第1巻第1号
1924（大正13）	第1回報告会開催		「南支南洋経済」第2巻第1号第2号
1925（大正14）		懸賞論文	
1926（大正15）			「南支南洋研究」第4号
1927（昭和2）	旅行報告会開催		「南支南洋研究」第5号
1928（昭和3）			「南支南洋研究」第6号
1929（昭和4）			「南支南洋研究」第7号
1930（昭和5）			「南支南洋研究」第8号第9号第10号
1931（昭和6）			「南支南洋研究」第11号第12号第13号

講演会	展覧会	旅行	その他
		6/10－8/6 南支南洋旅行団	討論会「支那を国際管理に附する可否如何」 3年生送別茶話会
6/20広東総領事天羽氏・雲南領事粕尾氏講演会		第1班南洋一周 第2班南支 第3班北支 第4班中支	
6/21 雲南省財政司長王九齢氏講演会 第1回巡回講演会		第1班南洋一周 第2班香港広東方面 第3班北支満鮮 第4班上海方面	1/22 外務省南支視察学生団歓迎会兼講演会
	2/11 「南洋デー」開催	第1班南洋 第2班北支満鮮	
巡回講演会	6/11 南支南洋展覧会主催	第1班南支南洋 第2班中北支満鮮	南洋事情映画公開
山口高等商業学校教授宮脇氏講演会 島内巡回講演会		第1班南洋 第2班満洲	第2回卒業生久保田氏歓迎茶話会
大阪商船会社佐伯氏講演会「南米事情」 島内巡回講演会		第1班南洋 第2班内地	スペイン語講座 講演会と映画の夕開催 東阿弗利加事情映画
		第1班北支 第2班内地	
第1回冬期島内経済調査隊派遣 島内巡回講演会		第1班朝鮮 第2班南洋	商品陳列館公開 開校記念日に南支南洋事情映画の夕開催 第1回座談会開催
第2回島内経済調査隊派遣 内地巡回講演会	6/13 南支南洋経済研究展覧会	第1班北支 第2班南支南洋 第3班内地	第2回座談会(治外法権に関するもの) 第3回座談会(銀問題)

第3章 南進のための人材育成事業

年　度	報告会	懸賞論文	刊行物
1932（昭和7）			「南支南洋研究」第14号 第15号 第16号
1933（昭和8）			「南支南洋研究」第17号 第18号
1934（昭和9）			「南支南洋研究」第19号 第20号 第21号 第22号
1935（昭和10）			「南支南洋研究」第23号 第24号
1936（昭和11）			「南支南洋研究」第25号 第26号 第27号
1937（昭和12）			「南支南洋研究」第28号 第29号
1938（昭和13）			「南支南洋研究」第30号 第31号 第32号
1939（昭和14）			「南支南洋研究」第33号
1940（昭和15）		懸賞論文	「南支南洋研究」第34号 第35号
1941（昭和16）		学術論文	
1942（昭和17）		学術論文	「南支南洋研究」第36号 第37号 第38号
1943（昭和18）		学術懸賞論文	「南支南洋研究」第39号 第40号

（出典：『南支南洋経済研究會要覧』1932年、『南支南洋経済』1-1〜2-2、『南支南洋研究』4〜40、『鵬翼』1〜29）

講演会	展覧会	旅行	その他
島内巡回講演会		第1班フィリピン 第2班北支満鮮	
島内巡回講演会		第1班北支満鮮 第2班香港広東方面	
		第1班フィリピン 第2班南支南洋 第3班香港広東方面 第4班南支南洋 第5班タイ・仏印	南方各国語劇「南洋の港」上演
島内巡回講演会		第1班南支南洋 第2班蘭領東インド 第3班フィリピン 第4班香港広東方面 第5班北支満鮮	
南洋講演会		南支南洋	
南洋講演会		香港広東方面	
南洋講演会		満鮮	支那科創設記念南方風俗紹介劇上演
		第1班タイ・仏印 第2班満鮮 第3班香港広東方面 第4班中支	
島内巡回講演会		満鮮	

第2節　南洋協会による人材育成

1. 南洋協会の人材育成事業

(1) 南洋協会の設立と事業概要

　南洋協会は、創立当初から協会の事業の中心は、南方地域の調査と人材育成であることを明言していた。それも日本「内地」ではなく、南洋各地における事業の実施を基本とし、それらを行うために支部活動を重視した。まず、1915(大正4)年8月、台湾に支部を設置し、本格的な調査や外国語講習会、講演会を開始した。これ以後、シンガポール(1918年)、ジャワ(1921年)、関西(1922年)、南洋群島(1923年)、マニラ(1924年)、東海(1928年)、ダバオ及びスマトラ(1929年)、バンコク(1937年)、神戸(1939年)などに支部を設けた。南洋各支部の会員には、在外領事や在留企業の幹部、南洋各地の事業家などが参加した。また、支部長に、領事や南洋庁長官が就任した支部もあった。一方、農商務省からの委託により1918(大正7)年には、シンガポールに商品陳列館が設立された[52]。これ以後、日本が敗戦する1945(昭和20)年まで、南洋協会は南洋各地に活動範囲を拡大し、台湾総督府や農商務省、外務省などと関わりを持ちながら、「南支南洋」調査や人材育成事業を展開したのである。

(2) 人材育成事業

①学生会館　1918(大正7)年9月～1920(大正9)年8月

　井上雅二は、南洋協会創立当時から、南洋事業の推進には人材の養成が重要であると考え、学生会館設立の提案を行っていた。この準備会として1915(大正4)年、華族会館で南洋協会評議員会が招集され[53]、シンガポールに南洋学生会館を設置することを可決した。しかし会は発足間もないことから、経済的基礎の確立が先決とされ、学生会館設置は承認されたまま、実施は保留となった。

　その後、農商務省の委託により、シンガポールに商品陳列館を設置するに際し、南洋方面の業務に従事する人物の養成事業に着手することになり、商品陳列館内に学生会館を併置した。商品陳列館長兼学生会館長には、山口高

等商業学校教授木村増太郎が就任した。学生の修業年限は1年で、語学や南洋事情などを習得した後に、南洋で商業などの業務に従事することを目的とした。第1回入学生は、内地で中等学校程度の卒業生を20名募集し、実際に入学した者は16名だった。入学生の年齢は18〜26歳で、10名は会社からの委託生で6名は学校卒業生または在学生であった。1918（大正7）年9月16日には開館式が行われ、午後、第1回講演会が開催された[54]。授業は語学教育が中心で、「オランダ語」が週10時間、「マレー語」5時間、「英語」4時間の他、「南洋事情」と「経済学」が1時間ずつ設定された。学生は、これらの授業を午前中4時間受講し、午後は正科として水泳や柔道などに取り組み、午後4時からは「衛生学」「法律」「金融」「為替」「農業」「貿易事情」の講義を受講した。教授陣は、開館当初は商品陳列館員と現地在住オランダ人だけであった。11月からは、専属教授3名、講師6名の他、名誉講師を三井物産や三五公司など在留の企業人に委嘱した。これらの名誉講師は、午後4時から開講した課外講義のスタッフであった[55]。

　学生会館開館から2か月後、「英語」や「南洋事情」などの授業時間増加の必要から、授業時間割が改定された。それを示したものが表3-13である。開館当初の教育課程と比較すると、英語教育の時間が4時間から11時間に増加し、1週間の授業時間も7時間分増加して29時間となった。語学力の不足する学生は英語とマレー語の補習を受講した。また、在留商店員を選科生として受け入れ、午後5時以降、語学補習科を開設した[56]。希望する学生に対しては、商品陳列館において実務研修の機会を与えた。内容は翻訳、調査、事務であった。こうして学生会館は、講義による語学教育、南洋事情など一般科目と実務研修を軸として、活発な教育活動を展開した。1918（大正7）年12月、1学期を終えた学生（本科生）は25日から冬期休業に入り、大部分の学生はイギリス領マラヤやボルネオ方面への視察旅行に出発した。そして新学期が始まると、冬期休業中の視察旅行報告会を、学生会館第2回講演会として開催した[57]。開館2年目には、50余名の志願者から選考された21名の本科生と、4名の選科生が入学した。また新たに特別語科と称する英語夜学を設け、在留会社商店員の語学教育を行った。授業は毎週4回1時間ずつで、1か月の授業料を3ドル徴収した。入学者は27名であった。

一方、学生会館とともに開館した商品陳列館では、付属事業として学生会館の学生とは別に、商業実習生制度を設けた。ここでは貿易実務と語学の修得を目的とし、6か月以上の実務経験者を会社商店の委託に応じて、商業実習生として採用した。第1回実習生は10名を「内地」で採用し、他に学生会館学生から引き続き実習生として採用された者が6名あった。商品陳列館長木村増太郎によれば、商業実習生は「組織的に日本の学校教育同様の教育を与へて社会に出すといふ意味ではな」く、「南洋で暫く練習的の仕事をやった上で、実際の事務に就いて見たいといふやうな希望者を収容し」、「語学の練習又は実務の練習をやら」せる(58)というもので、学校教育とは明らかに異なる実践的な実地研修を中心とした制度であった。実習期間は1年、またはそれ以上で、マレー語、オランダ語、中国語から1科目を選択する他、英語、経済事情を学習した。それに加えて商品陳列館における実習として、陳列館の各部に配属され、商取引や通関業務、貿易上の調査事務、会計事務などを習得した。工場や商店への委託実習も実施した。このように、学生会館本科生は授業重視、選科生は語学研修、商品陳列館商業実習生は実地研修、という南洋協会の教育方針が、開館2年目にしてようやく確立した。その一方で、学生会館では、シンガポールに渡航した財界人や文化人に依頼し、課外講演会を開催した。これらの講演は、いずれも学生会館学生と商品陳列館商業実習生のために開催されたもので、同時に在留日本人の参加も受け入れた。そのため、毎回少なくとも150余名、多い時には200名以上の聴衆が集まった。

　次に、卒業生の動向を見る。表3-14には、学生会館と商品陳列館商業実習生の入学及び卒業生実数を示した。1919(大正8)年8月、学生会館は第1回生卒業式を挙行した。卒業生は18名であった。当初は16名が入学し中途採用者が4名で合計20名の学生が在学していたが、病死者と中途退学者が1名ずつあり、18名の卒業となった。卒業後の就職先は、会社商店からの委託生で帰店した者6名、帰国者1名、実地研究1名、新就職者9名などであった。第1回卒業生を見る限り、新たな就職先を得た者が卒業生の半数あり、帰店者、実地研究者と合わせると全体の約9割となり、「南洋に於て事業に従事すべき最も堅実なる思想を持った人を養成する」という南洋協会のねらいは、ほぼ達成されたといってよいだろう。しかし、第2回卒業生の動向は低調であ

表3-13　学生会館1回生時間割

	月	火	水	木	金	土
8時〜9時	蘭語	蘭語	蘭語	蘭語	蘭語	蘭語
9時〜10時	馬来語	英会話	蘭語	蘭語	英会話	経済
10時〜11時	英会話	馬来語	馬来語	馬来語	南洋事情	馬来語
11時〜12時	南洋事情	経済	英作文	南洋事情	馬語作文	英作文
午後5時半〜	英語	英語	英語	殖民事情	英語	

（出典：『南洋協會會報』4-11、南洋協会、1918年）

表3-14　学生会館学生・商業実習生人員一覧

区分	1918年 入学性	1919年 入学生	1919年 選科生	1919年 実習生	1920年 実習生	合計
入学者数	20	15	4	15	11	65
退学・休学	1	4	2	7	1	15
死亡	1		1		1	3
転科		入1出2	入2出1			入3出3
卒業者数	18	10	3	7	9	47
帰店・帰国	7	1	2	6	1	17
新規就職	9	6		1	8	24
実地研究	1	3	1			5
死亡	1					1

（出典：『南洋協會雑誌』6-9、1920年、同7-2、1921年）

った。第2回入学生15名中卒業した者は10名で、新しい就職先を得た者6名、シンガポール商品陳列館商業実習生となった者が2名、帰国1名で、就職先は、マレー半島蘭砂護謨園、華南銀行シンガポール支店、シンガポール庄司商店、シンガポール南洋倉庫、日本郵船シンガポール支店であった。

　以上概観してきたように、1918（大正7）年に開館した学生会館は、2回の卒業生を送り出し、南洋事業に従事する人材を育成しつつあった。だが、第3回生の募集は行われなかった。第一の原因は、資金難である。資金難は学生会館だけでなく、南洋協会自体の問題でもあった[59]。当初は、台湾総督府からの補助金と会員の会費に頼らざるをえなかった。シンガポール商品陳列館には、農商務省からの補助金が支給されたが、学生会館の学生からは授業料などを徴収しなかったため、学生の養成に関わる費用を南洋協会が負担することは厳しかった。第二の理由は、学生の成績不振であった。第1回卒業生こそ、卒業生の半数が南洋に就職できた。しかし、第2回卒業生の就職

は困難で、実地研究という名の就職浪人となった。こうしてわずか2年にして、資金難と成績不振を乗り越えることができず閉鎖となった。一方、商品陳列館商業実習生の受け入れは1920(大正9)年度も行われ、「内地」採用7名、現地採用者1名、学生会館卒業生3名、計11名であった。この内1名は中途退学帰国し、1名は病死、残る9名が実習を修了した。修了者9名中1名は帰国し、南洋の会社商店への就職6名、台湾の南洋関係商店への就職1名、「内地」の南洋関係商店への就職1名という実績を残した。これら実習生を最後に、経費の都合と就職困難のため実習生の養成も中止となった。この後昭和に入るまで、南洋協会の人材育成事業は中断したまま、次の機会を待つことになった。

②南洋商業実習生

　次の機会が訪れたのは、昭和初期であった。1929(昭和4)年、南洋協会は南洋商業実習生(60)の養成を開始した。発案者は外務省の在外領事で、華僑を通さず日本商品の販路を拡大するため、卸売業と小売業を含めた中間商人層を確立することをねらった(61)。南洋協会はこのプランに対して、「我が商権の確保と輸出増進の為め必要であり利益である」ので、「是非此の商業青年を南洋各地に移住せしめ我が商権の確保と輸出の増進との重大なる任務を果さしめ度い」(62)と、その決意を述べている。しかしこの事業は南洋協会独自のプランではなく、「此際官民当局の賛助を得て是非之が実現を期し度い」(63)とあるように、官(外務省)や民(三井など企業)の支援の下で実施することが前提にあった。従って、学生会館や商品陳列館商業実習生のように、南洋協会の独自性を発揮できるものではなかった。南洋協会は、「びた一文の費用も資本も出さずに三、四年の後、南洋の諸地方で日本品の小売業を開業し得る商業実習生」(64)をキャッチフレーズに募集を開始した。

　1929(昭和4)年2月下旬、第1回実習生の募集が行われ、339名の志願者から予定通り10名を選抜した。実習生は3月29日から2週間東京に滞在し、「海外移住者の心得」や「南洋事情」「マレー語」などの講習を受けた。この講習会の講師は、井上雅二や飯泉良三など南洋協会関係者、外務省や商工省関係者、前シンガポール商品陳列館長木村増太郎、南洋倉庫支配人などが務め

た⁽⁶⁵⁾。4月12日、実習生一行は東京駅を出発し、名古屋と大阪で、オランダ領東インド向け輸出品の製造工場を見学した後の16日、神戸を出帆した。ジャワ島スラバヤに到着した実習生は、スラバヤ商品陳列所にて、午前2時間夜2時間の講習を約4か月間受講した。ここでの講習は、マレー語をはじめオランダ領東インドの対日貿易や、対日為替、商慣習及貿易に関する法規など、より具体的専門的な知識、技能を身に付けることをねらった高度な内容であった。講師陣には、日本棉花会社支配人、横浜正金銀行支店長、台湾銀行支店長、南洋郵船支店長など第一線で活躍する企業人を招いた。実習生は講習を受ける一方で、陳列所職員引率の下、会社や商店を視察した。講習終了後、実習生は日本人経営の商店に配属された。こうして商業実習生制度は、順調な滑り出しを見せた。しかし、実際は厳しい現実が待っていた。

　南洋協会理事で商業実習生派遣に関して、南洋協会側の実質的な責任者であった飯泉良三は、実習生の配属先決定のためオランダ領東インドに出かけた際、現地の日本人商店から「歓迎どころではない、非常な反対」を受けて愕然としている。「さういふ風なものを入れると、従来自分で使って居った店員と非常な差別待遇をすることになることとなって面白くない」ため、引き受けることができないという現地の反応に対し、飯泉は「その趣旨が、よく徹底していなかった」⁽⁶⁶⁾と述べている。

　一方、在バタビヤ総領事三宅哲一郎は、南洋協会の対応や内地での予備教育の批判をまとめた意見書を、外務大臣宛に送っている。その意見書はまず、南洋協会が作成した募集広告に関して、「見出シ文句ハ恰モ人ヲ釣ルカ如キ感ヲ与ヘタルコト」や、現地で開業不可能な条件を掲げていることなどを取り上げ、「将来ノ成功甚ダ覚束ナシ」と厳しく批判した。そして、現地の日本人商店が、実習生受け入れを拒絶した原因は、南洋協会の示した条件の軽々しさにあると述べた。また、実習生が夢と希望を抱いてジャワに到着した後、現地の実情を知り、失望している様子を見て、「東京ニ於ケル教習ハ将来之ヲ廃止スルコト」を要求するなど、細部にわたって苦言を呈した⁽⁶⁷⁾。

　このように、商業実習生に対する「内地」と現地との認識の違いや、準備連絡の不備が、実習生到着と同時に一気に噴出した。そのあおりを受けたのは、他でもない実習生であった。ある実習生は、配属先の商店主との間に軋

轢が生じ、実習継続不能となり、別の実習生は将来に疑念を持ち、帰国を申し出るに至った。結果、実習生10名中4名が、実習開始間もない時期に、実習を断念し帰国した。第2回実習生以降は、第1回実習生募集時の不備を修正改善したため、大きな混乱はなかった。南洋協会は外務省から指令書を受け、本事業の経過や実習生の実習状況を、3か月ごとに報告することや、実習生独立後3年間の実情報告、毎年3月末に会計報告をすること、外務省ならびに在外領事の命令を遵守することなどを義務付けられた(68)。

次に、商業実習生の配属先について検討する。表3-15は第1回から12回までに派遣された実習生の配属表である。第1回から5回までの実習生には、甲種実習生と乙種実習生があった。甲種実習生は、渡航前に内地で講習を受け、南洋で5年間の実習期間終了後、独立開業を前提とする実習生であった。それに対し、乙種実習生は予備講習がなく、普通の店員として南洋の日本人商店に勤務するというものであった。従って、独立開業を前提としてはいなかった。しかし、第6回実習生からは、甲乙の区別はなくなった。

実習生の配属先として南洋協会は、「我が製品輸出額の最も多き蘭領爪哇を

表3-15 学生会館学生・商業実習生人員一覧

回	年	派遣者数 合計	地域別内訳			
			ジャワ	シンガポール	マレー	スマトラ
1	1929	甲10	10	-	-	-
2	1930	甲10	10	-	-	-
3	1931	甲10	9	1	-	-
4	1932	甲10乙20	26	2	1	1
5	1933	甲10乙28	22	10	2	3
6	1934	40	15	10	5	1
7	1935	42(35)	11	3	5	0
8	1936	42(38)	12	8	2	2
9	1937	(33)	9	5	1	1
10	1938	(19)				
12	1940	(12)				
			124	39	16	9

(出典：「南洋協會南洋商業実習生一覧表昭和10年8月現在」「昭和13年5月15日現在南洋商業実習生名簿」「第12回実習生名簿」、『在外本邦商業練習生及海外実務員関係雑件』外務省外交史料館蔵)
注1) 派遣者数のカッコ内の数字は、資料上で確認できる実数である。第9、10回及び12回の派遣予定者数は、確認できない。
注2) 第11回派遣実習生のデータを確認できない。
注3) 帰国数、死亡数、独立開業数は、いずれも1938(昭和13)年5月15日現在の実数である。

第2節　南洋協会による人材育成　169

第一着とし次へで其の外スマトラ、セレベス、ボルネオより暹羅、比律賓等の内地小都邑に漸次移住開業せしむる」(69)と計画した。特に「蘭領は、日本品の捌け場所として、将来非常に有望な所」(70)であると捉えて、まずその中心であるジャワに配属した。やがてシンガポール、マレー半島、スマトラと配属地域を広げて、第6回実習生からはフィリピンへ、第7回にはタイ、第12回になるとフランス領インドシナへも実習生を送り込んだ。実習生を受け入れた商店は、その大部分が雑貨輸入商であった。商店には、実習生の近況を定期的に報告する義務があり、店主は勤務態度、接客態度、マレー語習得状況、性格、健康状態、独立見込の有無、貯金の有無に至るまで克明に報告した。商店主からの報告を受けた現地領事は、南洋協会の飯泉らと協議の上、独立の是非を検討した。第1回南洋商業実習生養成開始から5年が経過した1934(昭和9)年、第1回実習生から3名、第2回実習生から5名の独立開業者を出した。いずれもジャワでの開業であった。その2年後の1936(昭和11)年に3名、1937(昭和12)年に4名、1938(昭和13)年に5名の実習生が開業した。この時期に急に開業させたのは、時を急いで開業させなければならない

フィリピン	タイ	インドシナ	帰国数(病気)	死亡	独立開業者数(地域別内訳)
-	-	-	6	1	3(ジャワ3)
-	-	-	1	0	9(ジャワ8 スマトラ1)
-	-	-	1	1	5(ジャワ4 バリ1)(準備中3)
-	-	-	12(5)	1	1(スマトラ1)(準備中16)
-	-	-	11(2)	0	1(ジャワ1)(準備中26)
9	-	-	11(1)	1	1(ジャワ1)(準備中27)
14	2	-	5	2	(準備中35)
12	2	-	3	1	(準備中38)
14	3	-			
		12			
49	7	12	50	7	20

事情があった。

　南方地域では、第一次世界大戦勃発により、日本から東南アジア市場への輸出急増に伴い、三井、三菱、日本棉花など大手企業の進出が相次いだ。特にオランダ領東インドは、日本の貿易にとって重要な市場の一つであった。それはオランダの自由貿易政策と、オランダ領東インドにおける企業間競争の欠如、そして何よりも、金輸出再禁止以降の為替下落にともなう日本製品の低廉化による効果であった(71)。1929(昭和４)年、オランダ領東インド輸入総額に占める日本商品の比率は10.5％であったのに対し、1933(昭和８)年には、31％にまで飛躍的な伸びを見せた。また、先駆的な小売商や、大戦後に貿易商社から独立した現地小売商は、華僑の商業ネットワークに商権を支配される中で、現地実業家との接触を試みて、取引関係を成立させたものもあった(72)。このような状況下で、苦境に陥ったオランダ領東インド政府は、1933(昭和８)年、ついに規制に踏み切った。「セメント輸入制限令」の発令を皮切りに、次々と輸入品別の輸入制限令を公布したのである。また、輸入商としての資格規定の強化、入国制限令、非常時外国人従業員制限令により、日本人輸入商の入国や営業を制限した(73)。南洋協会では、現地の商品陳列所や支部から情報を入手する一方で、オランダ領東インド政府に抗議文書を送った。また、商業実習生の独立開業に関しても、「将来適当の時期に独立開業せしむる心算」であったが、「今回営業制限を実施されんとするやうな憂が」あるので「実習生中最も適当と思はれるもの八名だけを急ぎ開業」させたのであった(74)。

　しかし、事態は好転しなかった。華僑の商業ネットワークに対抗し、現地実業家との取引や奥地への販路拡大をねらった南洋商業実習生は、ようやく制度が整い独立開業の成果を見るという矢先、オランダ領東インド政府の規制に阻まれる形になったのである。1935(昭和10)年以降、協会はフィリピンやタイへも配属先を拡大し、制度開始から９年間で、250余名の実習生を南洋各地へ送り込んだ。しかし、独立開業できた実習生は、1940(昭和15)年までにわずか44名に留まり、当初の目的達成には不十分であったといわざるを得ない。ただ、戦後発表された「南洋協会事業経歴書」によれば、1944(昭和19)年までに派遣された実習生の総数は、1,356名となっており(75)、これが実

数だったとすれば、南洋の日本人商店の従業員数は、急速に増加したことになる。実際、独立開業はできなくても、南洋で商業活動に従事した人びとは少なくなかった。人材育成という観点からみると、外務省の管理下とはいえ、南洋協会が南洋方面で人材育成事業を手がけていたことは事実である。「内地」と連携し、現地で語学教育や実地研修を行い、南洋で商業に従事する人材を育成したという点で、意義ある活動だったといえるだろう。

　以上見てきたように、南洋協会の人材育成事業は学生会館に始まり、資金難などで閉鎖の後、昭和期に入ってからは「官」との連携による南洋商業実習生制度として確立された。ただしこれらのプランは、協会のオリジナルではない。しかし、井上雅二は積極的にこの事業を推進していった。井上はなぜ人材育成にこだわったのか。次項では、南洋協会創立当初から20余年間、協会運営の中心的役割を果たした井上雅二の、南洋観及び人材育成構想を考察する。

2. 井上雅二の南洋観と人材育成

(1) 井上の南洋観

　井上の南洋への関心は、1910(明治43)年5月から翌年4月までの世界旅行[76]で、ゴム産業に着目したことに端を発する。それまでの井上の関心は、もっぱら中国、朝鮮にあった[77]。この世界旅行の終盤、彼は陸路マレー半島を南下し、コーランポで下車してゴム栽培を視察した。そしてシンガポール滞在中、ジョホール河一帯の土地調査をし、ゴム栽培に適当な土地を得て、土地租借の出願をした後に帰国したのである。

　なぜ南洋なのか。井上は、こう述べている[78]。

南洋は英國を初め米、獨、蘭等各國の國旗翻るも、住民は排日本の風なく、面積廣大、人口稀薄、原料の地盤として最も有望なる上に、市場としても有望で、加之、土地は臺灣より南して點々相連り、全くの日本の隣國であるのだから、又邦人の移住地としても殆んど理想に近く、支那大陸の經榮(ママ)と相待って、大日本主義の王道を行ふべく、此の方面に驀進するのが、最も適切なる國家の大方針となさなければならぬ。

このように南進の意義を認識した井上は、1911(明治44)年に森村市左衛門の援助のもとで南亜公司(79)を設立し、ゴム栽培事業に着手したのである。井上は現地責任者として1915(大正4)年までの間、1年の半分近くを南洋で過ごしたことが、彼の日記から確認できる(80)。南洋では南亜公司創業から数年間はゴム栽培事業に専念し、事業が軌道に乗ると南洋各地を視察して回った。その成果は1915(大正4)年に出版した『南洋』の中で紹介されている。この時期、井上は南洋の中心地をジャワやボルネオ、スマトラ、セレベスなどオランダ領東インドとマレー半島とし、日本人にとって将来有望な事業はゴム栽培のほか、椰子やコーヒー、米、砂糖などの農産物栽培事業と雑貨品の貿易である、と捉えていた。

第一次世界大戦により国内で南方への関心が高まると、井上はそれまで以上に種々の講演会や会合で南洋の実情を報告するとともに南方進出を喚起し、同様の文章を雑誌に投稿した(81)。1922(大正11)年の南洋協会主催の講演会では、彼は次のように語っている(82)。

此熱帯地帯の富源を掌握すると云ふ事は、現代の文明生活に必要缺くべからざるものがあるからであります。而して各國が競ふて熱帯殖民地經營に多大の經費を投じ、着々富源の開發に努めつゝある所以であります。我日本人と致しましても、南洋に伸びると云ふことは、自然の趨勢でありまして、又絶對の必要に基くものである…。

ただし、第一次世界大戦後の日本は、まだ国力が地位に伴っているとはいえず、日本人企業家は明らかに準備不足で、南洋発展の設備も不完全であると見ていた。特に日本人企業家については、「蘭語、蘭文に通じ、土語、土文に通暁し、土地の事情を正解する者に至りては、寥々恰かも暁天の星と一般、十指を屈するに足らざる」のが現状で、「邦人の蘭領を觀、蘭領を知るは、悉く不完全なる英語土語を通じての視察、觀測に外ならぬので」あり、歴史や統治組織、蘭領法制に精通する者はほとんどない。これでは「漫然と南洋に於ける經濟的発展を夢想し、南洋に於ける國益伸展を期する如き、蓋し滑稽

も亦甚しきものである」、というのが井上の見解であった[83]。また、日本人の欠点として成功を急ぎ、根本的研究心が乏しいこと[84]や、「氣局小にして徒に歐米人を恐れ、朝鮮人とか南洋の土人とか、支那人とか云ふ者を、一概に蔑視する傾のある事」を指摘している[85]。そして南洋各地で活躍する華僑について次のように述べた[86]。

　南洋貿易其の他諸種企業に付、支那人と提携するの急務なるは茲に云ふを俟たす。蓋し支那人は古來より南洋地方に移住せる者多く、實際上の商權は彼等の手中に有り。其の經濟的勢力眞に抜く可からざるもの有り、されば南洋に經濟的發展を爲さんとするには、是非共支那人との關係を圓滑にし、日支人の聯絡提携の途を講ずるを要す。

　以上述べてきたように、井上は、自ら南洋開拓事業に従事した体験をもとに南洋を捉え、政府や関係機関に対し、経済的南方進出に必要な事項を提案していった。その提案事項の中に、南洋情報を提供し事業を斡旋できる機関の必要と、南洋発展に貢献できる人材の育成があった。

(2) 井上の人材育成構想

　井上が最初に人材育成事業を手がけようとしたのは、7年間の韓国勤務を終え、海外視察から帰国して就職した森村組[87]においてであった。森村の支援のもとで南亜公司を創立した折に、森村組南洋留学生制度を設け、事業の進行にあわせて留学生を派遣し、実地に即する人材の養成を企画した。しかし、森村は「人物は実際の活動場裡より出づるものなるが故に、実際事業に従事する者の中より求むるを第一着手としたい。森村家留学生などと云ふ名を冠しては、実際的働きのある人物を出すことは出来ない」と反対し、実現には至らなかった。続いて1912(明治45)年には南洋留学生会館を設置し、将来南洋で活躍すべき人物を養成する、という計画を立てた。この計画は1918(大正7)年、シンガポールに商品陳列館を開設するにあたり、学生会館設置という形で実現した。この時期の井上は、南亜公司のゴム園経営で、日本と南洋を往復していたため、商品陳列館や学生会館の開館準備を現地で行うに

は好都合であった。陳列館の家屋を選定し、改装の指示を出したのは彼であった。井上はこう述べている(88)。

　自分一身が事業を経営し、奮闘すると云った所でしれたものでありますから、大に人を誘導もし、事業をも紹介する必要を感じ、之れに関する人材の養成が、国家の為め一日も忽せにする能はざるを感じました。前述の如く上海には東亜同文書院を興し、既に其所に業を終へたる千三百人の人々が、支那の天地に活動し、邦家の為め多大の貢献を為しつつあるのでありますから、乃て第二の同文書院を南洋に興さうと存じまして、南洋協会を造り事業を経営すると同時に人物を養成誘導しやうと…(略)

また、台湾日日新報の取材に対しても次のように述べている(89)。

　…蘭領企業に当っては、前提として蘭領の法制を研究し其事情を精査することが必要である。且蘭語蘭文を修得し、又土語土文も習わなければ甚だ不便である。此等は須らく官民一致して機関を作り、相当の資材を投じて事情の調査や人物の養成にも努めて而して後始めて目的を達し得るのである。此機関が出来て事情が闡明し、語学に通ずる人材を得て、準備茲に成り資本家も始めて安心して投資の勇気を起す順序となるのである。南洋協会などの活動すべきは此等の点にあるのである。

　このように、井上はしかるべき機関を設置して組織的に実践的な教育を行い、南洋事情に精通した人材を育成し、南方方面に送り出すことに意欲を持っていた。彼は日本・南洋間を往復する途中、何度となく上海に上陸し、東亜同文書院に立ち寄っている。それは東亜同文会理事として、同文書院学生募集などの実務を担当していたからというだけでなく、同文書院に続く施設を南洋に設立するという構想を、同文書院関係者と協議していたのかもしれない。ただ、井上は東亜同文書院のように学科目中心の教育ではなく、実務中心の教育施設を構想していた。つまり「所謂実際的人物の養成」(90)であった。しかし前節で述べたように、この試みは成功しなかった。後にこの学生

会館での人材育成事業を振り返り、井上は、「どうしても陳列館では本物ではない。陳列館で役所のやうな仕事をしてをつては、本当の商売のことは判らない」(91)と回想しているが、実際のところ成果を検証するには、あまりにも短期間の事業だったといえるだろう。

井上の志は、学生会館から外務省支援の南洋商業実習生制度に引き継がれる形になった。彼は、商業実習生制度について、こう述べている(92)。

学校と言ふ形を以て教育するよりも、南洋各地に散在する日本商店に、一名乃至数名の実習生を配属せしめ、丁稚となりて実務を修得するが捷径であり、且つ有効適切なりと考へたのである。同文書院の場合は、専門学校程度であり、現に大学に昇格して高等の学術を授けているが、南方人材の養成に於ては、之と稍趣を異にしているのである。

東亜同文書院が「対支問題の仕官を養成する」専門学校であるのに対し、南洋の場合は地域の特殊性から、実務中心の実地研修が不可欠であるという井上の構想は、森村組当時からのものであり、昭和期に入っても変わることはなかった。同時に彼は、内地において予備教育を行う教育機関の設置を計画した。1932(昭和7)年に設立した海外高等実務学校は、商業移民、農業移民の予備教育及び養成学校であった。これは、事実上南洋協会の附属教育機関であって、実習生養成依頼謝礼として、南洋協会から毎年相応の額が支払われた。校長は井上、常務理事に南洋協会幹事飯泉良三と前陸軍通訳官飯泉孫次郎、理事には元シンガポール商品陳列館長で法政大学教授木村増太郎、南満洲鉄道株式会社理事小日山直登が就任した。教授、講師には関係各方面の実業家を招いた。募集生徒の定員は、満蒙科100名、南洋科と南米科は各50名で、中等学校卒業程度の者とした。修業年限は1年で、授業は午後5時から9時まで行われた(93)。南洋科の修了生は、その大部分が南洋協会の南洋商業実習生として採用され、南洋各地に就職した。一例を挙げると第5回実習生では、派遣総数38名のうち13名(34%)が海外高等実務学校の修了生で、第6回では40名中17名(42.5%)、第7回では42名中19名(45%)に上った(94)。

井上は、南洋商業実習生を「開拓第一線の勇士」と表現した。そして、実

習生の配属先や独立開業先に、大都市を避けた地方奥地への進出を奨励した。その理由は、「大都市に於ては営業は、多くの自国人或は欧米人との取引となり易く、原住民族と親和接触するの機会が薄い。原住民族と親和接触するに非ざれば、真の開拓進出はない」(95)というものであった。このような発言は、彼がわずか50万円の資本でジャングルを焼き払い、ゴム栽培事業を手がけるなど、自ら開拓者だった経験に基づいたものであった。1935(昭和10)年、熱帯産業調査会に参加するため台湾に赴いた井上は、台湾拓殖株式会社の創立委員となり、さらに「内南洋」を中心とする拓殖機関発足のため、イギリス領マラヤやオランダ領東インドを視察してまわった。南洋で独立開業した南洋商業実習生の商店や実習生の配属先を訪ね歩いたのは、この時期である。彼はこのときの感想を、次のように記している(96)。

　　今回の南遊に於ても、到る所で是等の実習生並びにその配属せる店主と会合し、又独立営業をなせる者とも面会の機会を得たのであるが、大体に於て何れも自己の使命を信じ、又独立営業後の発展が成るべく地方奥深く入るところに多大の将来が約束されてゐることを認め、所謂第一線に立って活躍したいとの希望者が多いことを認めたのであった。

　明治後期から12年間日本と南洋を往復する中で、学生会館で学んだ学生や南亜公司に勤務した者が、独立して活躍する姿に接することが、井上にとって何より楽しみであった(97)。そうした「人を植ゆること」の楽しみを、昭和期には南洋商業実習生制度に託したのである。
　次項では、井上雅二が南洋開拓事業や人材育成事業に従事するにあたり、大きな影響力をもった政財界の人物を取り上げ、井上との関わりを見ていく。

(3) 井上の人的ネットワーク
①実業家―森村市左衛門
　森村は10代で独立自営し、海外貿易を始めた明治時代の実業家である。1876(明治9)年、弟と二人で森村組を創立し、本格的な直輸出貿易商となった。この森村組に就職した井上は、森村とともに南亜公司を創立し、南洋開拓事業

の第一歩を踏み出した。それまでは新聞通信員や韓国政府特別任用官で、実業家としての経験が全くない井上に対し、森村は事業経営の方針をこと細かくていねいに説いた。たとえば森村はまず、役人と商人の相違点を述べて、「利息の付く金を以て事業に当たるものは極力無用の費を省き、節約第一となさねばならぬ」と諭した。また、会社経営の方針については、「事業は小より始め、漸を追ふて大に及ぶ可き」で、海外開拓事業という日本人には経験のない分野では、経験を積み利益を挙げるに従って徐々に拡張するべきという意見を伝えた[98]。こうして南亜公司の経営に関しては、すべて森村の方針で進められた。当初、南亜公司は森村と井上の協議の結果、合資会社として創業することになっていたが、事業の挫折を来たすことがあってはならないと、森村は株式会社として出発することにした。しかし実際には資本の6割以上を森村一族が出資し、他も森村と親密な財界有力者のみであり、株式売買をしない不文律であったから、合資会社と変わらなかった。

　井上によると、森村は常に一国の興亡盛衰という概念が、彼を支配していたという。これは森村が明治初年にアメリカに渡り、建国の精神や文化を体得したことに起因する。この経験から森村は「事業は其国を益し、進んで世界を益するものでなければならない」のであり、「人格の修養、信念の涵養をなし人間の価値を向上するという根本ありて始めて国も興る」と説いたのである。井上にとって、単に実業家というだけでなく人格者で政財界からの人望の厚かった[99]森村が、支援者として傍らにいたことは幸運であり、またその影響力は大きかった。彼は南洋から帰国するとすぐ森村邸を訪れ、南亜公司のゴム園や南洋の実情を報告し、森村から指示を受けた。森村宛の書簡も数十通に及び、森村からは訓戒の書が返信として送られてくることもあったという[100]。

　森村の死後、50代になった井上は、当時の森村を偲んで、「私をして海外開拓の業を創めしめ、且私に脚下の実学を教へ、私をして人間たるの道を学ばしめられた」人物である、と語っている。そして「森村翁の訓戒が自分の事業経営の指針」となり、森村が実学の師であったと述べている[101]。森村との関わりなくして、井上の南洋開拓や人材育成構想はなかったのである。

②政治家―牧野伸顕・田健治郎

　井上が最も尊敬し信頼して、常に助言忠告を求めた政治家は、牧野伸顕である。井上が南洋開拓事業に着手するかどうか、決めかねていた時期に、「過去十数年来、屡々海外に出遊し又朝鮮に於て実地植民地の経営に当れる以上、更に一身を捧げて永く海外発展に尽力すべき」であり、「韓国に於て官吏としての経験をもたれるも、特別任用の下に任官せられらる貴君が此上永く官吏として留まる事には賛成できない」として、南洋行きを強く勧めたのは牧野であった(102)。井上は岐路に立ち迷いが生じたときや、新事業を手がけるときなど、必ず牧野邸を訪問し、あるいは書簡を送り、牧野の助言を求めた。また、牧野もそれを承知していて、大臣を歴任する多忙な中で時間をつくり、井上に面会した。

　なぜ牧野は井上を受け入れていたのか、牧野に何らかのメリットがあったのか。それを解く鍵は牧野の日記に見られる。牧野は明治末から昭和初期にかけて、枢密顧問官、農商務大臣、外務大臣、宮内大臣、内大臣、そして木戸幸一大臣秘書官長などを歴任した。その間、国内だけでなく広く中国、南洋、欧米などの情報を入手する必要があった。各方面の情報をもった様々な人物が、連日牧野に面会していた中で、井上は南洋通、特に現地情報を持ち込む人物の一人だったと考えられる(103)。また、国内外の政治問題に関して、井上が出入りしている政財界人がどのように見ているのかという情報も、雑談の中から得ていた(104)。井上は、牧野に面会するだけでなく書簡を送っていて、面会の謝辞や東亜同文会の近況報告をしていた(105)。

　牧野伸顕より面会の機会が多く、井上の就職の世話や各種相談に応じていた政治家が、田健治郎である。田健治郎は兵庫県氷上郡出身で、井上にとっては同郷の先輩であった。井上は20代の頃から田健治郎のところにたびたび出入りし、田の助言や支援を受けていた。公開されている「井上雅二日記」には、頻繁に田健治郎邸への訪問が記録されており、また、田から井上に宛てた書簡からも、当時の二人の関係を示す内容が記されている。

　井上は1901(明治34)年、24歳でウィーン大学に留学し、翌年、ベルリン大学に転学した。26歳で帰国した後、東亜同文会から韓国特派員の肩書きを与えられ、朝鮮半島に渡った。このとき、田の計らいで、逓信省地況調査嘱託

第2節　南洋協会による人材育成　179

という辞令も得た。またこの時期、井上は次の職を求めて、田宛に何度となく書簡を送っている(106)。田は井上の希望を聞いた上で、後藤新平や目賀田種太郎に井上の就職斡旋を依頼した。田の推薦が功を奏して、井上は1905(明治38)年に、韓国政府財政顧問付財政官の職に就いた。しかしその後、財政顧問官の権限が縮小したため、彼は南満洲鉄道株式会社への就職を望んでいたようである(107)。ただ、これは実現しなかった。井上が政界から実業界に転身し、南洋開拓に従事することになったとき、田は「自分は丹波の山中に生れ、薩長の権力ある明治時代に伍して、今日に至ったので、至って割が悪い立場で、まだ大臣にもならぬ。君はよろしく南洋に渡る可し。十年の苦心を経て、内地の政界に躍り出るならば、天下の一角を取る事も出来よう。自分はこの見地から、君の南洋行を祝す」と激励したという(108)。これ以後は、井上が帰国の折に田邸を訪問し、ゴム栽培事業の実情や南洋の状況を報告する程度で、面会や書簡の往復の機会は減少した。再度、田との交流が活発になるのは、南洋協会の設立前後から、田が台湾総督を務めた時期である(109)。

　以上述べてきたように、井上が接触した数多い政治家の中で、常に井上に助言や忠告を与えて支援したのは、牧野伸顕と田健治郎であった。森村同様、彼らの後援なくして、井上の南洋開拓事業への道は拓かれなかったといってよいだろう。

③政治家―内田嘉吉

　井上雅二と共に南洋協会を設立し、官の立場から南洋における調査や人材育成事業を推し進めた人物が、内田嘉吉である。井上と内田が出会ったのは、1912(明治45)年のことで、内田が台湾総督府民政長官の職にあったときである。当時の台湾総督府は、佐久間総督の下で理蕃政策を遂行中で、まだ「南支南洋」に対する経費は計上されていなかった。しかし内田は、民政長官就任当初から、南洋開発に熱心だった。南洋経営が台湾の使命の一つであると考え、「南支南洋」に対する予算を計上した。特に1913(大正2)年に創設された南清及南洋施設費では、貿易だけでなく文化施設にも台湾総督府の予算を支出した(110)。また、南洋郵船会社に南洋航路を創設させ、基隆港に寄港させて、南洋向け台湾茶の輸出経路を開拓した。東郷実、川上瀧彌をはじめ多

くの総督府技師を、南洋方面に出張させた。内田の指揮する調査の多くは、産業や技術方面の調査であった。内田は、南洋の調査を終えて帰台した技師の講演会の冒頭で、「台湾で得た所の熱帯の経営に就ての経験を南方に応用して更に新なる経済的発展を為し得る」(111)ことが我国に必要であると説いた。また、台湾と南洋との関係に関して

　　予は台湾に職を奉じて居る其の縁故上南洋発展を計画するのが必要ではなからうか、斯う考へて南洋方面の調査を致したのである、即ち自分の見る所では台湾を以て南洋に発展する策源地としたい、根拠地としたいと云ふ考へである

と、台湾を拠点に南洋に発展すべきであると述べている(112)。彼は「政治的とは言はない経済的競争の下に発展」する、すなわち経済的南進を主張した。また、日本の経済的発展は、対外関係において移殖民の発展と商権の拡張とに分けるべきであると述べ、商権の拡張には海外企業を置興することが望ましく、南洋では企業を、南米では主として移殖民を進めるべきである、という考えを示した。彼は、南洋の日本人事業者と積極的に会合をもった。その一つに、井上らの主催する南洋談話会があった。1914(大正3)年に行われた南洋談話会の席で、南洋開発事業に関わる官民一致の公共的機関を創立することを決めた。内田は副会頭に就任し、会頭と他の1名の副会頭の指名権を持ち、事実上南洋協会の生みの親となった。そして民政長官を辞任した後も1933(昭和8)年に死去するまで、南洋協会副会頭を務めた。

　内田の教育事業への関与は、意外に早い時期にある。1891(明治24)年帝国大学卒業後、私立東京商業学校講師として教壇に立った。4年後には、同校幹事を兼ねて経営の任に当たり、1919(大正8)年には校長に就任している。南洋協会において、人材養成機関を設立することについても、前述の通り計画段階から関わっていた。学生会館第1回生に対し、内田は長い訓示を述べている。その中で「此希望したる事業が完全に遂行せらるるや否やといふことは当協会の将来に向って少なからざる影響を及ぼす」(113)事業に対する期待の大きさを語った。内田は、南洋においては商権の拡張を目指し、日本人の海

外企業を育成したいと考えていたので(114)、現地で語学や南洋事情を学ばせるという学生会館の教育方法に、期待を持っていたのである。このように、南洋協会という官民一体となった機関の発足は、民政長官内田嘉吉があってはじめて実現し、継続可能であった。井上は内田と巡り会い、人的ネットワークをさらに拡大できたことで、東亜同文書院とは違ったスタイルの、人材育成事業を展開することができたといえるだろう。

④教育者―木村増太郎

　井上の発案による人材育成事業を支えた人物に、シンガポール商品陳列館長兼学生会館長であった木村増太郎がいる。木村は1908(明治41)年に京都帝国大学法科を卒業後、台湾総督府に勤務した。台湾では、同年10月より1910(明治43)年3月まで、臨時台湾旧慣調査会嘱託として本島法制に関する旧慣調査に従事した。1916(大正5)年、山口高等商業学校に「支那貿易講習科」(2年後に「支那貿易科」と改称)が設置されると、専任講師(後に主任教授)に迎えられた。1918(大正7)年、木村は山口高等商業学校を辞して、シンガポール商品陳列館長兼学生会館長に就任した。領台初期の台湾で植民地調査に従事し、日中貿易事業に従事する者の養成を行う教育機関の任にあった木村には、適任であった。井上雅二は、木村について「前山口高商教授で、経済学に造詣深かりしを以て、同氏に訓練を托し、之が練成を願った」(115)と述べている。館長に就任した木村は、翌年の南洋協会定時総会で、次のような報告をしている(116)。

　　何分海外にて活動する人物の養成でありますから、一面特に剛毅の精神を養ふ可く努力いたして居りますと共に、可及的自発的に導きまして、紳士的実業家を作り上げたいと考へて居ります。年限も固より一年では甚だ不足でありますが、去りとて彼地で二年以上勉強さすることは経費其他の点に於て急に望まれ難い様に考へますので、或は今後内地で一二年予備教育を施しまして、彼地では専ら実地教育を授けることにいたしたら如何かと考経て居ります。

高等商業学校で教鞭をとっていた木村にとり、学生会館の設備や教育内容は、充実という段階には程遠いものであった。木村自身は、「内地」での予備教育を充実させることで、現地における実地教育をより効率あるものにしようというプランを、持っていたようである。しかし、木村のプランが実現する前に、学生会館は短い歴史を閉じることになった。木村は、商品陳列館商業実習生の教育に関しても、実務研修より語学教育や経済、南洋事情という講義にこだわりをもっていた。商業実習生の授業時間割を見ると、専門知識の習得を重視していた木村の影響があったであろうことがわかる。これは、後に外務省の後援により実施される商業実習生とは異なる教育内容であった。ここに、木村の人材育成事業に対する姿勢が見て取れる。この点においては、木村の構想と井上の構想は必ずしも一致していなかった。学生会館閉館の翌年、商品陳列館設立3年目の1921（大正10）年5月、木村は「家事の都合」により館長を辞任した。詳しい事情は明らかではない。しかし南洋協会定時総会で、3年間で本科生、実習生合わせて4名の病死者と5名の帰還者を出したことについて「責任者として遺憾に堪へない」と述べていることから、引責辞任であったとも考えられる。ただ、木村は、人材育成事業に見切りをつけたわけではなかった。それは職を辞した後も、再度人材育成事業を企画する場合は、充分な経費と設備をもって行うべきであることを主張[117]し、また、昭和期に入り、法政大学教授、山口高等商業学校講師の職にありながら、井上雅二の要請に応じて海外高等実務学校の理事に就任しているのである。このように、南洋において井上の構想した人材育成事業に賛同し、研究者及び教育者の立場から、現地において人材の養成に携わった木村増太郎の存在は、南洋協会に一定の影響力をもっていたといえる。

(4) 井上雅二と南洋開拓

井上雅二の関心は、10代の頃から常に世界に向けられていた。荒尾精から「これからは支那を見なければならぬ。而し支那関係のことだけでは充分でない。支那を見たならばヨーロッパを見なければならぬ」という教えに従い5、6年かけてアジア各地を歩いたのち、ヨーロッパに留学した。帰国後、タイの「支那人商工会議所」顧問の話を断り彼が希望したのは、韓国行きであっ

た。財政顧問付財務官として7年間、植民地行政に携わったのち、世界の植民地視察の旅に出発した。そして南洋に立ち寄ったのである。土地の租借を願い出たとはいえ、そのときの井上は、まだ充分に決心が固まったわけではなかった。南洋開拓事業に従事すれば、将来の基礎固めになるかもしれないというくらいの考えだった。井上の南洋行きを強力に支持したのは、牧野伸顕をはじめとする政界の人々であった。彼は20数名の先輩、友人に南洋行きを相談したところ、全員から南洋行きを薦められたので決断した、と回想している(118)。こうして彼は、南洋の人になった。

　井上の次の転機は、1924(大正13)年の海外興業会社社長就任である。これより先、彼は南米への移民や人口問題に、関心を移していく。その彼を再び南洋に引き戻したのは、1935(昭和10)年、熱帯産業調査会委員として台湾に渡ったときである。対南拓殖中央機関設立に関わり、改めて南洋を再検討する必要を痛感したのである。こうして明治末期から昭和期にかけて、井上が長期間にわたり関心を寄せ、自らの活動の場として関わり続けた地が南洋だったのである。

　では、その南洋を舞台に、なぜ人材育成だったのか。とにかく井上は人好きだった。10代の頃の共同生活で、自らが先輩や友人から多大な影響を受けた。また、南亜公司でゴム栽培事業に従事し、一層、人材育成の必要性を痛感した。なぜなら、自ら事業経営をしたとしても、それは孤軍奮闘に等しい。南洋開拓を紹介するとともに、これに関わる人材を育てなければ、真の南洋開拓者に値しない、と考えたからである。自分の育てた青年たちが、南洋各地で開拓者として活躍する姿を見たいというのが井上の夢であった。

　ではなぜ地位や名声をもたない井上が、南洋協会の中心的人物として、少なくとも専務理事を辞任する1938(昭和13)年まで、活動可能だったのか。それは、牧野伸顕や田健治郎の後見があったからである。井上の持ち込む南洋情報は、確かなものであった。彼は実際、現地に長期間滞在していたから、様々な人脈を駆使して現地農業経営者、日本企業の支店長や実業家、そして植民地政府の役人等と接触し、リアルタイムで情報をつかんでいた。これらは、単なる旅行者や数週間程度の視察者の報告とは、質的に異なるものだった。だからこそ牧野や田は井上を大事にしたのであろう。ただ、政治家との

パイプが「命綱」であったから、後見人が政治的影響力を失えば、井上も発言力を失うということになった。南洋協会専務理事辞任の背景には、こういう事情があったといえよう。

いずれにせよ、井上が中心となって推進した南洋協会の人材育成事業は、東亜同文書院とも、台湾島内で行われた公教育における南進要員養成とも違うスタイルであり、徹底した現地主義の実務研修であった。それは、必ずしも井上の構想通りには実現しなかった。それでも井上が企画し主導したからこそ、このような人材育成事業が、実施可能だったことは間違いないだろう。

第3節　教育の南方進出

1. 熱帯産業調査会と商業教育

(1) 商業学校の改善と新設

すでに述べたように、1935(昭和10)年10月、台湾で開催された熱帯産業調査会では、教育問題に関する議論が行われていた。主管部局である台湾総督府文教局からの答申には、高等商業教育だけでなく、商業教育に関する提案も含まれていた。

1935(昭和10)年時点で台湾島内の商業学校は、台北商業学校と台中商業学校の2校しかなかった。台北商業学校は1917(大正6)年に、台中商業学校は1919(大正8)年に開校した実業学校である。台北商業学校が日本人の実業教育機関として設立されたのに対し、台中商業学校は1919(大正8)年発布の台湾教育令を受けて新設された、3年制の学校であった。1922(大正11)年の改正台湾教育令により、両校とも日本人・台湾人双方を受け入れる5年制の商業学校となった。1935(昭和10)年度末までに、台北商業は1,184名の卒業生を、台中商業は843名の卒業生を輩出していた。両校とも卒業生の就職先は、官公庁や銀行、会社などで、台湾島内に職を得た者が圧倒的に多かった。そのため熱帯産業調査会では、南方地域への興味関心を喚起するための改善策として、台北商業学校には、学科目に中国語、マレー語を設けることを、台中商業学校にはマレー語を設けることが求められた。また、両校に「南支南洋事情ニ関スル科目」を新設することも要求された。結果、台北商業では第4学年

から2年間中国語を、台中商業では第3学年から3年間中国語を学ぶことになった。マレー語は、どちらの商業学校にも開設されなかった。「南支南洋事情ニ関スル科目」として、台北商業では第4学年に「南支南洋経済事情」が、台中商業では第4学年に「台湾事情」、第5学年に「南支南洋事情」がそれぞれ新設された(119)。1935(昭和10)年には、南方地域に就職した卒業生がわずか6名にすぎなかった台北商業では、5年後の1940(昭和15)年には23名に増加しており、学校を挙げて南方地域への就職活動を推進したことがうかがえる。

熱帯産業調査会では、南方発展の基礎を固めるため、実業教育機関の新設が計画された。当初示された計画では、福州医学校、厦門商業学校、マニラ商業学校の新設が予定されていた。その一方で、台湾島内では、各州から中等学校の増設要求がなされていた。積極的だったのは台北州と台中州、新竹州で、後に商業学校が開校する高雄州からの要求はなかった。1936(昭和11)年6月、文教局は熱帯産業調査会の答申に合わせて、実業校に重点を置いた中等校増設計画を発表した(120)。それが同年10月、台北第三中学校、台中農業学校、高雄商業学校、そして「対岸」に厦門商業学校を新設することで決着した。このとき開校した高雄商業学校こそが、台湾総督府が台湾島内外に示した、南進のための教育施策の切り札だった。

(2) 高雄商業学校の開校

新聞報道によれば「同校開設は單なる中等學校入學緩和といふ如き目的ではなく、近年南支、南洋方面の平和的進展が喧傳されてゐるのにかんがみ」、「拓殖、スペイン語などの特殊科目を新設し、實務的な海外雄飛の少年を教育することになってゐる」だけでなく、「海外において活躍してゐる邦人子弟の収容、教育にも重點を置き」、「南進國策の實質的遂行に役立たしめようとの理想」(121)をもっていた。1937(昭和12)年4月、高雄商業学校は、「南支および南洋に發展すべき人材の養成」(122)を目的として開校した。校長には、台北高等商業学校教授、河合譲(123)が任命された。高雄商業には、既存の商業学校とは異なる特色がいくつか見られた。

第一に、海外の日本人子弟を毎年30名まで無試験で入学させる、という制

表3-16　高雄商業学校海外生入学状況

地域名	1937年入学		1938年入学		1939年入学		計	
福　州	−	−	−	−	1	−	1	−
厦　門	1	1	2	−	1	−	4	1
漳　州	−	−	−	−	1	−	1	−
汕　頭	−	−	1	−	1	−	2	−
香　港	−	5	−	−	−	−	−	5
マニラ	−	−	1	−	−	−	1	−
セ　ブ	−	−	−	1	−	−	−	1
ダバオ	−	4	−	2	−	−	−	6
シンガポール	−	−	−	1	−	−	−	1
ジャワ	−	−	1	3	−	3	1	6
計	1	10	5	7	4	3	10	20

（出典：『州立高雄商業学校一覧』1939年）
注）各年の左が試験入学者数、右が無試験入学者数である。

度があることであった。初年度から3年間の海外生入学状況は、表3-16の通りである。

　海外生30名を地域別にすると「南支」9名、香港5名、フィリピン8名、シンガポール1名、ジャワ7名である。このうち家事の都合で退学者2名、転学者2名で、1940（昭和15）年度末の時点で、海外生は26名となった。彼らの平均年齢は16.7歳で、全校生徒の平均年齢14.5歳に比べると2歳以上年長であった。それだけに、人物、体力、学力の優秀な生徒が多かった。彼らの保護者の職業は約半数が貿易雑貨商であり、マニラ麻の自家栽培などの農業や水産業に従事している者もあった[124]。

　河合校長は、さらにより多くの海外生を受け入れるため、自ら南方地域に出向いて勧誘した。当時、「南支南洋」に開設されていた日本人小学校は、「対岸」5校、フィリピン14校、タイ1校、マレー半島2校分校4校、ボルネオ1校、オランダ領東インド6校、フランス領インドシナ1校であった[125]。これに対し中等学校は、広東実業専修学校、海南島師範学校、厦門商業学校の3校だけであった。

　1938（昭和13）年夏、河合校長は、2か月かけてイギリス領ボルネオ、ジャワ、マレー半島、タイ、シンガポールの教育と経済を視察した。河合校長は、後に「経済方面で収穫の多かった割に、教育方面では大して得るところがなかった」と述べている。それは例えばオランダ当局が設置した南洋の商

業学校は、2、3年で就職することを前提とした職業指導所で、教育機関とはいえなかったからである。ただし商業学校は町のあちこちに設置されており、生徒は全員自宅通学であった。また、マレー半島には英語、マレー語、インド語、中国語の学校が合わせて800校以上あり、20～30名の少人数教育を行っていた。こうした南洋の教育状況を視察した河合は、寄宿制度の導入や35人学級の実現という青写真を設計していったと考えられる。視察報告の最後に「本島が南進國策の據點たるためには先づ以て教育の充實が工夫されねばならない。妄らに傳習に從ひ、互ひに田を模倣する生氣なき教育を一掃して、眞に獨創的な、建設的な生新の氣あふれる明日の教育に精進することが現在のわれわれの尊い使命であろう」と述べ、南進拠点台湾で実施すべき商業教育の方向性を示した(126)。河合校長の精力的な南方視察の結果、1940(昭和15)年には、南方各地にある39の日本人小学校中、17校から47名が高雄商業に在籍するまでになった(127)。河合は、高雄商業だけでなく、台湾島内の実業学校や女学校にも南方の日本人子弟を紹介し、台湾島内で南方在住日本人の子どもたちを受け入れる体制を整えたのである(128)。

　高雄商業学校第二の特色は、学科課程にあった。「簿記」や「商事要項」など商業教育では、定番の学科目のほかに、南方への就職を前提として、「植民史」「国際金融」「熱帯産業」「貿易経営」「南支南洋経済事情」が設けられた。それに加えて英語以外に、選択語学としてスペイン語、マレー語、オランダ語、タイ語を開設した。また、情操教育の重視から、「図画」のほかに「音楽」を正課として導入した。

　商業教育における情操教育の重視は、河合校長の持論で、台北高等商業学校教授時代から各方面で主張していた。河合によれば、商業教育の目的は、もとより実業家の養成にある。今日の実業家には、まず近代的教養が必要であり、精錬された情操が必要である。情操教育に資するのは、国語、漢語、英語以外では「図画」と「音楽」であるが、従来「図画」は軽視され、「音楽」に至ってはほとんど無視されてきた。しかし、色彩や音楽のもつ道徳的効果に注意するべきである。本校の使命たる南支および南洋への発展にあたりもっとも重視されなければならないのは、学力以外に身体の強健であること、意志の強固であること、及び情操の精錬されていることである。この方針をも

とに情操教育を重視し、「図画」と並んで「音楽」を正課とする、というのである(129)。高雄商業学校における音楽教育推進の成果の一つとして、1936(昭和11)年5月、管弦楽「南進の歌」の譜本（スコア）が発刊され、関係者に配布された(130)。こうして、河合校長の独創的な商業教育が、着実に進められていった。

　第三の特色として、修学旅行がある。高雄商業では、第4学年で「内地」旅行、第5学年で「南支南洋」旅行が計画されていた。第1回修学旅行の行き先はフィリピンで、1941(昭和16)年7月6日から1か月半という長期間にわたる旅行であった。実はこの旅行は、就職地の下見も兼ねていた。参加者は、すでに南方各方面の商店会社に就職が内定している5年生35名と、河合校長のほか、引率教員2名である。河合校長はマニラ、バタビア、セブへの就職者を、現地での交渉によってさらに増やそうと考えたのである(131)。

　以上述べてきたように、高雄商業は、「内地」を介さず、直接南方地域との人的交流を、教育という領域で進めていった。ダバオで農園経営を行っている屈田清は、新聞社の取材に対し

　　ヒリッピンに住む日本人の最も大きな問題は子弟の教育で、私たちダバオにゐるものはこの状態を打破するため三年前から二年制の農民道場を設けて國民學校を出た者に對して國民としての底力のある人間になるやう力を注いでゐます、高雄商業はかうした意味でわれわれ南方進出者には有難い存在でした、子供たちは見違へるやうにしっかり鍛へられてゐるやうですし子供たち自身も高雄商業に来てよかったと自覚しているやうです、なんといっても臺灣は一番近いのですから頑張って貰はねばなりません。

と答えている(132)。当時、海外進出者の中で、南洋で活躍する者は少なくとも4万名であった。その多くは妻子ともに南洋に渡り、子どもを在外日本人小学校に入学させていた。小学校卒業後は、妻子を「内地」に返し、「内地」で5年間を過ごす。すると子どもは「内地」の環境にすっかり慣れ、南洋に戻りたくなくなる。父親は次第に歳をとり、最後は「内地」で家族とともに生活しようと、南洋で得た土地や商店を人手に渡して帰国することになる。屈

田に限らず、南方方面の海外進出者にとって、悩みの根本は子弟の教育問題だったのである。台湾総督府は、それを台湾島内に設置した商業学校や工業学校に無試験で受け入れ、卒業後は、再び南方方面の親元に返すという方法で、解決した。つまり、一方で南方進出希望者の講習会などを開催し、積極的に南方進出を奨励し[133]、もう一方で南方進出者を支援する手段の一つとして、子弟教育を充実させ、南進政策を推進していったのである。その中心的役割を果たしたのが高雄商業学校であり、河合譲学校長だったのだといえる。

2. 南進教育の推進力
(1) 南進教育の資金問題

南進教育を継続して推進するためには、資金の確保が絶対条件であった。河合校長は1938(昭和13)年、元ブラジル駐在帝国特命全権大使林久治郎[134]と、日本糖業連合会常任理事中瀬拙夫[135]の支援による、南方教育資金を立ち上げた。これは高雄商業学校生だけでなく、台湾島内の育英資金として活用し、将来は30万円程度の財団法人を組織して、南方開発の拠点にするという構想であった。1939(昭和14)年の時点では、高雄商業学校に在籍する海外生29名中19名が南方教育資金から補助を受けており、台北工業学校入学生や高雄の淑徳女学校入学生にも、補助が出ていた[136]。

教育の南進を資金面で支えた組織に、台湾南方協会がある。台湾南方協会は1939(昭和14)年11月14日の創立発起人会で創立が決まり、台湾総督府外事部南支調査局で準備を進め、1940(昭和15)年2月、正式に発足した[137]。当初、「内地」の中央機関では、台湾には南進拠点の実力や資格がないという主張がなされ、台湾南方協会の創設がなかなか承認されなかった[138]。しかし、何度かの交渉を経て承認され、初年度予算47,550円に対して、25,000円の国庫補助金の交付を受けることになった。こうして、南進拠点としての台湾の使命を果たすために、台湾南方協会は、軍官民協力を前提とした台湾総督府の外郭団体として設置された。当面は人材育成や南方との文化的提携を、事業目的としていた。会長は森岡二朗台湾総督府総務長官で、小林躋造台湾総督、児玉友雄台湾軍司令官、原五郎馬公要港部司令官を名誉顧問に、軍や台湾総

督府の幹部、島内有力者を役員に置いた(139)。

当協会常務理事で会の運営を任された今川淵台湾総督府専売局長は、

> 臺灣南方協會の誕生は一つに帝國國力の飛躍的發展に伴ふ臺灣經濟の變貌を其の契機とするものであり、逞しき足どりを以つて踏み出された臺灣工業化政策の所産であります。臺灣工業化政策の根底が廣く南方諸國とのgive and takeに於かれてゐることは既に申述べた如くであります。(140)

と述べ、小林台湾総督就任以来の台湾工業化政策遂行のために、「南支南洋」の科学的調査、有能な人材の養成、南方資料館と連携した資料収集と資料整備こそが、台湾南方協会の使命であると結論している。この台湾南方協会の事業全般を論じるのは別の機会とし、ここでは教育の南進に関わる資金援助についてのみ、言及する。

台湾南方協会は島内の教育機関に対して、多くの助成や補助を行っていた。例えば台北高等商業学校主催南支南洋研究会講演会、及び講演旅行補助金負担、台北州工業学校主催南方展助成、高雄市東園国民学校主催南方教育研究及び展覧会補助、高雄商業学校在学南方在留邦人子弟教育補助、台北帝国大学生団海南島派遣補助といった具合である(141)。高雄商業学校の海外生に対する補助は、河合校長が立ち上げた南方教育資金への支援で、年間5,000円であった。海外生1名当たりの学費は、食費など生活費を含めて500円前後であったので、毎年10名程度の入学生に対する補助であったと考えられる。

1941(昭和16)年になると、台湾教育会も資金援助に乗り出した。台湾教育会では、国庫補助金5万円を事業資金とし、さらに250万円の寄付を募集して、南方子弟教育部を新設することになった。ここでは、南方進出者の子弟のうち、大学生1名、専門学校1名、商業学校、工業学校、農業学校各5名、中学校2名のほか、高雄商業学校30名合計49名を収容し、補助することとした(142)。同年4月、オランダ領東インドから6名が、高雄商業学校に入学し、海外生は70名に増加した。

以上述べた団体のほかに、個人からの寄付が届くなど、海外生に対する資金援助を申し出る団体や個人があり、当面の学費を賄うことは可能となった。

しかしながら、南方進出者の経済状況は極めて悪く、貸付金として援助しても返済の見込みはなかった。南方から台湾の実業学校に進学を希望する者が増加する一方で、資金難の問題に早晩ぶつかることは明らかであった。それでも新聞記事によると、高雄商業学校は、1941（昭和16）年秋ごろまでは、資金難に苦しみながらも、南方在住日本人の子弟を受け入れていった(143)。

(2) 南進教育を推進する主管局の移行

1941（昭和16）年11月、高雄商業学校長河合譲は突然更迭され、新竹商業学校へ異動となった(144)。年度途中で、しかも高雄商業学校より規模の小さい新竹商業学校への異動は、異例のことである。大阪朝日新聞台湾版には、「悩みの南方学生三百　教育資金調達の見通しつかず」という記事(145)が掲載された。河合の異動が、資金調達失敗の引責であるかのような印象を与える記事である。ほぼ同時期に台湾南方協会は、職員を200余名から30名に整理することが決まった(146)。これはただ単に、資金調達が暗礁に乗り上げただけではないはずである。

実は1941（昭和16）年という年は、台湾の南進教育にとり、1つの転換点であった。1941（昭和16）年10月、台湾の工業化を推進する目的で、臨時台湾経済審議会が開催された(147)。長谷川清台湾総督は開会のあいさつで、「我ガ南方政策ノ前進為ニハ本島ノ工業化ハ必要不可欠ノ要件」であり、「帝国ノ南方政策具現ノ為万難ヲ排シテ育成セネバナラヌ」と述べた。台湾の工業化を図り、日本の南進基地として台湾の存在を強調したのである。そもそも台湾の工業化という方向性を打ち出したのは、1930（昭和5）年の臨時産業調査会であり、1935（昭和10）年の熱帯産業調査会であった。しかし前述したように、ここでの教育に関する審議は、南方発展につながる商業教育の推進が主であった。工業教育の重要性も話題にはなったが、具体的施策は出されなかった。それが、ここにきてようやく本格化する。

工業学校は台北工業1校だけという体制から、1938（昭和13）年に台中工業学校、1941（昭和16）年には台南と花蓮港に工業学校が開校し、1942（昭和17）年には、高雄にも工業学校新設が決まった。台北工業学校への入学希望者は、募集定員240名のところ、1936（昭和11）年には786名、1937（昭和12）年に1060

名、1939(昭和14)年に944名、1941(昭和16)年に1,050名と、新設校が開校しても増加傾向になった。台北商業学校と台北第二商業学校の定員300名に、800名ほどの志願者だったことと比較しても、工業人気が高まったことがわかる(148)。1941(昭和16)年あたりから、商業教育から工業教育重視の南進教育に転換されていったと見て、ほぼ間違いないだろう。

もう一つ、興味深い動きがある。1935(昭和10)年の熱帯産業調査会以後、南進教育の推進、拡大は、台湾総督府文教局が主管局としてその役割を果たしていた。特に、島田昌勢(149)が文教局長であった4年間は、台北帝国大学、台北高等商業学校を核とした、経済的南進に貢献できる人材の育成に重点を置いた。そしてその基盤として、実業学校、特に商業学校の充実を図った。この方向性は、島田の後任として拓務省総務課長から台湾に渡った梁井淳二文教局長(150)にも継承された。

1937(昭和12)年9月、熱帯産業調査会に外務省書記官調査部第4課長として参加していた加藤三郎が、台湾総督官房外事課長に着任した。加藤は、日本には南北2つの生命線があり、南は経済的生命線で台湾の使命はここにあると主張した(151)。1939(昭和14)年には、南方のフィリピンやジャワ、スマトラの日本人学校へ、台湾から約30名の教員の派遣を決め、外務省の承認を取りつけた。官房外事課は外事部に昇格し、加藤の後任には、外務省通商局第6課長千葉蓁一が1939(昭和14)年7月に着任した。同年、外事部南支調査局の外郭団体として、台湾南方協会が発足すると、台湾の南進を推進するための調査、人材養成、南方資料館の運営などに、積極的に取り組んでいった(152)。1940(昭和15)年になると、外事部は一課と二課に分かれ、二課が南方関係事務を取り扱うことになった。1941(昭和16)年1月、ブルガリア大使だった蜂谷輝雄が外事部長に着任した。加藤三郎、千葉蓁一に続き、外務省から派遣された外事部長のもと、南進基地台湾を内外にアピールし、教育の南進をリードしていくことになる。

1941(昭和16)年8月、外事部は南方進出講座の開催を発表した。同年11月、南方資料館を台湾南方協会から独立させ、南方進出の研究室として整備した(153)。1942(昭和17)年1月には、実施されていなかった南方地域の日本人小学校への教員派遣が、外務省と打ち合わせの上、フィリピンやマレー半島

に23名派遣することが決まった(154)。同年7月、外事部は南方語学校を開設し、台湾南方協会が経営にあたると発表した(155)。

1943(昭和18)年になると、外事部は2冊の冊子を発行し、南方に在住する日本人について、

> 南方地域に在留する邦人に取っては、其の子弟の教育殊に中等學校以上の教育は重大なる關心事であって、なるべく近接する地に於て安心して之が教育を委託し得ることは多年の念願であるが、之に付ても臺灣は唯一の適格地と認められ、其の他家族を残留せしむる場合、或は病氣療養、休養等の場合にも臺灣を好適とすることは勿論であって、臺灣は今後南方在留邦人に對する母艦的役割を持つ(156)

と述べ、台湾において海外生徒の教育が欠かせないことを主張している。この主張は、1930年代後半、文教局から出された南進教育の施策と同様の視点をもつものである。一方の文教局は、1942(昭和17)年、中央政府で大東亜省設置により拓務省が廃止され、中央政府とのパイプのない台湾総督官房文書課長西村高兄が、文教局長に着任した。人事面から見ても、1941(昭和16)年を転換点とし、拓務省から派遣された文教局長率いる文教局主導の南進教育から、外務省と連携した外事部主導に代わったことは明らかである。このような状況下、高雄商業学校長河合譲の異動人事が発表となったわけである。

以上述べてきたように、1930年代後半、台湾において南進教育推進の原動力になったのは、熱帯産業調査会答申を受け新設された高雄商業学校と、初代校長河合譲であった。高雄商業学校は、南方と日本を人的交流により結び、南方発展に貢献する人材を養成するという、他に例を見ない商業学校であった。南進を教育の場で実践しようとしたのである。高雄商業学校は、河合校長更迭後も、南方からの海外生を受け入れ続けた(157)。この南進教育最前線の学校が、高雄に設置されたということは、高雄を南進基地として活用するという台湾総督府の意図があったと考えられる。1940年代になると、文教局に代わり外事部が、教育の南進を主導していった。外務省の影響力が強まったのである。外事部は、「台湾は帝国南方発展の拠点たるべき」(158)であると、

次々に施策を発表していった。高雄商業学校は、引き続き南方から生徒を受け入れ続けたが、南進教育をけん引する存在ではなくなった。とはいえ、河合譲が学校長に就任し、台湾総督府、特に文教局の意向を受けた南進教育を主導したことの意義は、南進拠点台湾を教育の領域から内外にアピールしたという点で大きな使命を果たしたといってよいのではないだろうか。

註

(1) 下村宏「台湾統治ニ關スル意見書」(下村文書、天理大学附属図書館蔵)並びに 「台湾統治ノ既往及将来ニ関スル覚書」(後藤新平文書23-7-8、国会図書館憲政資料室蔵)。

(2) 『台湾総督府高等商業學校一覧　大正12年』(台湾総督府高等商業学校、1923年)。
　　　開校時の校名は、台湾総督府高等商業學校である。台南に高等商業学校を設置するにあたり、台北高等商業学校と改称した。

(3) 隈本繁吉の経歴については、阿部洋「〈隈本繁吉文書〉について」(『隈本繁吉文書目録・改題』1981年)を参照した。

(4) 台湾教育会編『台湾教育沿革誌』(青史社、1939年) p.949。

(5) 台湾総督府文教局『熱帯産業調査會調査書(其ノ三)』(台湾総督府、1935年)。

(6) 同上台湾総督府文教局『熱帯産業調査會調査書(其ノ三)』。

(7) 文教局は、1926(大正15)年、民政部から独立して新設された部局で、熱帯産業調査会開催時の局長は、深川繁治であった。1936(昭和11)年10月には、拓務省南洋課長島田昌勢が文教局長に着任し、4年間在任した。

(8) 塩谷巌三の経歴については、すでに第2章第3節で述べたとおりである。塩谷は戦後、久留米大学教授となり、台北高等商業学校同窓会誌に当時を回想した一文を寄せている。

(9) 「台北高商南洋科　十七年度から設置計画」(『台湾教育』469、台湾教育会、1941年)。

(10) 京城高等商業学校の設立や沿革に関する記述は、以下の文献を参照した。
　　『京城高等商業學校一覧　昭和8年度』『同12年度』『同13年度』『同14年度』。
　　『朝鮮総督府京城高等商業學校一覧　昭和16年度』(朝鮮総督府京城高等商業学校)。桐山岑「その沿革」(崇陵会編『一粒の麦』1996年)。

(11) 新木正之介「その誕生」(崇陵会編『一粒の麦』1996年)。

(12) 「大連高商の設立　漸く正式許可さる」(『満州日日新聞』昭和11年11月20日付夕刊)。
(13) 『満洲日日新聞』昭和12年3月8日付夕刊。
(14) 『大連高等商業學校一覧　昭和15年度』(大連高等商業学校、1940年)。
(15) 「大連高等商業學校官制ヲ定ム」(公分類聚第六十五編昭和十六年・第六十一巻官職五十八官制五十八関東局一、国立公文書館蔵)。
(16) 「大連高等商業学校年譜」(星浦会編『大連高等商業学校同窓会名簿』1994年)。
(17) 在満教務部関東局官房学務課編『在満日本人教育施設要覧』1940年。
(18) 「大連高等商業學校官制ヲ定ム」添付資料(公分類聚第六十五編昭和十六年・第六十一巻官職五十八官制五十八関東局一、国立公文書館蔵)。
(19) ウィリアム・レートンはこの件に関して次のように述べている。
　「爾後其基礎鞏固ナルガ為校運益々隆盛ヲ致シ、仏独瑞伊ノ諸国皆此校ニ模倣シテ商業学校ヲ設ケ、絶東ノ日本国ニ於ケル高等商業学校亦能ヲ此校ニ取レリ」(石川文吾訳「アントワープ府ノ商業学校」『高等商業学校同窓会誌』8)以下、アントワープ高等商業学校の基礎データはすべてこの文献による。
(20) 如水会学園史刊行委員会編『商業教育の曙』下巻(1991年) p.164〜p.170。
(21) 前掲註(19)石川文吾訳「アントワープ府ノ商業学校」。
(22) 飯田旗郎は1866(慶応2)年東京生まれ。1879(明治12)年に帝国大学予備門に入学したが、病気療養のため1882(明治15)年に退学。1884(明治17)年9月、東京高商開校と同時に入学した。2年後の東京高商在学中にベルギーのアントワープ高商に入学し、優秀な成績で学位を取得して帰国、母校の教官となった(飯田旗郎『ざっくばらん』南北社、1917年、p.168〜p.175)。
(23) 彼らの他3人の日本人学生がいたことが、アントワープ大学応用経済学部所蔵旧ア高商学籍簿で確認されている(如水会学園史刊行委員会編前掲註(20)書 p.318)。
(24) 磯見辰典他『日本・ベルギー関係史』(白水社、1989年) p.147〜p.154。
(25) 一例をあげると1881(明治14)年大蔵省商務局発行の『商務雑報』には、「ベルギーにはおそらく世界で最良の商業学校がひとつある。それはアントワープにあり、ベルギー政府とアントワープ市の費用で1852年に設立された」という趣旨の報告が掲載されている(如水会学園史刊行委員会編前掲註(20)書、p.170)。
(26) 細谷新治「〈もう一つの学園〉後日談」(如水会編『如水会々報』691、1987年)。中村重之「ファン・スタッペン」(如水会編『如水会々報』695、1988年)。
(27) 「東京商業學校第一年報(明治十九年五月)」(一橋大学学制史専門委員会編『一

196　第3章　南進のための人材育成事業

　　　橋大学学制史資料第5集』1983年)。
(28)　磯見辰典他前掲註(24)書、p.314～p.315。
(29)　如水会学園史刊行委員会編前掲註(20)書、p.317。
(30)　飯田旗郎「白耳義国商業学校の話」(如水会学園史刊行委員会編前掲註(20)書、
　　　p.188、原資料：高等商業学校学友会編『学友会雑誌』5)。
(31)　前掲註(19)石川文吾訳「アントワープ府ノ商業学校」。
(32)　アントワープ高等商業学校では、2年間の教育で領事を養成するということ
　　　が目的の一つであった。1897年からは本格的に領事を養成するため3年制とな
　　　った。
(33)　『高等商業學校一覧　自明治23年9月至明治24年9月』(東京高等商業学校、
　　　1892年)。
(34)　『東京高等商業學校一覧　従大正元年至大正2年』(東京高等商業学校、1913
　　　年)。
(35)　東京商科大学編『日本商業教育五十年史』(1925年)。
(36)　『臺灣総督府高等商業學校一覧　自大正14年至大正15年』(臺灣総督府高等商業
　　　学校、1925年)。
(37)　一例を示すと、大正15年度に「熱帯衛生学」を担当していたのは、台湾総督
　　　府医学専門学校長堀内次雄と台湾総督府中央研究所技師鈴木近志であった。(『台
　　　北高等商業学校一覧　大正15年度』1926年)。
(38)　新木正之介前掲註(11)資料
(39)　河田公明「学園の三年間」(京城高等商業学校・京城経済専門学校同窓編『崇
　　　陵』26、1979年)。
(40)　前掲註(10)『朝鮮総督府京城高等商業學校一覧　昭和16年度』。
(41)　日浅不加之「印象に残る師」(崇陵会編前掲註(10)書、p.140～p.141)。
(42)　前掲註(14)『大連高等商業學校一覧　昭和15年度』。
(43)　大連高等商業学校編『昭和十五年度教授要目』(大連高等商業学校、1940年)。
(44)　海外調査旅行については、拙稿「旧制高等商業学校学生が見たアジア—台北
　　　高等商業学校の調査旅行を中心に—」(『社会システム研究』15、立命館大学社会
　　　システム研究所、2007年)参照。
(45)　前掲註(10)『京城高等商業學校一覧　昭和9年度』。
　　　　この資料によると、入学時に旅行費代2回分2円、各学年進級時にも同額の
　　　旅行費代を納入することになっていた。
(46)　「大連高等商業学校年譜」(『大連高等商業学校同窓会名簿』1994年)。

(47) 「その足跡(座談会)」(崇陵会編前掲註(10)書)。
(48) 17期卒業生中園の回想によれば、1937(昭和12)年度末卒業後、満州中央銀行に入行すると、京城高商卒業生が4名いたという。
中園嘉市「先生、先輩そして同級生」(崇陵会編前掲註(10)書)。
(49) 日浅前掲註(41)資料。
(50) 岸川忠嘉「ある調査マンの軌跡―満鉄調査部の流れの中で―」(京城高等商業学校・京城経済専門学校同窓会編『崇陵』41、1995年)。
(51) 「内地」高等商業学校の典型である山口高等商業学校では、全卒業生の53%が「内地」に就職し、朝鮮、満洲、中国など「東亜」の地に就職した学生は20%にとどまっている。就職業種では、鉱工業27%、商業19%、金融関係19%で、官公庁への就職はわずか8%だった。つまり「内地」高等商業学校は、アントワープ高等商業学校や東京高等商業学校と似た傾向にあった。
(52) 南洋協会の記述については、南洋協会編『南洋協會十年史』(1925年)、『南洋協會二十年史』(1935年)を参照した。
(53) 評議員会の列席者は10数名で、内田嘉吉の他に、田健治郎、近藤廉平(三菱商事)、下岡忠治(農商務次官)、福井菊三郎(三井物産)、柳生一義(台湾銀行頭取)等であった。(永見七郎『井上雅二興亜一路』刀江書院、1942年、p.615～p.616)。
(54) 講師は三井物産支店長三神敬長、横浜正金銀行支配人大塚伸次郎、商品陳列館長木村増太郎、学生会館教授瀬川亀であった。この講演会にはシンガポール在留邦人200余名が参加し、盛況であった(『南洋協會雑誌』4-10、南洋協会、1918年)。
(55) スタッフは館長1名、専任教授4名、講師4名で構成され、他に名誉講師として帝国領事山崎平吉(法制担当)、三井物産支店長三神敬長(貿易)、横浜正金銀行支店長大塚伸次郎(金融為替)、台湾拓殖小此木為二(農業)、千田商会宇尾栄次郎(農業)に講義を依頼した(『南洋協會雑誌』5-10、南洋協会、1919年)。
(56) 語学補習科を開設した結果、選科生は55名に及んだ。内訳は英語下級24名、上級15名、「馬来語」9名、英語上級及「馬来語」4名、英語下級及「馬来語」3名(『南洋協會雑誌』5-10、南洋協会、1919年)。
(57) 学期間の休業時に学生が視察旅行に出かけ、その成果を論文で発表するという形式は、当時多くの高等商業学校などで見られた。その原型は、東亜同文書院の調査旅行である。南洋協会学生会館もこの形を採用した。
(58) 木村増太郎「南洋経済界と陳列館の事業」(『南洋協會雑誌』7-8、南洋協会、1921年)。

(59) 井上は1933年、専務理事を辞任するに当たって南洋協会の財政事情について次のように述懐している。「最近古い書物を出して見ました所、南洋協会が出来ました時には、一年の経費が僅か五千円以内であったのでありまして、（略）それが今日迄に彼此れ三百四十万円の金を、或は官の方面、或は民間の方面より夫々拠出して頂き、又会員諸君に於かれましても、彼此れ十二三万円の会費を出されまして、今日に至ったのであります」（「臨時総会議事速記録」『南洋』24巻5号、1938年5月）このように、創立時には台湾総督府からの補助金に頼って会が運営されていた。井上は会の事業が軌道にのるまで、金策のため頻繁に知己の政治家や財界人を訪問していた。大正期の彼の日記にはその案件がよく登場する。
(60) 外務省の記録によれば「小売商候補者の称呼　対外関係上商業実習生と称す」とある（「邦人青年小売商の南洋移住開業奨励に関する要項」『在外本邦商業練習生海外実務員関係雑件』外務省、1929年）。また、南洋協会理事飯泉良三も「移民といふ文字を用ふることはいかぬといふことで、実は商業実習生といふ名義にした」（飯泉良三「南洋雑感」『南洋協會雑誌』16巻2号、南洋協会、1930年2月）と述べている。つまり、かつて南洋協会が農商務省の委託の下で商品陳列館が募集した商業実習生とは、名称が同じであってもその発案者は外務省であり、目的や内容が異なると捉えなければならない。
(61) 河西晃祐氏は、外務省と南洋協会の関係性に着目して、南洋商業実習生制度を論じている。筆者も河西氏同様、外務省外交史料館蔵の外交史料に基づいた実証を行うが、南洋協会自身が商業実習生制度をどう捉え、いかに活用しようとしていたか、といった点に力点をおいて検討する。すなわち、河西氏とは若干論点が異なる。
(62) 「論説　商業青年を南洋各地に送れ」（『南洋協會雑誌』14-10、南洋協会、1928年）。
(63) 同上「論説　商業青年を南洋各地に送れ」。
(64) 「本会報告」（『南洋協會雑誌』15-3、南洋協会、1929年）。
(65) 「邦人青年小売商の南洋移住開業奨励に関する要項」（『在外本邦商業練習生海外実務員関係雑件』外務省、1929年）。
(66) 飯泉良三「南洋雑感」（『南洋協會雑誌』16-2、南洋協会、1930年）。
(67) 「機密公第206号商業練習生ニ關スル件」（『在外本邦商業練習生及海外実務員関係雑件』外務省、1929年）。
(68) 「南洋協会ノ商業実習生派遣経費補助方ニ關スル件」（『在外本邦商業練習生及

海外実務員関係雑件』外務省、1929年)。
(69) 「邦人青年小売商ノ南洋移住開業奨励ニ關スル建議書」(『在外本邦商業練習生及海外実務員関係雑件』外務省、1929年)。
(70) 飯泉前掲註(66)。
(71) 杉山伸也「日本の綿製品輸出と貿易摩擦」(杉山伸也編『戦間期東南アジアの経済摩擦』同文館出版、1990年)。
(72) ピーター・ポスト「対蘭印経済拡張とオランダの反応」。
(73) たとえば「晒綿布輸入制限令」においては、輸入商としての資格を商業組合などへの加盟状況によって3段階に分類し、それぞれに対して輸入許可量を規定した。その結果、日本人輸入商の大部分は最低限の輸入許可しか与えられなかった(村山良忠「第一次日蘭会商」清水元編『両大戦間期日本・東南アジア関係の諸相』アジア経済研究所、1986年)。
(74) 南洋協会編『南洋協會二十年史』(南洋協会、1935年)p.130～p.131。
(75) 「事業経歴書」によれば、昭和13年度の派遣人員は120名、14年度125名、15、16年度各230名、17～19年度各100名となっている。
(76) この世界旅行は、井上が7年間の韓国政府勤務を終えた後、欧米、アフリカ、アジアの四大陸28か国を約1年かけて訪問したものである。
(77) 井上は1896(明治29)年に初めて大陸に渡り、1898(明治31)年に成立した東亜同文会の幹事となり上海に赴任した。また、東亜同文書院の設立に尽力した。
(78) 井上雅二『南洋』(富山房、1915年)。
(79) 南亜公司と命名したのは、セシル・ローズが南アフリカで南阿会社を創立したことに因む。また、当時ゴム栽培会社の多くが会社名に「護謨」の語句を使用していたのに対して、単にゴム栽培に限定せず、また、ジョホールの一角に止まらず企業的にも地域的にも遠大な抱負を持っていたからであると、後に井上自身が述べている(井上雅二『興亜一路』刀江書院、1939年)。
(80) 井上は、1894(明治27)年から1946(昭和21)年までの日記を残している。ほぼ毎日、どこで誰と面会したのか、どこへ外出したのか、また、旅先での記録や金銭出納の記録に至るまで克明に記されていて、彼の几帳面で記録好きな一面が窺える。これらの日記や報告書類の草稿、自筆原稿などは、井上雅二の長男である陽一氏が東京大学に寄託したもので、現在、東京大学法学部に所蔵されている(「井上雅二関係文書」東京大学大学院法学政治学研究科附属近代日本法政史料センター原資料部所蔵)。この日記によると、南亜公司創立の1911(明治44)年は、6月21日に南洋に出発し8月下旬に帰国。12月に再度南洋に向かい、

翌年10月末まで滞在している。この間、1912(明治45)年1月には長男が誕生したが、電報を打つだけで帰国していない。また、7月にはマラリアを発症して1か月近く高熱に苦しんだが、それを克服して再度ゴム園に入山してゴム栽培事業に従事し、周辺地域の調査にも精力的に出かけた。

(81) 井上は、明治末から大正初期にかけて毎年半年以上南洋に滞在していた。従って現地のゴム栽培をはじめとする農業経営の実態や植民地政府の動向などの情報をほぼリアルタイムで入手できた。大正初期にはその情報を講演会や南洋関係の雑誌上で報告しており、南洋通の事業家として知られるようになる。南洋関係の主要な雑誌記事は、論文末の参考文献に掲載しておく。

(82) 井上雅二「帝国の将来と南洋の富源」(『南洋協會講演集』南洋協会、1922年)。

(83) 井上雅二「開放せられたる蘭領東印度」(『南洋協會雑誌』5-1、南洋協会、1919年)。

(84) 井上雅二「南洋に於ける本邦人の企業」(『南洋協會雑誌』3巻5号、南洋協会、1917年5月)。

(85) 井上前掲註(82)。

(86) 井上前掲註(84)。

(87) 創業者は森村市左衛門。森村は13歳で独立自営、海外貿易を始めた明治時代の実業家である(砂川幸雄『森村市左衛門の無欲の生涯』草思社、1998年)。

(88) 井上前掲註(84)。

(89) 「南洋に於ける企業上の注意」(『台湾日日新報』1919年2月5日〜9日)。

(90) 巻頭言「人材教育」(『南洋協會雑誌』9-7、南洋協会、1923年)には、「海外の発展するの人物を要請するの緊要なるは言を俟たざる所にして本会が曩きに学生会館を新嘉坡に設け、多少の人材を供給せる素よりこの意味に出づ。(中略)就ては徒らに空理に奔らず、空論を尚ばざる、所謂実際的人物の養成を念とすべし」とある。無記名記事であるが、井上の構想に沿った内容であることは明白である。

(91) 井上雅二「海外進出の心構え」(『海を越えて』4・5、1941年)。

(92) 井上雅二『南方開拓を語る』(畝傍書房、1942年) p.356〜p.357。

(93) 海外高等実務学校創立」(『南洋協會雑誌』18-5、南洋協会、1932年)。

(94) 南洋協会編『昭和13年5月15日現在南洋商業実習生名簿』(1938年)。

(95) 井上前掲註(92)書。

(96) 井上雅二『往け‼ 南は招く』(刀江書院、1940年)。

(97) 同上書。

(98) 井上雅二『移住と開拓　第1巻』(日本植民通信社、1930年)。
(99) 牧野伸顕は森村市左衛門について、「森村翁は実業界に於て最も傑出せる人格者なり。斯の如く実業界の巨人と事を共にする貴君は寧ろ幸である」と語ったという。また、田健治郎、目賀田種太郎、河野広中なども森村の人格を誉め、井上が森村のもとで南洋開拓事業を始めることに賛同している(同上書)。
(100) 国立国会図書館憲政資料室所蔵『井上雅二関係文書』には、森村市左衛門から井上に宛てた書簡が数通所蔵されている。しかし、後に井上が回想しているような南亜公司の経営に関わる内容の書簡は見当たらない。
(101) 井上前掲註(98)書。
(102) 井上前掲註(96)書、同前掲註(98)書。
(103) 伊藤隆・広瀬順晧編『牧野伸顕日記』(中央公論社、1990年)。
　　　いくつかの例を示すと、昭和5年10月3日付「井上雅二氏来訪。種々雑談。専ばら移民事業に付てなり」、昭和6年4月26日付「井上雅二君入来。女子大学、同文書院、移民問題、話題に登る」、昭和6年9月15日付「井上雅二氏も来邸。移民奨励、書院入学者勧説等のため二十余県に出超の為め近々出発の由」など。
(104) 一例を示すと、昭和5年10月3日付「尚今回の条約問題〔ロンドン海軍条約—引用者〕に付ては、田〔健次郎・枢密顧問官〕男は最初より一定の決心をなし国際条約を尊重すべき意見なりし趣直聞したり。久保田男も世間は種々評判せるも実際は相違し居れる様承知せりとの事なりし。又伊藤伯に付ても憶測行はれたるが少々気の毒の点もあり、事実誇張せられたる気味もありたりと、田男の直話なりと云ふ」とある。
(105) 『牧野伸顕関係文書七』(国立国会図書館憲政資料室蔵)には、井上から牧野に宛てた書簡が3通存在する(大正5年7月6日付、大正8年2月24日付、昭和8年12月4日付)。
(106) 田から井上に宛てた返信には「三回之芳簡逐一拝見」(明治37年6月21日付)、「再三之芳信遂ニ拝」(明治38年9月11日付)などとあり、かなり頻繁に井上から田宛の書簡が送られていたことがわかる(「田健治郎男書翰集」『井上雅二関係文書』国立国会図書館憲政資料室蔵)。
(107) 田の返信には、韓国制度の変更により財部顧問官の権限が縮小したため井上の手腕を振るう余地がない。満鉄への採用を目賀田種太郎や後藤新平にするつもりであるとある。しかし世間では田の次のポストが満鉄総裁か副総裁、あるいは「内地鉄道」総裁かと噂されていて、後藤に面会すると誤解を招くので訪問できないと弁解している(明治39年10月9日付)。

(108) 井上雅二『興亜一路』(刀江書院、1939年)。
(109) 「井上雅二日記」だけでなく「田健治郎日記」にも、井上をはじめ内田嘉吉など南洋協会関係者と田邸や築地精養軒で協議したことが記されている(『田健治郎日記五』国立国会図書館憲政資料室蔵)。
(110) 台湾総督府では大正元年より南清及南洋貿易拡張費が計上された。翌年から名称を南清及南洋施設費と改め、貿易だけでなく文化施設にも支出できるようにした。金額は大正元年に66,394円で徐々に増額して大正4年には12万、6年からは30万円、そして8年には60万円に引き上げられた。大正8年の内訳によると、60万円のうち南洋協会に補助金として支給されたのは15,000円であった(中村孝志「『大正南進期』と台湾」『南方文化』8、天理南方文化研究会、1981年)。
(111) 内田嘉吉「南洋殖民地所感」(『台湾時報』34、東洋協会、1912年)。
(112) 内田嘉吉「南洋に発展せよ」(『台湾時報』55、東洋協会、1914年)。
(113) 「本会報告」(『南洋協會雑誌』4-10、南洋協会、1918年)。
(114) 内田嘉吉『国民海外発展策』(拓殖新報社、1914年) p.78〜p.79。
(115) 井上前掲註(92)書 p.354。
(116) 「本会報告」(『南洋協會雑誌』5-5、南洋協会、1919年)。
(117) 「本会報告」(『南洋協會雑誌』8-7、南洋協会、1922年)。
(118) 井上前掲註(96)書。
(119) 台湾総督府文教局『臺灣の教育』1935年、『臺北州立臺北商業學校一覧』1940年8月、『臺中州立臺中商業學校一覧』1936年、『臺中州立臺中商業學校要覧(創立二十周年)』1939年。
(120) 「實業校に重點おき中等校増設計畫」大阪朝日新聞台湾版1936年6月11日付。
(121) 「南進國策に順應特殊教育を施す高雄商業明春開校」大阪朝日新聞台湾版1936年10月11日付。
(122) 『州立高雄商業學校一覧』(高雄商業学校、1939年)。
(123) 河合譲:1897(明治30)年生まれ。岡山県出身。早稲田大学文科哲学科卒、トロント大学大学院修了。立教大学教授、広島師範教諭、台北高等商業学校教授。
(124) 高雄州立高雄商業学校『南方教育資金の現状』(高雄商業学校、1940年)。
(125) 同上高雄州立高雄商業学校『南方教育資金の現状』。
(126) 河合譲「南洋各地の教育状況」(『臺灣教育』435、台湾教育会、1938年)。
(127) 「拓相も満足 高雄商業学校の施設 河合校長を大いに激励」大阪朝日新聞台湾版1940年4月26日付。

(128) 河合校長は1938(昭和13)年夏にオランダ領インドに視察旅行に出かけた際、スラバヤの日本人小学校の子どもたちと保護者に台湾で中等学校に入学することを勧めた。その結果6名の子どもたちが台湾島内の中等学校に進学することになった。6名のうち3名が高雄商業、1名が台北工業、2名が女学校への入学を許可された(「河合校長の斡旋　晴の入学許さる」大阪朝日新聞台湾版1939年4月5日付)。

(129) 河合譲「巻頭言　鵬翼の使命」(台北高等商業学校学芸部『鵬翼』1号、1936年)、同「商業教育の指導原理」(『臺灣教育』422、台湾教育会、1937年)、前掲註(124)『南方教育資金の現状』

(130) 「南進の歌　譜本」大阪朝日新聞台湾版1941年5月29日付。

(131) 「フィリッピンへ修學旅行　高雄商業五年生のよろこび」大阪朝日新聞台湾版1941年5月30日付、「南洋方面へ就職　高雄商業明春の卒業生」大阪朝日新聞台湾版1941年6月5日付。

(132) 「高雄商業感謝の的　比島在留邦人の第二世教育に」大阪朝日新聞台湾版1941年11月6日付。

(133) 一例を示すと、1941(昭和16)年8月より台湾総督府主催で開かれた、南支南洋進出者養成講習会がある。
　　時期　第一期　昭和16年8月下旬〜11月上旬　午後7時30分〜9時50分
　　　　　第二期　昭和16年11月上旬〜17年1月中旬　同上
　　　　　第三期　昭和17年1月中旬〜3月下旬
　　講習内容　南支南洋方面進出者の覚悟(12時間)、支那語(90時間)、馬来語(45時間)、南支南洋一般事情、課外講座など(3時間)
　　資格　国民学校高等科修了以上の男子、年齢20歳以上、将来南支南洋に進出する者
　　このような講習会のほか、講演会や見本市などが開催された(「南方進出講習」大阪朝日新聞台湾版1941年8月12日付、「南方事情講座　台北市民講堂で開催」1942年2月11日付、「早くも殺到・南方渡航者　総督府外事部準備に忙殺」1942年3月1日付など)。

(134) 林久治郎：早稲田大学卒。1907(明治40)年外務省入省。1920(大正9)年11月から翌年3月まで対岸の福州総領事で台湾総督官房外事課長を兼任していたので、台湾の諸事情は熟知していた。後に奉天総領事、ブラジル大使などを歴任。1936(昭和11)年依願退職。1938(昭和13)年より南洋協会理事長。

(135) 中瀬拙夫：1932(昭和7)年3月台北州知事。1933(昭和8)年8月より3年間

台湾総督府殖産局長。1936（昭和11）年11月より日本糖業聯合会常任理事。
(136) 前掲註(124)高雄州立高雄商業学校『南方教育資金の現状』。
(137) 台湾南方協会『臺灣南方協會事業實施状況報告書』（台湾南方協会、1940年）。
(138) 上田宏堂「南方政策と台湾の特性」（『台湾時報』242、台湾総督府、1940年）。
(139) 「臺灣南方協會生る　有為な人材養成　本島の使命達成へ！」大阪朝日新聞台湾版1939年11月6日付。
(140) 今川淵「臺灣南方協會の使命に就て」（『台湾時報』244、台湾総督府、1940年）。
(141) 前掲註(137)台湾南方協会『臺灣南方協會事業實施状況報告書』。
(142) 「南方飛躍の青年養成　共栄圏の學徒も教育　台灣教育會乗出す」大阪朝日新聞台湾版1941年3月19日付。
(143) 例えば、「十四の少年　香港から一人旅　高雄商業への晴の入学」大阪朝日新聞1940年4月5日付、「蘭印から入学に　六人の邦人少年高雄へ」同1941年5月30日付、「高雄商業感謝の的　比島在留邦人の第二世教育に」同1941年11月6日付。
(144) 河合譲は11月6日付の辞令で新竹商業学校長に異動となった（台湾総督府報4333号、1941年11月8日）。なお、河合譲は1942（昭和17）年3月末に新竹商業学校長を辞職し、その後は台湾拓殖会社調査課長となった。
(145) 大阪朝日新聞台湾版1941年11月6日付。
(146) 「台湾南方協會　新機構で再出發」大阪朝日新聞台湾版1941年11月5日付。
(147) 長岡新治郎「南方施策と台湾総督府外事部」（箭内健次編『鎖国日本と国際交流』下巻、吉川弘文館、1988年）、河原林直人「植民地官僚の台湾振興構想─臨時台湾経済審議会から見た認識と現実─」（松田利彦・やまだあつし編『日本の朝鮮・台湾支配と植民地官僚』思文閣出版、2009年）。河原林氏は、臨時台湾経済審議会の開催意図を、台湾の工業化を巡りその実現可能性についての議論の場ではなく、南方進出に際し台湾の存在を認識させるという意図が強かったのではないかと述べている。
(148) 台北工業学校のデータについては、鄭麗玲『台灣第一所工業學校』（稲郷出版社、2012年）と、台湾日日新報、大阪朝日新聞台湾版の記事を参照した。
(149) 島田昌勢：1894（明治27）年生まれ。高知県出身。東京帝国大学法学部卒。拓務局第一課長、南洋課長、府文教局長などを歴任。1921（大正10）年渡台。台湾教育検定委員会会長、台湾資源調査委員会委員。1936（昭和11）年10月から1940（昭和15）年11月まで台湾総督府文教局長を務めたのち退官。拓務省の斡旋で南洋拓殖社に入社（太田肥洲編『新臺灣を支配する人物と産業史』台湾評論社、

　　　　1940年)。
(150)　梁井淳二：1897(明治30)年生まれ。佐賀県出身。東京帝国大学法学部卒。新潟県保安課長、広島県農務課長、徳島県学務部長、大分県警察部長などを歴任。1938(昭和13)年拓務省入省。拓務局総務課長。1940(昭和15)年11月から1942(昭和17)年8月まで台湾総督府文教局長。その後台北州知事に転出(大阪朝日新聞台湾版1940年11月15日付)。
(151)　「南方経済発展こそ　台湾の大使命」大阪朝日新聞台湾版1937年9月17日付。
(152)　今川淵「臺灣南方協會の使命に就て」(『台湾時報』244、1940年)。
(153)　財団法人南方資料館『南方資料館報』1(南方資料館、1943年)。
(154)　「南方圏に教員派遣」大阪朝日新聞台湾版1942年1月27日付。
(155)　「台北通信　南方語学校を新設」(『台湾教育』480、台湾教育会、1942年)。
(156)　「南方共榮圏建設上に於ける台湾の地位に就て」(台湾総督府外事部、1943年)。
(157)　「シリーズ共栄圏の学徒通信①頑張りますお母さん　華府倫敦乗り込むは僕ら」(大阪朝日新聞台湾版1943年7月4日付)で、海外生30余名を収容している高雄商業生徒の様子が紹介されている。
(158)　前掲註(156)台湾総督府外事部「南方共榮圏建設上に於ける台湾の地位に就て」。

おわりに

　本研究では、日本統治期の台湾において台湾総督府を中心に組織的に行われたアジア調査及び、南進のための人材育成事業の実態と特質を解明し意義を考察した。その結果、以下のことが明らかになった。それは、①日本統治期の台湾では、台湾総督官房調査課を中心に、台湾島内の諸機関・団体と連携した組織的なアジア調査が行われていたこと、②台湾島内の諸機関・団体とは、台湾銀行、南洋協会台湾支部、台北高等商業学校、華南銀行で、それぞれ独自の調査研究活動を展開し、台湾総督官房調査課と人的物的交流を行っていたこと、③台北高等商業学校をはじめ「外地」の高等商業学校では、植民地経営に欠かせない実務的なエキスパートを輩出したこと、④南洋協会では、現地（南洋）の商業従事者を育成し、南洋に送り出したことの４点である。つまり本研究は、従来の研究では着目されてこなかった、植民地の調査と人材育成を視点として、近代日本の植民地支配の様相を捉えたものである。

1. アジア調査や人材育成事業の基盤

　なぜ台湾においてアジア調査、特に「南支南洋」調査が熱心に行われたのかというと、いくつかの必然的な要素があった。第一に、台湾と「南支南洋」地域との地理的な位置関係である。ここでいう地理的位置とは、単なる距離的な問題だけではない。台湾は日本が領有する以前から、「対岸」である中国南部と密接な関係にあった。それは、台湾社会が大陸からの移民によって形成されており、「対岸」である福建省や広東省と一体化した市場が形成されていたことに起因する。また、中国大陸南部に位置する台湾が、東南アジアや日本に比較的容易に移動できることから、東アジアと東南アジアを結ぶ中継地点としての役割を担っていた、という事実も看過できない[1]。第二に、台湾島内の人的ネットワークの存在がある。第４代台湾総督児玉源太郎と民政長官後藤新平の人脈で、植民地行政や教育に携わる人びとが「内地」から招聘され、彼らが植民地経営の実務や調査、教育にあたった。台湾総督官房調

査課統計官原口竹次郎や台湾銀行の柳生一義は、児玉・後藤ネットワークの一員であり、後藤が離台した後も、後藤の植民地経営の理念である科学的かつ生物学的な統治を、それぞれの立場で実践していった。また、井上雅二を典型とする、日本の植民地や支配地域を渡り歩いた人物のネットワークも、見逃すわけにはいかない。井上は「内地」、中国、朝鮮、台湾、南洋と関わりをもち、各地で得た情報を政治家や実業家などにもたらしただけでなく、自らもゴム園経営など実業家として南洋に深く関与した。このような人的ネットワークの存在こそが、台湾を拠点とする南方進出を具現化する原動力になったことは間違いない。

2. アジア調査の特質

　日本統治期の台湾において、台湾総督官房調査課のアジア調査に先駆けて調査を手がけていたのは、台湾銀行調査課であった。台湾銀行は、2代頭取柳生一義の時代に「南支南洋」地域を対象とした本格的な経済・金融・産業調査を実施しており、官房調査課が新設された時点で300点以上の調査報告書を提供していた。そこで官房調査課では、「南支南洋」地域の経済事情や金融情報に関しては、台湾銀行の調査報告を活用することにしたのである。その後も官房調査課は、経済・金融情報を台湾銀行や華南銀行の調査に委ねていった。

　これに対し、南洋協会台湾支部の果たした役割は、全く異なるものである。南洋協会台湾支部の調査は、基本的に官房調査課が要請した調査や情報収集で、官庁出版物を南洋協会台湾支部という外郭団体名で、一般向けに出版するというスタイルをとっていた。そのため、統計資料や政治・軍事関係情報は見当たらず、第一次産業関係の情報に偏っていた。南洋協会は南洋各地に支部を設置し、現地の栽培企業に従事する企業家の情報を多数もっていたから、台湾総督官房調査課という「官」の立場では入手できない資料を、「民」の顔である南洋協会が担当したのである。

　台北高等商業学校の教官や学生によるアジア調査は、海外調査旅行を基礎としたアジア諸国の経済産業調査研究活動に発展していった。調査というよりは、どちらかというと研究の色彩が強いもので、学生主体の研究団体と教

官主体の学術団体を校内に設置し、研究成果を発表している。また、地域研究を専門分野とする教官には、台湾総督官房調査課嘱託として「南支南洋」地域に出張し、現地で調査研究する機会が与えられた。彼らの研究成果は、官房調査課に復命書という形で提出され、蓄積されていった。

華南銀行は1919（大正8）年に開業した「日支」合弁の銀行で、南洋各地の華僑や、中小の日本人企業家に対する資金供給を事業目的としていた[2]。従って、南洋各地の経済事情や日本人の事業特にゴム栽培など、栽培企業に関する調査報告が圧倒的に多かった。官房調査課は、これらの華銀調査報告書[3]の中から、経済事情を総括した報告書を採用し、官房調査課の調査報告として刊行した。

このように、台湾総督官房調査課は性格の異なる機関・団体と連携し、各機関・団体の特性を利用して、官房調査課単独ではできない多種多様な情報を入手し、南進政策の基礎データとして蓄積し続けたのである。

3. アジア調査の活用

1926（大正15）年9月、外務省は東京で第1回南洋貿易会議を開催した。外務省がこの会議を企画した意図は、軍部の大陸政策に引きずられた対外経済政策を転換し、南洋に対する貿易・企業投資を中心とした幣原喜重郎外相の対外協調主義を、具現化することにあった[4]。会議の参加者は内務省、大蔵省、農林省、商工省など政府各省の他、南洋及びインド方面の公館長、銀行、民間企業などで、台湾総督府からは財務局長、財務局金融課長、殖産局長、交通局通信部長と統計官が出席した[5]。南洋協会理事井上雅二の名まえも、参加者名簿の中に見出すことができる[6]。南洋貿易会議の議題は、「第一　南洋及印度方面ニ於ケル企業及投資」、「第二　南洋及印度方面ニ於ケル貿易及海運」、「第三　関税及通商条約」に大別され、さらに企業及投資、輸入、輸出、通信及情報、金融、法規の7部会で10日間にわたり意見交換がなされた。

台湾総督府は外務省の求めに応じて、答申書を提出している。そして総督府殖産局長片山三郎が企業投資部会に出席して、次のように発言している。

臺灣ハ南洋ニ近ク熱帯産業ヲ領内ニ有スル關係上總督府ハ南洋發展ノ助成

ヲ其責任ナリト考ヘ殊ニ中央政府ノ施設未タ行ハレサルニ付及ハスナカラ
特ニ力ヲソソカントシ大正二年以來經濟調査、航路補助、企業及金融機關
ノ助成ニ努メ來レリ
　臺灣總督府調査ノ結論トシテハ南洋ニ於ケル有望企業トシテハ土地法寛大
ニシテ開發ノ餘地又廣大ナルノミナラス邦人ノ智識經驗相當アルニ依リ栽
培企業コソ第一ニ推スヘキモノナリ…要スルニ臺灣總督府トシテハ財政ノ
關係上近年對南洋施設經費ハ減額セルモ其ノ熱心ニ付キテハ替ルコトナシ
臺灣ヲ足場トシ又策現地トシテ一般ノ南洋ニ發展セラレンコトヲ希望ス總
督府又一臂ノ勞ヲ吝ムモノニ非ス(7)

　台湾総督府は、台湾領有以来手がけてきた調査や企業助成、金融機関の助
成などの実績を述べ、南進拠点としての役割や存在価値を主張したのである(8)。
このような発言の背景には、台湾島内で組織的な調査を実施し、南方関与に
ついての先駆的業績の自負があったと見てよい。
　台湾総督府は、1930(昭和5)年11月10日より5日間、台湾臨時産業調査会
を開催し、さらにその5年後の1935(昭和10)年10月には、領台40年を記念し
て熱帯産業調査会を台北で開催したことは、すでに述べたとおりである。拓
務省は開催理由を指令書にこう記載している。

　臺灣ハ我ガ國對南方發展策遂行ノ據點トシテ南支南洋ニ對シ有スル地位ノ
極メテ重要ナルニ鑑ミ同地方トノ間ニ緊密ナル關係ヲ保持シ相互貿易ノ進
展ヲ圖ルノ要緊切ナルモノアルヲ以テ關係各廳及各方面ノ學識經驗アル者
ヲ集メ其ノ對策ヲ調査審議スルノ要アルニ由ル(9)

　南洋貿易会議における台湾総督府の主張は、中央政府の承諾を得て、台湾
総督府主催の熱帯産業調査会に引き継がれることになったのである。5日間
開催された会議の諮問事項は、「第一号　貿易ノ振興ニ關スル件」、「第二号　企
業及投資ノ助成ニ關スル件」、「第三号　工業ノ振興ニ關スル件」、「第四号　金
融ノ改善ニ關スル件」、「第五号　交通施設ノ改善ニ關スル件」、「第六号　文
化施設ノ改善ニ關スル件」の6項目である。

熱帯産業調査会は委員長、副委員長のほか45名の委員から構成され、総督府殖産局長で1926（大正15）年の貿易会議に参加経験のある中瀬拙夫が、幹事長として議事運営にあたった(10)。調査会初日の総会では、各委員に審議内容に関連した調査報告書が配布された。それらは調査会開催決定を受け、台湾総督府各部局で、調査書や参考書などを作成したものである。中瀬は総会の経過報告で、「本島ノ南支南洋ニ對スル地理的經濟的重要性ニ鑑ミマシテ其ノ南方發展ニ寄與貢献スルガ爲ノ向後ノ對策竝ニ施設ニ關シ聊カ調査研究ヲ遂ゲ得タツモリ」であると述べ、配布した調査書が、審議に多少なりとも役立つであろうと付け加えた(11)。調査会出席者には、臨時委員として台湾総督府各部局課長クラスをはじめ、実務を担当した總督府内各課書記官が13名いた。その中には戸田龍雄、前川昇など、台北高等商業学校卒業生の名まえもあった。また、委員には熱帯産業株式会社をはじめ南亜公司、スマトラ護謨拓殖会社、大信洋行など、南洋協会と関わりの深い在南洋日本企業の代表も委嘱されていた。

　つまりこの熱帯産業調査会は、領台以来40年間、台湾総督府が「南支南洋」への志向を、経済重点主義的外交として具現化してきたさまざまな事業の集大成として開催されたといえる。台湾総督府が狙いとするところは、「熱帯産業計画要綱」第2項5の「有力ナル拓殖機関ノ設置ニ關スル事項」にあり、これが後に台湾拓殖会社設立という形で結実することは、従来の研究ですでに明らかにされている通りである(12)。しかしこれが時局の影響や中央政府の意向という表層的な要因ではなく、領台初期から蓄積された總督府主導の南方関与の結果であったと見てよいのではないだろうか。表面化することの少なかった植民地調査や人材育成事業の成果が、台湾総督府の南進政策に活用されたことになる。台湾総督府は中央政府に先行する形で、南進政策のブループリントを提示し、南進拠点としての地位をアピールしたのである。

　最後に、今後の課題についてふれておきたい。台湾におけるアジア調査を検討するには、本研究で実証した台湾島内のネットワークの実態解明だけでは、まだ不十分である。「対岸」の帝国領事館との関わりなどを踏まえ、台湾島内の論理をより鮮明に描き出す必要があるだろう。また、台湾総督官房調査課の調査報告書や台湾銀行調査課の報告書の内容分析や頒布ルートから、

「南支南洋」各地に対する地域認識の解明、情報共有化の意義などにも言及しなければならない。

註

(1) 林満紅「開港後の台湾と中国の経済関係1860〜95年」(杉山伸也、リンダ・グローブ編『近代アジアの流通ネットワーク』創文社、1999年) p.117、河原林直人『近代アジアと台湾―台湾茶業の歴史的展開―』(世界思想社、2003年) p.4〜p.6。

(2) 「本行創立事情」(華南銀行編『華南銀行』1930年)。

(3) 華南銀行は台湾銀行同様、営業拡大を目的とした経済産業調査を実施して、調査報告書である『華銀調書』を1941(昭和16)年までに92輯刊行した。

(4) 清水元「1920年代における「南進論」の帰趨と南洋貿易会議の思想」(清水元編『両大戦間期日本・東南アジア関係の諸相』アジア経済研究所、1986年)。

(5) 財務局長と金融課長は金融部会に、殖産局長は企業及投資部会と輸出部会に、交通局通信部長は通信及運輸部会に、統計官は調査及情報部会に出席した。なお総督府の中瀬事務官と色部技師が追加参加者として企業及投資部会に出席している。統計官は総督官房調査課の中心人物原口竹次郎である。
「第1回貿易會議關係書類配布ノ件」1926(大正15)年9月10日(国立公文書館アジア歴史資料センター、レファレンスコードA08071976000)。

(6) ただし井上雅二は南洋協会理事としてではなく、海外興業株式会社代表として出席し、答申書を提出している。

(7) 「第1回貿易會議議事要旨」1926(大正15)年9月28日(国立公文書館アジア歴史資料センター、レファレンスコードA09050181900)。

(8) この台湾総督府の発言に対し、中央政府からは地方官庁の越権であるという趣旨の批判や反感があった。
　　長岡新治郎「熱帯産業調査会開催と台湾総督府外事部の設置」(『東南アジア研究』18-3、1980年12月)。

(9) 「台湾總督府熱帯産業調査會設置ニ關スル件ヲ定ム」1935(昭和10)年8月8日(国立公文書館アジア歴史資料センター、レファレンスコードA01200692100)。

(10) 「熱帯産業調査會諮問事項」「熱帯産業調査會名簿」(台湾総督府編『熱帯産業調査會答申書』1935年)。

(11) 台湾総督府編『熱帯産業調査會會議録』(台湾総督府、1935年) p.6〜p.7。

(12) 長岡前掲註(8)論文。

謝　辞

　「調査」から近代日本を見直すという研究にめぐり会ったのは、1996年に兵庫教育大学大学院に入学し、研究を始めて間もないころでした。そのときから22年、これまでの研究を、ようやく1冊の本にまとめて出版することになりました。

　これまで多くの先生、友人に恵まれ、ご指導ご支援をいただきました。私を歴史学の世界へ導いてくださった群馬県立高崎女子高校の恩師、山口總先生、静岡大学人文学部在学中よりお世話になった田村貞雄先生、故黒羽清隆先生、兵庫教育大学大学院在学時からご指導いただいている松田吉郎先生、岩田一彦先生、研究に関わる多くの助言をいただいてきた立命館大学の金丸裕一先生、滋賀大学の阿部安成先生、中京大学の檜山幸夫先生、台湾中央研究院台湾史研究所の林玉茹先生、また、研究会や研究のため訪れた台湾で知り合い、さまざまなサポートをしていただいた西英昭氏（九州大学）、北波道子氏（関西大学）、やまだあつし氏（名古屋市立大学）、河原林直人氏（名古屋学院大学）、松岡靖氏（京都女子大学）、そして中学校や高校で社会科の教員として勤務しながら、研究を続けている私を支えてくださった友人たちに、心より感謝申し上げます。

　研究を続けるうえで大切にしてきたことは、できる限り資料の所在を確認するため、自分の足で資料調査に出向くことでした。台湾総督官房調査課や台湾銀行、南洋協会、台北高等商業学校の資料を求めて、国立国会図書館や外務省外交史料館をはじめ、東京大学、一橋大学、滋賀大学、京都大学、大阪市立大学、神戸大学、山口大学、国立台湾図書館、台湾中央研究院、台湾大学などへ出かけ、資料を閲覧したりコピーしたりしました。中には、いくら探しても所在がわからない資料もありました。特に、台湾銀行関係の調査目録や文書類には、なかなかめぐり会えませんでした。幸いにも台湾中央研究院の研究者のご尽力で、台北市にある台湾銀行経済資料室で資料を手に取ることができました。調査目録は、西英昭氏（九州大学）のご教示により、京

都大学文学部の古文書室で閲覧することができました。南洋協会で活躍した井上雅二のご遺族や、台湾銀行の行員だった方々と戦後、共に勤務された方など、調査に携わった人々の関係者に、お目にかかる機会にも恵まれました。このように、多くの方々に支えていただいたことにお応えするために、拙い研究ではありますが、これまでの研究成果をまとめて本書を出版することに至りました。

　「調査」をテーマとして各機関の調査報告書を読み進めていく中で、調査に関わった人びとと、南進教育のために奔走した人びととの名まえや経歴が、明らかになっていきました。歴史の大きな流れの中で、このような個人の名まえや仕事は、どうしても埋もれてしまいます。そうした人びとの手がけた仕事を、少しでも紹介できたのであれば幸いです。

　現在、私は浙江省寧波市の寧波大学外国語学院に勤務しております。今後は、これまで手がけてきた研究をさらに深化、発展させるとともに、中国の研究者の方々との交流や調査など、地の利を活かした活動をしていこうと考えています。

　最後に、私の授業や研究をサポートしてくださっている寧波大学外国語学院日本語学科の楊建華主任、本書の刊行を勧めてくださった田村貞雄先生、出版を快く引き受けていただいた岩田書院岩田博社長に、感謝の意を表したいと思います。ありがとうございました。

2018年8月

横井 香織

著者紹介

横井　香織（よこい　かおり）

学歴
1983年　静岡大学人文学部卒業
1998年　兵庫教育大学大学院学校教育研究科修了
2010年　兵庫教育大学大学院連合(博士課程)修了、博士(学術)

現職
寧波大学外国語学院外籍教師
立命館大学社会システム研究所客員研究員
静岡県日中友好協議会交流推進員

主要論文
「教育の南方進出」(『東洋史訪』23、史訪会、2016.3)
「台湾銀行のアジア調査と営業拡大」(『現代台湾研究』37、台湾史研究会、2010.3)、
「日本統治期の台湾におけるアジア調査」(『東アジア近代史』11、東アジア近代史学会、2008.3)など

帝国日本のアジア認識──統治下台湾における調査と人材育成──

| 2018年(平成30年)10月　第1刷　500部発行 | 定価[本体2800円＋税] |

著　者　横井 香織
発行所　有限会社 岩田書院　代表：岩田 博　　http://www.iwata-shoin.co.jp
〒157-0062　東京都世田谷区南烏山4-25-6-103　電話03-3326-3757　FAX03-3326-6788
組版：伊藤庸一　　印刷・製本：シナノパブリッシングプレス

ISBN978-4-86602-055-6 C3021 ¥2800E

岩田書院 刊行案内 (27)

No.	著者	書名	本体価	刊行年月
026	北村　行遠	近世の宗教と地域社会	8900	2018.02
027	森屋　雅幸	地域文化財の保存・活用とコミュニティ	7200	2018.02
028	松崎・山田	霊山信仰の地域的展開	7000	2018.02
029	谷戸　佑紀	近世前期神宮御師の基礎的研究＜近世史48＞	7400	2018.02
030	秋野　淳一	神田祭の都市祝祭論	13800	2018.02
031	松野　聡子	近世在地修験と地域社会＜近世史48＞	7900	2018.02
032	伊能　秀明	近世法制実務史料 官中秘策＜史料叢刊11＞	8800	2018.03
033	須藤　茂樹	武田親類衆と武田氏権力＜戦国史叢書16＞	8600	2018.03
179	福原　敏男	江戸山王祭礼絵巻	9000	2018.03
034	馬場　憲一	武州御嶽山の史的研究	5400	2018.03
035	松尾　正人	近代日本成立期の研究　政治・外交編	7800	2018.03
036	松尾　正人	近代日本成立期の研究　地域編	6000	2018.03
037	小畑　紘一	祭礼行事「柱松」の民俗学的研究	12800	2018.04
038	由谷　裕哉	近世修験の宗教民俗学的研究	7000	2018.04
039	佐藤　久光	四国猿と蟹蜘蛛の明治大正四国霊場巡拝記	5400	2018.04
040	川勝　守生	近世日本石灰史料研究11	8200	2018.06
041	小林　清治	戦国期奥羽の地域と大名・郡主＜著作集２＞	8800	2018.06
042	福井郷土誌	越前・若狭の戦国＜ブックレットH24＞	1500	2018.06
043	青木・ミヒェル他	天然痘との闘い：九州の種痘	7200	2018.06
044	丹治　健蔵	近世東国の人馬継立と休泊負担＜近世史50＞	7000	2018.06
045	佐々木美智子	「俗信」と生活の知恵	9200	2018.06
046	下野近世史	近世下野の生業・文化と領主支配	9000	2018.07
047	福江　充	立山曼荼羅の成立と縁起・登山案内図	8600	2018.07
048	神田より子	鳥海山修験	7200	2018.07
049	伊藤　邦彦	「建久四年曾我事件」と初期鎌倉幕府	16800	2018.07
050	斉藤　司	福原高峰と「相中留恩記略」＜近世史51＞	6800	2018.07
051	木本　好信	時範記逸文集成＜史料選書６＞	2000	2018.09
052	金澤　正大	鎌倉幕府成立期の東国武士団	9400	2018.09
053	藤原　洋	仮親子関係の民俗学的研究	9900	2018.09
054	関口　功一	古代上毛野氏の基礎的研究	8400	2018.09
055	黒田・丸島	真田信之・信繁＜国衆21＞	5000	2018.09
056	倉石　忠彦	都市化のなかの民俗学	11000	2018.09
057	飯澤　文夫	地方史文献年鑑2017	25800	2018.09
058	國　雄行	近代日本と農政	8800	2018.09
059	鈴木　明子	おんなの身体論	4800	2018.10
060	水谷・渡部	オビシャ文書の世界	3800	2018.10
061	北川　央	近世金毘羅信仰の展開	2800	2018.10
062	悪党研究会	南北朝「内乱」	5800	2018.10